The Innovation of
Urban Regeneration
Institutions in China:
Experience from Guangzhou,
Shenzhen and Shanghai

城市更新制度建设

广州、深圳、上海的比较

唐燕 杨东 祝贺 著

版权所有，侵权必究。举报：010-62782989，beiqinquan@tup.tsinghua.edu.cn。

图书在版编目（CIP）数据

城市更新制度建设：广州、深圳、上海的比较 / 唐燕，杨东，祝贺著．
—北京：清华大学出版社，2019（2022.7 重印）
ISBN 978-7-302-52618-6

Ⅰ．①城⋯　Ⅱ．①唐⋯　②杨⋯　③祝⋯　Ⅲ．①城市发展—研究—中国　Ⅳ．① F299.2

中国版本图书馆 CIP 数据核字（2019）第 046382 号

责任编辑：徐　颖
封面设计：谢晓翠
版式设计：彩奇风
责任校对：王荣静
责任印制：杨　艳

出版发行：清华大学出版社
　　　　　网　　址：http://www.tup.com.cn，http://www.wqbook.com
　　　　　地　　址：北京清华大学学研大厦 A 座　　邮　　编：100084
　　　　　社 总 机：010-83470000　　　　　　　　　邮　　购：010-62786544
　　　　　投稿与读者服务：010-62776969，c-service@tup.tsinghua.edu.cn
　　　　　质量反馈：010-62772015，zhiliang@tup.tsinghuan.edu.cn
印 装 者：小森印刷（北京）有限公司
经　　销：全国新华书店
开　　本：170mm×240mm　　　印　张：18　　　字　数：325 千字
版　　次：2019 年 8 月第 1 版　　印　次：2022 年 7 月第 9 次印刷
定　　价：118.00 元

产品编号：082868-01

序 一

城市是一个鲜活的生命体。城市的生命在于其不断更新并持续迸发的活力。城市的更新是持续不断的常态化的生命活动，因此城市更新本来就是城市永恒的主题。但这种生命活动应该是细胞层面的，亦即小规模渐进式的，而非大规模断裂式的。手术式的更新改造只能是极特殊情况下的短期的暂时的行为。在中国已经持续了三十余年的快速大规模城市改造与建设活动作为一段特殊的历史必将迅速转型，城市建设与发展亟须从非常时期逐步转向正常轨道，即从粗放型增量发展走向精致型存量发展的有机更新轨道。这种城市有机更新更多地表现为小尺度改造、城市功能的不断优化和城市空间品质的不断提升。从客观规律上说，城市的增量型发展阶段是城市的初步建设阶段，城市的存量型发展阶段是城市的维护和提升阶段。就城市发展的全生命周期而言，增量型发展阶段是短期的、非常态化的，而存量型发展阶段是长得多的、常态化的。

然而，我国现有的城市建设与管理体制，是改革开放以来为适应大规模快速建设活动而逐步建立起来的。面对目前城市发展的快速转型，这种既有的管理体制显示出越来越多的不适应性，亟需新的制度建设。

本书作者针对当下我国城市更新的新形势，选择广州、深圳和上海三个在城市更新实践中走在全国前面的城市，围绕城市更新中的核心与难点——制度建设，试图对当下我国城市更新的制度困境进行破解。这三个城市都较早地发现大规模增量式发展的不可持续性，又都面临城市功能和品质进一步提升的迫切需求，针对各自实际情况，率先提出了城市更新的新理念。一个非常值得注意的现象是，这三个城市几乎都是在进行城市更新实践初探的同时，提出了与之相关联的制度建设问题。这充分说明，摆在城市更新面前的困难，除了发展理念的转变外，还集中体现在现有的制度障碍上。就广州、深圳和上海的实践来看，这三个城市都做了极为有益的探索。从这个意义上说，本书非常及时地为全国各城市的城市更新提供了亟需的宝贵经验。

当然，我们也必须看到，上述城市除了在发展观念上领先全国一步，认识到城市发展转型的迫切性，并及时推出相应政策措施和制度设计，也并不排除部分城市领导把城市更新看成新一轮"大干快上"的大规模城市建设的新说法。于是一方面是大量粗制滥造、形象气派却毫无便民服务内容的建成区仍整天出现在炫耀建设成就的形象宣传媒介中，很少有人关心其亟须完善的功能和亟待提升的品质，另一方面却又热衷于对那些富有活力的成熟城区进行"更新"，说穿了，就是看上了这些区域仍未获得最大化的土地产出效益。对于这一类伪"更新"，我们必须旗帜鲜明地站出来反对。由此说到城市更新的制度建设，我们应该鼓励那些出于发展转型的需要而设计的新政策、新制度；但对于那些以城市更新为名，想着法儿对那些原本不属于棚改对象、老百姓也不愿离开的老街坊进行拆迁的"制度设计"，我们要坚决反对。我们要把城市更新这本经念好，让我们的城市在持续更新中不断地得到功能和品质的提升。更重要的，也许是最重要的，是要通过城市更新让老百姓的生活更便利，让城市与老百姓更亲近，让我们的城市更有温情！

　　以上是我在阅读本书时的体会，愿意以其与读者分享，且为序。

同济大学常务副校长、教授
中国城市规划学会副理事长

2019 年 6 月

序 二

在经过三十余年的城市快速发展和迅猛扩张后，我国的城镇化已经从高速增长转向中高速增长，进入以提升质量为主的转型发展新阶段，城市更新日益成为我国当代城市发展的重要主题。随着城市更新实践工作的积极推进，其内涵和外延亦不断深化与扩展，人们越来越清楚地认识到：城市更新不仅是战略层面的重大问题，也涉及每一个市民和相关利益人的切身利益；不仅与土地存量规划和市场运作有关，更重要的还与棚户区改造、城中村、旧居住区改造等民生工程紧密相连，是一项十分复杂的社会系统工程，需要综合协调和行之有效的实施机制作为保障。

由于缺乏系统的理论指导和顶层的制度设计，目前我国城市更新工作仍存在诸多问题：(1) 受单一经济价值观影响，更新目标以空间改造、土地效益为主，更新方式以见效显著的拆除重建为主，仅注重存量土地盘活、土地供应方面以及短期经济利益的再分配，忽视了城市品质、功能与内涵提升；(2) 缺乏城市功能结构调整的整体考虑，单个零散的更新项目往往背离城市更新的宏观目标，无法从本质上解决城市布局紊乱、城市交通拥堵严重、环境质量低下，以及交通设施、市政设施、公共设施利用效率低下等问题；(3) 受经济利益驱动以及文化遗产保护观念错误的影响，一些地方出现了不少"大拆大建""拆旧建新"和"拆真建假"等破坏现象，给城市文化遗产保护造成巨大损失；(4) 忽略了更新地段中丰富的社会生活和稳定的社会网络，引发了利益格局扭曲、利益分配不公、公益项目落地困难、社会矛盾加剧等问题；(5) 规划、国土、发改、房产与民政等主管部门分别从相应的领域开展相关工作，部门与部门之间缺乏联动，项目行政审批程序、复建安置资金管理以及政府投资和补助等相关配套政策仍缺乏有机衔接。

因此，下面这些问题成为我国新时期城市更新面临的重大挑战：如何运用集体的智慧加强政府的宏观调控，完善和健全城市更新的实施运作机制；如何遵循市场运行规律，充分发挥市场的积极作用；如何保证城市的公共利益，避免和克服市场的某些弊端和负能量；以及如何搭建多方合作和共同参与的常态化制度平台，加强相关部门的通力协调与合作，等等。

年轻有为的唐燕教授研究团队针对城市更新的现实需求，通过对广州、深圳、上海近年来更新制度建设的比较研究，从更新机构设置、管理模式、规划编制、空间管控、政策配套等多方面，探讨了城市更新制度体系建构的目标、路径与方向，对促进我国城市更新的持续健康发展具有重要的学术价值与现实意义。通读此书，总体感觉有以下几个突出特点：

（1）视野开阔。全面介绍了亚洲地区中国香港、中国台北、东京和新加坡四地的城市更新制度建设的历程与趋势，并对我国城市发展时期与宏观背景环境进行了解读，为更好地理解广州、深圳、上海三个典型城市的城市更新制度打下基础。

（2）调查深入。通过典型案例的实证研究，介绍了广州、深圳、上海在功能引导、强度管控、公共设施配置和公共要素清单等方面的创新，对三个城市的更新实施成效进行了评估，揭示了其城市更新工作的实践经验与问题挑战。

（3）针对性强。重点探讨了当前城市更新制度创新涉及的产权、用途与容量三大关键要素，从流程再造、主体明确、利益界定、目标引导和多元机制引入等方面提出我国城市更新制度创新的未来走向与建议。

期望今后有更多的学者和部门以务实求真的态度，共同来探讨研究城市更新的制度建设与创新，为城市更新走向科学化、规范化和制度化做出积极的贡献。

东南大学建筑学院教授
中国城市规划学会城市更新学术委员会主任委员

2019 年 1 月

· 序 三 ·

经历了改革开放四十年我国城市建设的快速发展，以高质量发展为目标的新型城镇化路径对城市规划建设和社会治理提出了新的要求。经过多年的理论研究和实践探索，我国城市更新的多元实践和制度建设已经进入了一个新的阶段。以广州、深圳、上海等先行城市为代表的一众城市已经建立起了较为完善的基本制度框架，虽仍有不足之处，但总体上承担起了规范与指导的基本职能，制度建设进入到查缺补漏、完善打磨的阶段。与此同时，更多的后发城市仍处在基本制度确立的初期，这些先行城市实践所得到的经验与教训对它们而言至关重要。

值此之际，《城市更新制度建设：广州、深圳、上海的比较》一书的面世，可谓具有承前启后的意义，是对具有代表性的三个地区过往探索中存在的经验与不足的一次剖析与审视。该书打破了诸多制度研究一地一议的语境，构建起了三地基本制度横向比较的通用框架，这种研究论述方式可以让读者更加清晰地看到不同城市如何根据自身特点形成差异化的制度保障，同时也适用于未来更多后发城市间的比较和相互借鉴。在比较基本制度框架的基础上，该书进一步剖析了三地不同的空间管控手段，从更新方式、更新强度等的管控和引导延伸至公共要素清单、政策性住房、地价补缴、容积率转移等专项制度安排，为不同年代相对碎片化的制度政策梳理出了逻辑主线。在此基础上，该书分析了三地城市更新的实施路径，追踪了从三地的总体城市更新计划到阶段性调整，再到具体项目实施全流程中的各个环节。

在全面的政策与制度分析后，该书对三地城市更新实施的成效进行了评价，除了对相关统计数据的解读外，并不局限于数字，而是从多角度评价了政策目标的达成情况，归纳总结了三地长期以来的经验得失，进而指出未来我国城市更新制度创新的方向。在对未来发展的建言中，该书紧紧抓住了产权、功能、容量三个关系更新成败的关键要素进行构想，指出了流程再造、主体明确、利益界定、目标引导、多元机制五个主要方向，并为政府下一步制度建设的实操提出了工作内容和步骤建议。

当前我国的城市更新工作时不我待，这是我国社会经济发展阶段的客观要求，在理论研究和原则性探讨过后，围绕真实背景下的制度体系，明确不足并提出制度建设的硬货、干货是学界的责任与使命所在。在我国六百余个各级城市中，只有少数正在完善其城市更新制度建设，绝大多数仍在摸索，甚至处于空白。因此，城市更新制度层面的基础研究不仅具有重要的理论价值，而且对于目前我国城乡建设中不断增长的多元城市更新实践建立起科学完善的制度体系，具有极强的借鉴意义。我相信并期望《城市更新制度建设：广州、深圳、上海的比较》一书能够引发更多的有效讨论，催生更多的经世济用之学，助力我国未来美好人居环境建设的伟大事业。

清华大学建筑学院教授
中国城市规划学会常务理事

2019 年 6 月

前 言

我国在经历了改革开放40年的增长奇迹之后，经济发展进入结构性减速时期，并联动引起社会、政治、空间、文化发展等的全面转型。在这个城市发展由"增量扩张"迈向"存量优化"的变革期，为了促进城市功能提升、产业结构升级、人居环境改善、空间品质优化等，广州、深圳、上海、南京等诸多大城市积极开展城市更新的管理与实践改革，在城市更新制度建设、规划编制、项目实施与行动计划等方面取得显著进展。

本书选取走在城市更新制度改革前沿的广州、深圳、上海三座城市作为研究对象，通过分析三地城市更新的核心政策及其演进；对比三地城市更新制度的体系建构、运作特点与形成原因；总结三地城市更新的实施情况与实施路径；得出三地城市更新制度建设的经验与挑战等，来揭示当前我国代表性地方城市更新制度建设的具体进展、创新成就、潜在问题及改进方向，展示三地在更新机构设置、管理模式、规划编制、空间管控、政策配套上的异同，为新时期破解城市更新难题提供方向指引和经验借鉴，为未来更多城市和地区推进城市更新制度建设提供实证参考。

著作成稿历时四年，感谢曾在北京市规划和国土资源管理委员会朝阳分局任职的王雪梅与孙文伟，是他们出于对国内城市更新需求与趋势的敏锐判断，才在2014年邀请我们承担了国内城市更新制度建设各地经验与案例研究的专项课题，这是本书成果得以形成的重要契机与基石。感谢华南理工大学的王世福教授、国家发改委投资司城市建设处的邵挺博士，2015年在MIT访学期间与他们就广州、深圳城市更新制度特点的交流加深了本研究的维度与深度。感谢上海社会科学院城市与房地产研究中心的万勇博士，在他为《城乡规划》杂志组织的城市更新沙龙活动中获得的关于上海城市更新制度建设和规划设计的一手信息和释惑，为丰富和理解上海的近期行动提供了支撑。感谢深圳市城市规划设计研究院有限公司城市更新规划研究中心的王嘉主任，他同意我们使用其单位编制的城市更新单元规划方案作为案例，极大地丰富了著作内容。感谢课题组的唐静娴同学，她在早期项目研究过程中，做出了关于比较框架、政策和数据分析上的开篇积累。

同时，还要特别感谢北京清华同衡规划设计研究院对我们在2017年城市发展与规划大会"城乡规划体系改革与城市转型发展"分论坛上所做的关于"城市更新制度的转型发展——广州、深圳、上海三地比较"报告的微信报道,这篇小小的微信文章获得的大量转载和累计几万的阅读量给了我们至关重要的信心和信念支持,使我们方有勇气来完善和推进研究成果的出版。感谢北京市委办公厅信息综合室的冯明,他邀请我们将对相关制度的实证分析整理成文,报送北京市领导参阅,从而获得了副市长的批复和肯定,认为北京进行城市更新制度建设也是大势所趋。感谢中国城市规划学会城市更新学术委员会的伍江教授、阳建强教授、边兰春教授以及其他同行,持续的学术交流和支持是本书后期出版的重要动力。其他在不同阶段曾对本书研究给予不同帮助、提点和肯定的诸多同行和师长们,无法一一提及,在此一并感谢。谢谢清华大学出版社的编辑,他们为著作夜以继日的打磨是本书出版品质的重要保证。

在对书稿进行调整与优化的过程中,我们发现广州、深圳和上海的城市更新制度、配套政策、实践模式等方方面面都在日新月异地发生着变化,已经远远超出了我们能及时对原有研究进行随时扩充和全面更新的步伐。特别是新一轮国家机构改革的推行,引发了各地城市更新管理机构的新变革,一些新趋势无法及时反映到主要成稿于2018年年底的本书中,例如广州市城市更新局组建与撤并等详细信息。因此,对于本书存在的各种不足以及对最新政策解读不到位的地方,我们深感遗憾,也期待在后续研究中能再接再厉地跟踪提升。

目 录

第1章 绪论：新时代背景下的城市更新 1

1.1 城市更新再认识 2
1.2 城市更新的十个特征维度 4
1.3 时代转型与中国城市更新需求的崛起 5
1.4 困境突围：资源约束倒逼下的广州、深圳、上海制度创新背景 7
1.5 广州、深圳、上海三地比较研究的内容与框架 10

第2章 亚洲视野下的城市更新制度建设 13

2.1 香港城市更新制度 14
2.2 台北城市更新制度 19
2.3 东京城市更新制度 23
2.4 新加坡城市更新制度 27
2.5 亚洲地区城市更新制度建设的趋势与特点 29

第3章 广州、深圳、上海的城市更新演进历程 33

3.1 广州城市更新演进历程 34
3.2 深圳城市更新演进历程 37
3.3 上海城市更新演进历程 40

第4章 广州、深圳、上海城市更新政策演进与办法解读 45

4.1 广州、深圳、上海城市更新政策体系比较 47
4.2 三地城市更新的核心政策演进 50
4.3 城市更新（实施）办法的三地比较 58

第 5 章　广州、深圳、上海城市更新制度体系建构　　67

5.1　广州、深圳、上海的城市更新制度体系　　68
5.2　城市更新机构设置　　70
5.3　城市更新管理的阶段与流程　　75
5.4　城市更新规划编制体系　　80
5.5　城市更新单元/片区划定　　87

第 6 章　广州、深圳、上海城市更新空间管控　　95

6.1　广州城市更新空间管控举措　　96
6.2　深圳城市更新空间管控举措　　105
6.3　上海城市更新空间管控举措　　121

第 7 章　广州、深圳、上海城市更新实施路径　　127

7.1　广州城市更新实施路径　　128
7.2　深圳城市更新实施路径　　145
7.3　上海城市更新实施路径　　164

第 8 章　广州、深圳、上海城市更新执行与经验得失　　189

8.1　广州、深圳、上海的城市更新目标及执行情况　　190
8.2　三地城市更新制度建设的经验与反思　　203

| 第 9 章 | 城市更新制度创新的关键要素与未来走向 | 221 |

9.1 城市更新中的产权、用途与容量要素　222
9.2 城市更新制度创新中的产权制度　225
9.3 城市更新制度创新中的用途制度　231
9.4 城市更新制度创新中的容量制度　233
9.5 我国城市更新制度创新的未来走向　236
9.6 城市更新制度创新的工作内容与步骤建议　244

附　录　247

附录 1　广州市城市更新办法　248
附录 2　深圳市城市更新办法　257
附录 3　上海市城市更新实施办法　263

参考文献　267

第1章

绪论：新时代背景下的城市更新

1.1 城市更新再认识

城市更新活动古已有之,从古罗马共和国与帝国时期的城市中心广场群改建、巴黎的奥斯曼大改造到我国南京、扬州、杭州等古城基于历史原址的不断重建与改扩建等,形式多样且不胜枚举。不同时期、不同国别和不同发展背景下,城市更新的概念内涵、实践方式和价值导向等表现出明显的差异性,而当代城市更新的概念和理论发展则与现代城市规划学科的发展相伴而生,大抵可以追溯到"二战"后的欧洲。

战后的世界满目疮痍,为解决严峻的住房短缺问题、恢复饱受战争创伤的传统城市,欧洲许多国家在开展大规模新城建设的同时,也在积极更新旧城。由此,西方国家涌现出了很多相关概念,如城市更新(Urban Regeneration)、城市复兴(Urban Renaissance)、城市振兴(Urban Revitalization)、城市再开发(Urban Redevelopment)、城市重建(Urban Renewal)等,这些术语常常被频繁使用或者相互替换,但实质上却各自具有不同的内涵倾向,表现出不同背景环境下城市更新活动的思维侧重(表1.1)。

表1.1 城市更新相关术语的演进

城市更新相关术语	时间阶段	语义侧重点	术语的主体
城市重建	普遍存在于"二战"后,在某些国家开始于19世纪末期	推土机式的大拆大建,带有一定的贬义色彩	政府机构为主导,到后期逐渐演化为多方合作
城市再开发	集中于20世纪50年代的美国	带有主体色彩的术语,一般指政府与私人机构联合	政府及私人开发商
城市振兴	20世纪70—80年代	赋予新生,常常指一定的区域	城市开发集团,也有社会团体的介入
城市复兴	20世纪80—90年代	重生,带有乌托邦色彩的城市理想	政府、私人开发商、社会团体、公众等
城市更新	20世纪90年代后	主要是针对城市衰退现象而言的城市再生	政府、私人开发商、社会团体、学者、公众等多方的协作

资料来源:丁凡,伍江. 城市更新相关概念的演进及在当今的现实意义[J]. 城市规划学刊,2017(11):87-95.

整体来看,城市更新的实践发展阶段从"二战"结束后可以简单分为推倒重建、社区更新、旧城开发、有机更新四个基本阶段(表1.2),在这个演进过程中,更新目标从解决单一问题走向综合目标体系,行为特征从大拆大建转变为因地制宜的大小结合,更新机制从政府主导发展为多元共治,价值导向从物质空间改善迈向公共利益的保护与提升。

正是曾经的短视行为导致的社会经济困境推动了城市更新理念的发展,现代主义思潮鼓动下的大拆大建造成的历史空间破坏、郊区化与旧城衰败、社会网络解体等现象,在20世纪七八十年代遭到广泛的批判与反思。与此对应,强调社会、经济、生态、历史、文化等多维度可持续发展的新观念逐渐上升为认识主流;主张通过多方参与和综合手段来更新和改造城市空间,实现以人为本的空间环境与社会经济改善等思想,也获得越来越多的社会认同和倡导。因此,当代的城市更新概念,不仅指物质空间的演替,更强调其对城市社会、经济、文化等领域的整体优化作用,以及更新过程中多元主体的共同治理。

表1.2 西方城市更新发展历程

	第一阶段	第二阶段	第三阶段	第四阶段
时期	20世纪60年代之前	20世纪60—70年代	20世纪80—90年代	20世纪90年代后期
发展背景	战后繁荣时期	普遍的经济增长和社会富足	经济增长趋缓和自由主义经济盛行	人本主义和可持续发展深入人心
主要政策和计划	英国:《格林伍德住宅法》(1930) 美国:《住宅法》(1937)	美国:现代都市计划(1965) 英国:《地方政府补助法案》(1969) 加拿大:邻里促进计划(1973) 法国:邻里社会发展计划(1981)	英国:城市开发公司、企业开发区(1980) 美国:税收奖励措施:授权区、税收增值筹资、商业改良区(1980)	英国:城市挑战计划(1991) 英国:综合更新预算(1995) 欧盟:结构基金(1999)
更新特点	推土机式重建	国家福利主义色彩的社区更新	地产开发导向的旧城再发展	物质环境、经济和社会多维度的社区复兴
战略目标	清理贫民窟;清除快速增长城市中的破败建筑,提升城市物质形象	向贫穷开战;提升已有房屋居住环境,通过提高社会服务解决人口社会问题	市场导向的旧城再开发:市中心修建标志建筑和豪华服务娱乐设施吸引中产阶级回归,复兴旧城经济活力	高度重视人居环境:提供城市多样性和多用途性,注重社区历史价值保护和社会肌理保持
更新对象	贫民窟和物质衰退地区	被"选择的"旧城贫民社区	城市旧城区域	城市衰退地区和规划欠佳的非衰退地区
空间尺度	强调地方性的宗地尺度	宗地和社区级别	宗地尺度向区域尺度转变	社区和区域尺度

续表

	第一阶段	第二阶段	第三阶段	第四阶段
参与者	中央政府主导	中央政府与地方政府合作，社区和私有部门参与度低	政府与私有部门的双向伙伴关系，社区居民的意愿被剥离	政府、私有部门和社区的三方合作，强调社区的参与和作用制衡
资金来源	公共部门投资和少量私人投资	主要来自中央财政，地方财政补充	大量私人企业和个人投资者：政府少量启动资金	公共部门补贴，大量私人企业和个人投资
管治特点	政府主导；自上而下	政府主导；自上而下	市场主导；自上而下	三方合作：自上而下与自下而上相结合

资料来源：董玛力，陈田，王丽艳.西方城市更新发展历程和政策演变[J].人文地理，2009（10）：42-46.

1.2 城市更新的十个特征维度

城市更新在国内外都是社会和学界关注的焦点，1997年英国新工党上台后，将城市更新与经济增长密切联系在了一起，制订计划确定将城市更新作为促进国内一批传统城市再开发的国家级战略；2001年日本在内阁官房中设立了由首相兼任本部长的"都市再生本部"，将对城市更新的重视提到前所未有的高度。我国关于城市更新的理论探索相比西方起步较晚①，如20世纪80年代陈占祥先生引介并发展了来自日本的"新陈代谢"理论，指出应正视城市空间从繁荣到相对衰败再到重新繁荣的客观规律[1]；20世纪90年代，吴良镛先生提出"有机更新"理念，同时注重对城市历史环境的保护和再利用，以促进新旧片区的和谐统一[2]，张杰教授提倡采用小规模渐进的方式改造与整治城市等[3][4]。

社会、政治、经济、文化等制度共同组成了影响和制约城市更新实践开展的外部环境，从城市更新的内部运作来看，更新目标、更新导向、产权主体、更新规模、更新对象、参与主体、改造方式、功能变更、土地流转、安置模式这十个方面，成为理解和认识当代城市更新特征的重要维度（表1.3）。例如，单一与

---

① 西方国家更新制度建设相对完善，在关注城市更新的物质环境处置、经济文化带动、社会与就业提升等之外，还关注深层次社会问题的讨论，如绅士化、空间正义、少数群体的利益保障等。

多元的更新目标之分；供给（自上而下）与需求（自下而上）的更新导向之分；公共与私有的产权属性之分；局部空间与城市片区的更新规模之分；旧厂房、旧村、旧城镇的更新对象之分；政府、市场、社会的参与主体之分；拆除、改造、维护的更新方式之分；征收、转让和划拨的土地流转之分；原址回迁、异地搬迁、货币补偿的安置模式之分等。

这十种维度之下的不同分类组合可以基本描述出一个特定时期、特定地方的城市更新实践形式，并更深一层地映射出其对应的制度背景和运作环境。例如，针对上海市20世纪90年代的住房更新运动，用上述维度概括其基本特点便是"以物质空间修补和住房专类空间供给为目标、自上而下为导向、政府为参与主体，通过功能不变更的拆除重建对私人产权对象进行的连片环境改造"。

表1.3 城市更新的十种维度

认识角度	核 心 要 素
更新目标	物质空间修补；专类空间供给；土地资源效率提升；历史文化保护；城市功能结构调整；区域活力复兴；生态环境修复等
更新导向	供给导向（自上而下）、需求导向（自下而上）、供需双向对接
产权主体	公有产权（集体、国有）、私人产权、混合产权；单一产权人、多产权人等
更新规模	微空间、单体建筑、成片环境、城市片区等
更新对象	旧城镇、旧工厂、旧村落等
参与主体	政府、私有/国有企业、产权人、社会组织、规划师、学者等
改造方式	拆除重建、改造整治、保护维护等
功能变更	功能不变、功能植入、功能置换等
土地流转	征收、租赁、出让、划拨、补差价转换等
安置模式	原址/就近回迁、异地回迁、货币补偿等

1.3
时代转型与中国城市更新需求的崛起

我国经济在经历了40年高速发展的"中国奇迹"之后，开始逐渐转向中速、中高速的新常态，带来社会政治、经济文化、规划建设的全面转型需求[5][6]。从国家宏观经济和城乡建设用地"倒逼"现状来看，以珠三角、长三角等为代表的城市地区，其建设用地已经占到区域总用地的40%~50%，这迫切需要城乡建设实现从粗放到集约、从增量到存量、从制造业到服务业、从生态破坏到环境友好、从追求速度到普适生活等的全方位变革[7]。

具体来说，旧有"粗放型"的城市建设和经济发展模式将逐步终结，取而代之的是以"存量挖掘"和"内生依托"为特征的新型城镇化模式；城市产业带动经济迈进的主要动力由原来的第二产业逐步转向二、三产业并重，并最终实现以第三产业为主导的新经济结构；高速建设时期对生态环境造成的破坏和欠账需要在新时期竭力加以修复，迈向生态、资源、环境"友好型"的城市建设与发展道路；走出以往对以GDP（国内生产总值）为代表的奇迹式增长的过度依赖和追求，转而关注城乡百姓，即"人"的生存和发展，实现平常心态下的城乡大众的安居乐业[7]。

城市更新作为当前城市存量发展的重要途径，强调用综合的、整体性的观念和行动计划来解决城市存量发展过程中遇到的各种问题，促进城市可持续发展。2013年，中央城镇化工作会议明确提出"严控增量，盘活存量，优化结构，提升效率""由扩张性规划逐步转向限定城市边界、优化空间结构的规划"等政策方针，从而将城市更新工作提高到了国家战略高度。2015年，中央城市工作会议再次指出城市"要坚持集约发展、框定总量、限定容量、盘活存量、做优增量、提高质量"。近年来，国土部门①也相继发布了有关"严格控制城市建设用地规模"的多项通知，设法利用好城市现有已建设土地，而非继续圈地开发成为城市建设的大势所趋。因此，如何科学全面地理解城市更新的内涵，建立起完善的城市更新制度体系，有效推进城市更新工作的有序开展，是新常态下各大城市亟待解决的现实问题与重大挑战。

国家政策对地方实践产生了直接影响，北京、上海等一线城市已率先在总体规划中明确"用地规模不增加"：北京在总体规划（2016年—2035年）中要求到2020年实现"城乡用地规模减量"；上海在城市总体规划（2017—2035年）中明确要集约利用土地，实现规划建设用地总规模负增长。这是当前城市发展方式从"增量扩张"转向"存量挖潜"的直接信号，表明存量盘活、紧凑集约发展的日益重要，对城市产业发展、活力塑造、形象建设等方面影响深远。

2010年前后，广州、深圳、上海、南京、厦门等许多大城市开始积极开展和推进新时期的城市更新改革工作，在城市更新制度建设、机构设置、更新管理等方面取得显著进展。特别是截至2018年，全国有广州、深圳、上海三座城市在法

---

① 2018年3月，第十三届全国人民代表大会第一次会议表决通过了关于国务院机构改革方案的决定，批准成立中华人民共和国自然资源部。自然资源部整合了国土资源部、国家发改委、住建部、水利部、农业部、国家林业局、国家海洋局、国家测绘地理信息局等部门的全部或部分职责。

律法规层面颁布了《城市更新（实施）办法》，从制度维度较为综合、全面地规定了城市中不同类型城市更新项目开展的具体管控要求。但由于长期缺少有效的实施机制保障，"摸着石头过河"仍然是各地城市更新制度体系建设的现状写照。

1.4 困境突围：资源约束倒逼下的广州、深圳、上海制度创新背景

鉴于广州、深圳、上海在城市更新制度建设方面的先驱地位及深远影响，本书选定这三座城市作为城市更新制度建设的比较研究对象，通过解剖三只"麻雀"来透析我国城市更新制度建设的基本情况与进展。广州、深圳、上海三地在国家和区域发展战略中一直具有重要意义。经济上，三地GDP位居国内前列，总量分别在2010年、2011年、2006年突破万亿，且仍保持着充足的增长动能（表1.4）。2017年广州开始新一轮总体规划编制，确定了国内重要中心城市的发展目标，且要"对标全球城市，落实国家战略"[①]；深圳在国家"十三五"规划纲要中首次被确立为国际科技、产业创新中心；国务院于2017年12月批复上海总体规划，确立了"国家历史文化名城，国际经济、金融、贸易、航运、科技创新中心"的目标定位。可见，广州、深圳、上海在新时期的城市战略地位不断增强，为实现设定发展目标和解决"资源日趋稀缺""环境约束加大""城市问题日益突出"等挑战，三地在迈入存量挖潜的城市发展过程中，无疑需要充分利用和发挥城市更新的作用，使其成为城市建设有效的推进方式和引导工具。

表1.4 广州、深圳、上海GDP（国内生产总值）（2010—2016年，单位：亿元）

城市	2010年	2011年	2012年	2013年	2014年	2015年	2016年
上海	17 165.98	19 195.69	20 181.72	21 818.15	23 567.7	25 123.45	28 178.65
广州	10 748.3	12 423.44	13 551.2	15 420.14	16 706.87	18 100.41	19 547.44
深圳	9581.5	11 505.53	12 950.1	14 500.23	16 001.82	17 502.86	19 492.6

资料来源：国家统计局. 查数[DB/OL]. [2018-10-22]. http://data.stats.gov.cn/search.htm.

---

① 2017年10月，广州市召开新一版城市总体规划编制工作部署推进大会，对新一轮城市总体规划编制工作进行部署。

（1）广州：土地资源紧缺，城乡用地低效粗放，存量利用潜力大。广州经过三十多年的快速城市化进程，城乡用地低效粗放利用与土地资源供应不足的矛盾逐渐凸显出来。自2009年起广州城乡建设用地已占合理开发规模的75%左右，土地资源十分紧缺[8]。此外，2015年广州单位建设用地产出为10.13亿元/km^2，低于深圳16.5亿元/km^2的单位建设用地产出，更不及国际性大都市香港（58.9亿元/km^2）、新加坡（45.21亿元/km^2）城市的用地效益水平，土地利用效率有待提高①。据统计，2015年广州建设用地总面积达到1787.14 km^2，其中城乡建设用地为1433.25 km^2，交通水利用地为322.82 km^2，其他用地为31.07 km^2，建设用地规模距2020年规划目标②仅剩余161.86 km^2。根据建设项目与重点开发区域建设用地需求预测，广州2016—2020年拟新增建设用地总需求约为240 km^2，规模需求缺口约为80 $km^2$②③。而广州2012年"三旧"用地总面积约为399.52km^2，占广州城乡建设总用地的1/3左右，这些土地普遍存在使用效率不高甚至闲置的问题，具备一定的再开发潜力，如果重新利用，则可以有效缓解土地供需矛盾[9]。

（2）深圳：人口、土地、资源、环境紧约束，历史遗留问题突出。深圳很早就遭遇了"四个难以为继"④的严峻挑战，率先受困于空间资源的硬约束，发展方向逐渐由"速度深圳"向"效益深圳"转变。《深圳市城市总体规划（2010—2020年）》确定了城市发展向存量挖潜的转型。2015年深圳建设用地总量已经超过940 km^2，2016年起平均每年仅有6 km^2的新增建设用地配额，至2020年深圳只有30 km^2的新增建设用地指标。深圳在改革开放后四十年城市化进程中，保障性住房的供给没有跟上城市发展步伐，一方面民间通过非正式自发建设途径来解决紧迫的住房问题，另一方面政府长期以来缺乏有效的监督管理，导致大量"模糊产权"用地的遗留。在土地资源紧缺背景下，违法建筑权属不清、权责不明、利益关系复杂等，使得深圳的大量存量用地难以再次开发利用[10]，亟须制度创新进行解答和应对。据2008年建筑普查，深圳总建筑面积约7.52亿m^2，其中违法建筑面积约4亿m^2，违法建筑面积总量约占深圳全市建筑面积总量的53.19%，而在城中村中，大约有70%的违章建筑[11]。失控的违法建筑为深圳快速崛起做出了贡献，同时也成为深圳转型发展的严重束缚。

**（3）上海：用地规模逼近资源环境极限，工业用地利用低效粗放，旧区改

---

① 广州市人民政府办公厅. 广州市土地利用第十三个五年规划（2016—2020年）[Z]. 2017.
② 根据《广东省土地利用总体规划（2006—2020年）调整方案》（粤国土资规划发〔2016〕122号），广州市至2020年城乡建设用地规模控制在1581km^2以内，建设用地总规模控制在1949 km^2以内。
③ 广州市人民政府办公厅. 广州市土地利用第十三个五年规划（2016—2020年）[Z]. 2017.
④ 2005年前后，深圳市政府用"四个难以为继"概括深圳城市发展面临的状况，分别是：（1）土地、空间有限，按照传统的速度模式难以为继；（2）能源、水资源难以为继；（3）按照速度模式，实现万亿GDP需要更多的劳动力投入，而城市已经不堪人口重负，难以为继；（4）环境容量已严重透支，环境承载力难以为继。

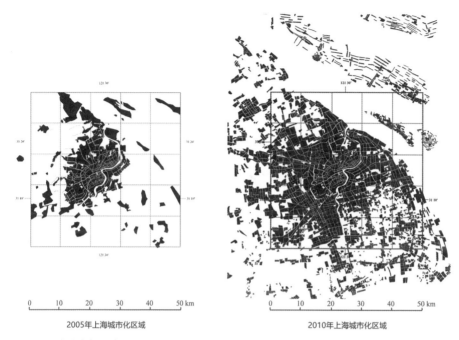

图 1.1 上海城市化区域（2005 年、2010 年）
资料来源：加州大学伯克利分校. 全球都会区域观测[EB/OL]. [2018-10-22]http://metropolitan.ced.berkeley.edu/.

造任务艰巨。与广州、深圳一样，上海同样经历了快速城市化进程（图1.1）。2017年5月，上海颁布《上海市土地资源利用和保护"十三五"规划》，指出：到"十三五"末，全市建设用地总规模不超过3185 km^2，其中工业用地规模要从目前的27%降到17%左右。2017年12月《上海市城市总体规划（2017—2035年）》颁布，要求将建设用地总量控制在3200 km^{2}以内。但早在2015年，上海建设用地规模就已经突破3145 km^2，约占全市陆域面积的45%，逼近现有资源环境承载力的极限[12]。上海作为曾经的老工业基地，工业用地为上海的发展做出了巨大贡献，但是目前上海的工业用地普遍存在比重偏大、布局分散、绩效偏低、使用粗放等问题。2011年上海地均工业总产值为40.9亿元/ km^2，对比国际大都市表现出工业用地效率偏低。《〈上海市城市总体规划（1999年—2020年）〉实施评估报告》（2013年）指出，截至2012年年底上海工业用地面积约占全市建设用地面积的29%，约880 km^2，是国际同类城市的3~10倍（国外同类城市平均占比约为15%~17%，其中大阪占15.35%，纽约占7.48%），规划工业区块外还存在大量工业用地（占总量的50%以上），且主要分布在郊区村镇。截至2015年，规划建设区外现存低效工业用地约198 km^2，占全市工业用地的1/4左右，但工业总产值占比不到10%，且这类地区大部分为改革开放早期的镇、村集体或私营企业，产值低效、能耗、环境、安全等问题日益突出[13][14]。上海工业用地的更新需求旺盛，更新活动伴随政策的时松时紧波动推进，同时老旧小区等的更新改造也成为越来越凸显的城市问题。

1.5 广州、深圳、上海三地比较研究的内容与框架

综上可见，在土地资源瓶颈和产业转型双重压力下，广州、深圳和上海开展的城市更新制度创新与地方实践，其成功经验十分值得研究和总结。与此同时，这些改革探索也面临着土地利用方式依然粗放，公共利益界定不明，公共设施难以保障，历史文化建设性破坏，社会网络断裂等挑战，需要进一步寻找制度变革的方向和举措。

本书聚焦三地城市更新的制度建设进展，共分9章（图1.2），通过对比总结三地城市更新制度建设的经验与挑战，来揭示当前我国代表性城市的城市更新制度建设的政策过程、创新成就、潜在问题及改进方向，为新时期破解城市更新难题以及吸引更多城市和地区开展城市更新制度建设提供实证参考：

第1章"绪论"在简要梳理城市更新相关概念与理论发展的基础上，转向对我国城市发展时期与宏观背景环境的解读，确定以先驱开展城市更新制度建设与创新的广州、深圳、上海三地作为比较研究的对象。第2章将视野放到亚洲维度，介绍了中国香港、中国台北、东京和新加坡四个城市与地区的城市更新制度建设经验，总结了中国及其邻近地区的城市更新制度建设趋势和特点。

第3章到第6章是三地城市更新制度对比研究的核心章节：第3章从历史角度出发梳理了三地城市更新发展的演进历程；第4章比较了三地城市更新的政策体系，分析了三地城市更新核心政策演进的趋势特点，并系统对比了三地《城市更新（实施）办法》的内容与结构；第5章详细解读了三地城市更新的制度体系构成，包括更新机构设置、项目管理、规划编制、实施机制等；第6章从空间管控措施入手，解析了三地城市更新在功能引导、强度管控、公共设施配置和公共要素清单等方面的工具创新。

第7章展示了三地城市更新制度与相关政策的实施路径，以典型案例为基础，分析以城市更新计划、多元主体模式、更新评估与检讨等为途径的更新项目实

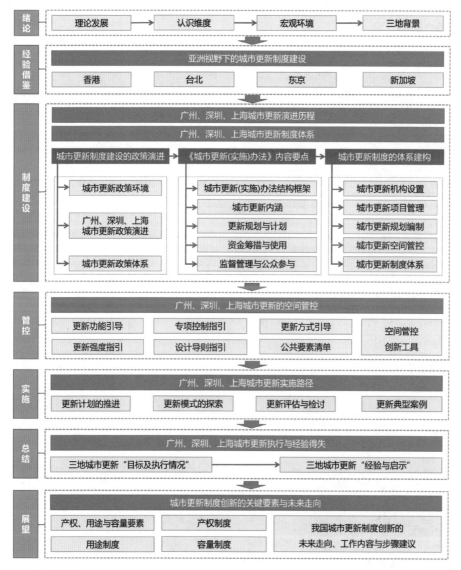

图 1.2 研究框架

施。第8章汇总了三地城市更新目标的执行和完成情况,对比揭示三地城市更新工作的实践经验与问题挑战。

第9章将对三地城市更新制度的审视上升到一般规律层面,总结归纳了城市更新制度创新的关键要素,即围绕产权、用途与容量三方面的制度供给,并基于此展望了我国城市更新制度创新的未来走向、工作内容与步骤建议。

上海里弄

第 2 章

亚洲视野下的城市更新制度建设

地缘接近和历史交往带来的文化影响与传承，使得亚洲的国家和城市——特别是中国的周边邻近地区，在城市更新制度建设与运作方法上的实践探索，可为我国新时期的城市更新发展提供重要的经验参照。因此，在学界普遍关注西方发达国家城市更新历程与得失启示的当前，对中国香港、中国台北、东京、新加坡等亚洲城市或地区的城市更新制度的探索，无疑具有特殊意义。无论我国的香港和台北，还是日本东京或新加坡，这些地方普遍在20世纪经历了一个快速发展时期，实现了城市社会经济的突飞猛进发展以及城市扩张建设的急速推进。这期间，历史保护与资源约束导致的物质空间更新需求在四地逐渐变得日益强烈，城市更新活动慢慢积累形成了规范化、制度化的运作体系。虽然，四地的城市更新制度因文化习俗、地缘关系、政治经济体系等的不同，呈现出各自独到的实践方式和运作特点，但都整体表现出法规政策相对完善、重视公众参与、倡导公私协作、引导与强制手段相结合、注重历史文化和地域特色保留、以点带面活化区域等发展趋势。这四个案例为分析、理解和评判我国广州、深圳、上海的城市更新制度建设提供了有效的比对参照系。

2.1 香港城市更新制度

2.1.1 香港城市更新发展历程

香港在1841年被英国占领之前还是一座荒岛渔港，在短短的一百年中香港经历了举世罕见的城市化剧变，一跃成为世界金融中心，以及全世界人口最密集的地区之一。快速的城市发展演变与建设日趋饱和给香港带来了高强度的城市更新需求，因此香港的城市更新工作起步较早，历时较长，制度发展相对完善。香港的城市更新历程可以简要地分为三个阶段：① 被英国占领早期到20世纪80年代，香港成立非盈利组织"房屋协会"，协助政府对老旧城市地区进行更新改造，以应对人口爆炸式增长带来的卫生环境危机；② 20世纪80年代到21世纪初，香港政府成立半官方组织"土地发展公司"，以企业化、市场化的运营模式积极探索可持续的城市更新路径，应对香港经济腾飞时期房价和更新成本高企的问题；③ 21世纪初至今，随着一系列法律和政策的出台以及政府统一主管部门"市区重建局"的建立，香港城市更新工作逐步迈入成熟期，表现出城市综合治理的特征。

2.1.2 香港城市更新制度框架

当前香港的城市更新机制主要依托于香港特区政府在2001年根据《市区重建局条例》成立的市区重建局（以下简称"市建局"）开展①。2001年，特区政府颁布了《市区重建策略》，为市建局的工作提供整体政策指引，市建局的核心职责聚焦四大"业务策略"，即重建发展、楼宇复修、旧区活化与文物保育[15]。2007年到2009年间，香港特区政府出台了一系列关于文物保护建筑更新的管理办法，并于2008年开展"市区重建策略检讨"活动。根据检讨反馈结果，市建局对诸如租户补偿、自住业主及空置业主区别补偿、非住宅物业（停车位等产权单位）收购与补偿标准等相关制度的空白或不足进行了补充与改良[16]。2010年针对更新项目中产权难以集中的问题，香港发布了《土地为重新发展而强制售卖（较低百分比）公告》。2011年新版《市区重建策略》公布，其作为指导市建局开展城市更新工作的原则性文件，进一步完善了更新项目的社会影响评估等工作要求，并沿用至今。新版《市区重建策略》界定了市建局的责权范围和行政程序，一般程序为：由香港特区政府（发展局）制订包含城市更新目标的发展计划，并将发展计划公示于《宪报》，在公示与咨询期过后，经过城市规划委员会的审核予以颁布[17]；市建局根据发展计划制订面向实施的更新计划并加以执行，市建局需要拟定"业务性纲领草案"列明未来五年计划实施的更新项目以及下一年度将实施的项目呈交香港财政司批准；执行程序包含市区更新地区咨询平台建设，冻结人口（更新项目利益相关方）调查，社会影响评估，土地协议收购，为住宅业主和租户、商铺经营者和业主提供补偿，上述流程结束后方可进行工程建设。同时《市区重建策略》明确了上级政府应为市建局提供100亿港币的资金支持、减免更新重建地段的地价、减免更新过程中安置用地的地价，并为城市更新提供贷款的义务。

2.1.3 香港城市更新的制度特点

（1）构建起专业化、统筹性的治理平台。 市建局作为城市更新的主管部门，实际为法定的半官方机构，既行使统筹规划、项目评估、项目审批报送等传统行政职能，还具有较强的平台性质。一方面，市建局自身的机构组成中包含了较大

---

① 香港市区重建局（市建局）是根据《市区重建局条例》（2001年第92号法律公告）于2001年5月成立的法定机构，取代前土地发展公司负责实施、鼓励、推广及促进香港城市更新。2002年6月香港立法会财务委员会批准政府由2002—2003财政年度起，分5年向市建局共注资港币100亿元；香港特区政府亦以豁免补地价形式批地给市建局作为补助措施。香港市建局依《市区重建局条例》，应按照审慎理财原则推行城市更新计划。

比重的非公职人员,由各学科专家和地区议员代表组成,直接面向学界与民众群体常态化地征询意见;另一方面,市建局在针对不同城市更新项目时,采取一事一议的模式,负责搭建面向现有业主、未来业主、其他政府部门、开发商、融资方等主体的多元议事平台。在不同项目中,对于权益主体的细分是市建局因时而异采取不同更新策略的基础,例如项目中少数业主握有待更新空间多数产权且有意愿进行更新改造时,市建局会将他们与握有分散产权的其他业主进行区分,促进双方进行谈判协商。如果协商不成功,市建局将援引香港立法会于1998年制定的《土地(为重新发展而强制售卖)条例》,强制分散产权业主出售不动产权益——但必须以市场公开拍卖的方式进行出售,以保证小业主的利益不受到损害[18]。这种做法既能兼顾社会公平,又可避免内地常见的"产权集中难题"和"谈判僵局",提高了城市更新的效率。由此依托的《土地(为重新发展而强制售卖)条例》在维护多元治理基础的同时,实现了精准化的制度供给。

(2)自下而上的"需求主导"模式。市建局正在逐步推进"自上而下"城市更新规划和"自下而上"的需求申请之间的握手对接。"需求主导"重在打通老旧空间业主自发申请进行城市更新的制度途径,市建局在对老旧空间进行评估后予以批准立项[15]。立项后根据不同情况,市建局的介入程度有所不同:在有些项目中其会作为实施主体,完全统筹负责协议签订、安置补偿、规划设计、工程施工等一系列环节;而当前市建局更加鼓励市场主体进行自主实施,政府则充当监管者和辅助者的角色。为此,市建局设立了市区更新地区咨询平台、市区更新信托基金、市区重建中介服务有限公司等针对更新项目特定环节的专职部门,用以提供政策协调、融资服务和技术咨询等支持。需求主导模式的好处在于由业主自身的需求出发,避免了机械行政指令强加于民,在更新项目立项之时往往政府与业主之间的共识就已经形成,大大降低了城市更新规划作为一种制度供给难以精准对接需求的困境。

(3)建立了相对全面的项目影响评估机制。市建局在主导多年的城市更新实践后,于2008年针对过往更新项目中发现的不足开展了为期两年的"香港市区重建策略检讨",在此过程中对已完成的城市更新项目进行后续评估调查,并向社会各界开展意见征询[16]。在此基础上,香港建立了当前相对全面的城市更新项目影响评估机制,以求对城市更新项目的全过程进行把握。评估机制包括经济影响评估和社会影响评估两大板块:经济影响评估不仅是对项目建设周期内开发成本与收益的简单估算,更着眼于项目完成后对本地与所在区域的长期影响、政府财政税收规模和结构的变化、创造的本地就业机会和收入水平提升等问题;社会影响评估则关注更新项目是否会对特定群体产生不可逆的影响,进而破坏当地社会结构,以及能否延续保留城市历史文化、风貌特色等内容[19](表2.1)。

表 2.1 香港城市更新社会影响评估内容

阶　　段	社会影响评估内容
第一阶段 （公布建议项目前）	建议项目范围的人口特点、社会经济特点、居住环境、经济活动特点、人口挤迫程度、社区和福利设施、历史背景、文化和地方特色、项目对社区的潜在影响
第二阶段 （公布建议项目后）	受建议项目影响的居民人口特点、社会经济特点、租户安置需求、商户搬迁需求、业主和租户的住屋意愿、业主和租户的就业状况、业主和租户的工作地点、业主和租户的社区网络、家庭子女的教育需求、长者的特殊需求、弱能人士的特殊需求、单亲家庭的特殊需求以及建议项目对社区的潜在影响

资料来源：香港市区重建局. 市区重建策略[EB/OL]. 2011. [2018-10-22]. https://www.ura.org.hk/f/page/8/4835/URS_chi_2011.pdf.

（4）从物质空间更新到城市活化复兴的转变。基于全面的社会影响评估和反思，香港十分注重通过对历史文化资源的挖掘来复兴所在地区。2016年香港特区政府《施政报告》宣布拨款5亿港币设立保育历史建筑基金，其职责就包括通过城市更新手段，发挥文物古迹对当前城市发展的引领作用。对涉及有历史文化价值的项目，市区重建局将联合发展局下辖的古物古迹办公室、活化历史建筑咨询委员会、非政府公益组织卫奕信勋爵文物信托等多方主体进行协同工作。在功能上，香港特区政府鼓励在不影响文物保护的基础上，对原有古建筑功能进行拓展，通过文化创意产业和商业功能的植入，最大程度激活古迹自身的"造血能力"。在运营模式上，政府通过公开市场选择私营企业进行管理运作。在更新过程中，香港发展局和市区重建局还将城市设计作为常用手段，采取设计竞赛和邀请的方式努力提高空间质量，尽可能突出地区特色。

（5）法律保障下的公众参与平台。香港新版《市区重建策略》提出在旧区设立"市区更新地区咨询平台"（以下简称"咨询平台"），以加强地区层面市区更新的规划[20]。香港特区政府于2011年6月在九龙城成立首个试点咨询平台，原因是该区有不少失修的楼宇，而市建局在该区进行的重建项目为数不多。在推进全面及综合的城市更新工作时，咨询平台会执行以下的职能：① 就相关地区的市区更新计划，配合市区重建局的核心业务来建议重建及修复的范围，以及就保育和活化的项目提出建议；② 通过"市区更新信托基金"开展及监督广泛的公众参与活动、规划研究、社会影响评估及其他相关研究；③ 监察已选定的重建、复修、保育和活化项目的落实进度；④ 担当公众教育的角色，与地区建构市区更新合作伙伴关系。咨询平台于2012年5月开展九龙城市更新计划规划研究工作，于2014年2月完成，历时22个月，为完善新的城市更新工作与规划提供了经验（图2.1）。

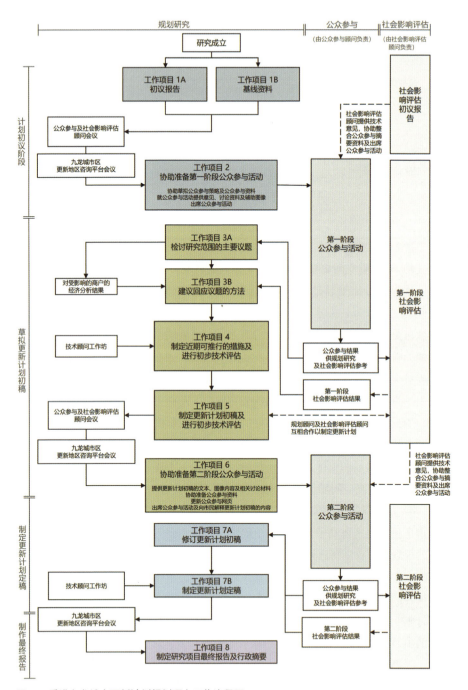

图 2.1 香港九龙城市区更新计划规划研究工作流程图

资料来源：九龙城市区更新地区咨询平台. 九龙城市区更新计划[EB/OL]. 2014.[2018-10-22]. https://www.durf.org.hk/klcity/index.php.

2.2 台北城市更新制度

2.2.1 台湾与台北的都市更新发展历程

台湾有制度与政策指导下的城市更新工作起步于20世纪70年代，1973年修订的"都市计划法"首次对"旧市区的更新"做出了专门规定。1998年台湾当局颁布专门的"都市更新条例"，进一步明确相关操作流程，并与"都市计划法"互为补充、共同作用。"都市更新条例"于2008年再次修订并沿用至今。2009年制订的"爱台12建设都市更新推动计划"，独立设置"都市更新基金"为地方实践提供资金支持，并在台湾省级领导层面设置"行政院都市更新推动小组"，在省级规划建设主管部门"营建署"内设置"都市更新推动办"，共同组成省级城市更新领导体系[21]。

台北市作为台湾岛内的政治、经济、文化中心，在近现代先后经历了两次快速发展：第一次为20世纪40年代末，诱因是国民党200万军民逃往台湾形成的人口爆炸；后一次是20世纪70年代到80年代，台湾经济腾飞带来的大发展。此后，为适应经济与人口变化，城市更新需求强烈，为此台北于1983年在岛内率先实施《台北都市更新实施办法》，此后一段时间内城市更新项目主要为市政府主导。1993年《台北都市更新实施办法》修订，开始探索公私合作，甚至是私营部门为主的更新模式。此外，台北市还陆续颁布了《台北市公办都市更新条例实施办法》《台北市都市更新单元规划设计奖励容积评定标准》《台北市划定更新地区标准作业程序》《台北市自行划定更新单元重建区段作业须知》《台北市协助民间推动都市更新事业经费辅助办法》等配套文件，规范城市更新的实施[17]。

早在1977年，台北市就设有都市更新科。当前负责城市更新工作的主管部门是台北市政府都市发展局下设的都市更新处，都市更新处成立于2004年，除主导更新地区的划定、相关计划的拟订与监督实施外，还负责协助私营机构投资城市更新项目[2]。除了都市更新处之外，另一个重要机构是城市更新审议委员会，其职能是审查更新计划的技术及法律事宜，并就是否符合市政府规定做出决定，并负责更新中的调停事务和调解争议。

2.2.2 台北市都市更新框架

当前台北都市更新所依托的核心规定为《都市更新条例》，该条例确定了以市场为主导实施城市更新的详细监管框架。根据该条例规定，城市更新有三种方式：① 重建。指拆除更新地区内原有建筑物，并变更土地使用性质或者使用密度，完善公共服务设施；② 整建。指改建、修建更新地区内建筑物或者完善其相关设施，完善公共服务设施；③ 维修。指加强更新地区内管理，维护公共服务设施。在重建项目中，市政府主要扮演协助者及监管者的角色；整建改建项目中，市政府还需负责批准资助项目的实施经费（经费来自市政府设立的城市更新基金）。台北城市更新有两种情形：① 市政府自行划定更新区；② 市民主动申请重建项目，并自行划定重建区。在以上两种情形中，土地权属人或政府可自行委托私营企业针对该地区草拟更新计划，发起更新项目。如果市政府委托私营企业，必须进行公众评估及投票程序。通常台北的都市更新流程主要分为三个部分（图2.2）：① 划定都

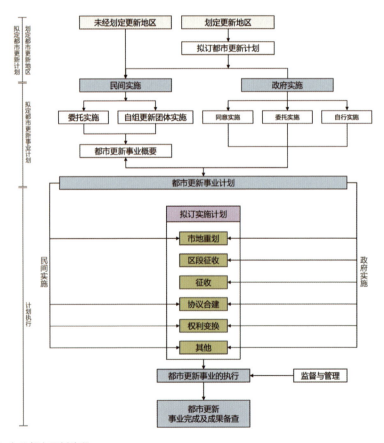

图 2.2 台北都市更新流程

根据相关资料整理：严若谷，闫小培，周素红. 台湾城市更新单元规划和启示[J]. 国际城市规划，2012，27（1）：99-105.

市更新地区及拟订都市更新计划；② 拟订都市更新事业计划；③ 计划执行。其中，都市更新计划的内容主要包括：更新地区范围、目标与策略、划定更新单元或明确其划定标准、地区现状、土地使用计划及整体环境规划思想、事业及财务计划、公共设施用地及公共服务设施提供、居民更新意愿调查等[23]。

2.2.3 容积率转移的两种声音

容积率转移是指在法律制度监督的前提下，将特定土地上未开发建设的规划面积转移到其他土地的做法。在台湾尤其是台北，容积率转移已经成为诱导城市更新投资的主要做法，转移的容积率抵消掉了城市更新的成本，甚至产生了盈余。从公共资源的角度来看，容积率转移是在保证土地所有权不变的基础上，对土地发展权这一公共权益的再分配，具有较强的行政指令特性。为鼓励土地权属人积极开展更新工作，施行容积率奖励计划，台湾省先后出台了"都市计划容积转移实施办法""古迹土地容积转移办法"等专门规定，台北市出台了"台北市都市更新单元规划设计奖励容积评定标准"[24]。相关规定指出容积率送出的土地多为在都市计划中被限定的文物古迹用地、公共设施保留地，此类土地因为自身特点不应进行高强度开发。这些用地未用满的指标，被转移给同一都市计划区内的住宅、商业、公共设施更新所用，故保证了同一都市计划区总体开发强度不变。转移的过程应使用"价值转换公式"，因为移出和移入指标的用地区位不同，所以要对土地价值进行评估，而非简单的同等开发面积转移。同时，被移入的指标不得超过原用地按都市计划规定的基准开发强度的30%[25]。

在土地价值较高、增量用地有限的台北市，因为有容积率转移制度，众多私营开发商和待更新土地上的业主通常乐于参与都市更新。自20世纪90年代以来，这种做法一度被认为是大幅减少市政府再开发成本、促进公私协作的都市更新的捷径。但是，近年来岛内社会各界却开始出现截然相反的声音，主要可分为两类：第一，容积率转移被看作对城市空间这一公共资源的严重透支。因为房价高企，私营开发商将大量资本投向台北的住宅和商业市场。这两类用地抢夺走了绝大部分可转移的存量指标，逐渐造成了更新成本高、收益少的公共空间再开发困难。有学者认为，长此以往只会让台北的公共服务供给更加捉襟见肘，到头来倒逼市政府重新制订都市计划、提高区域开发强度。第二，在利益驱使下，强大的资本力量催生了社会公平危机。台湾与香港相似，都规定只要更新项目涉及三分之二业主同意更新，那么剩余业主就必须接受。在现实中，开发商会通过不断重划扩大更新区，寻找三分之二这个数量临界点。这就意味着在房价不断上涨的背景下，开发商可以无限使用金融杠杆扩大项目投资，清退所有不同意更新项目的业主，并做到稳赚不赔[26]。

2.2.4 台北URS计划

URS是英文Urban Regeneration Station的缩写，即"都市再生前进基地"。所谓"都市再生前进基地"是台北市政府将自身拥有的公有用地和产权单位提供给私营企业和社会组织，以使用权诱导非政府主体进行更新的老旧空间。这一计划已经成为国际上公私协作进行城市更新的典范，同时也代表了从物质空间更新向城市复兴和活化的理念转变。

2010年台北市发布"台北市都市再生前进基地助推计划"，都市更新处签约收拢了一定数量产权属于市财政主管部门的空置用房，以及土地和房屋的所有权单位委托都市更新处代为管理的闲置用房作为都市再生基地。私营企业和机构可以申请免费使用这些老旧空间，申请的前提是向都市更新处提交符合政策引导的更新计划。根据"台北市都市再生前进基地推动计划补助要点"规定，对于那些有利于塑造地区风貌特色、具有社区复兴效果的更新计划，每年最高可提供120万新台币的资金补助[27]。这就要求更新计划本身不仅应包含物质空间建设的设想，还应当包括社区参与式规划、后续运营计划、活动事件安排等内容。在实践中，URS计划已经催生出了一批极具特色的创意空间，如迪化街区玩艺工厂、中山创意基地等，为老旧空间改造以及周边区域的整体复兴做出了贡献[28]。

总的来看，台湾城市更新起步较早，出台的相关法规制度连续性较强，从早期的政府主导到21世纪初开始积极探索公私协作的更新模式，更新途径不断调整以适应经济发展环境。当前，台北以《都市更新条例》为核心，配套相关政策开展城市更新工作，确定了"重建、整建、维修"三种更新方式，并通过"容积率奖励"引导土地权属人积极开展城市更新工作，借助URS计划强调更新过程中的文化保护、公共空间提供以及与周边环境的协调。尽管如此，台北的容积率转移等制度安排仍旧存在弊端，近年来反对之声不断，需要探索更加可持续的、公平的都市更新模式。由此可见，城市更新没有万灵药，只有在基本框架的基础上根据外部环境不断调整做法，才能保证不误入歧途，同时也需切实严守底线，应用好城市规划这一空间资源再分配手段来保护好空间更新的公平正义。

2.3 东京城市更新制度

2.3.1 日本国家层面的城市更新发展

日本国土相对狭小，为节约土地资源，其经济发展高度重视城市更新工作。日本自"二战"后先后经历了经济快速发展时期和经济增长长期低迷时期，在快速发展期中城市更新为城市快速扩张提供土地供给，而低迷期中又成为刺激城市经济、调整经济空间格局的手段。2001年小泉纯一郎政府设立都市再生本部，独立于主管城市规划与建设的建设省来统筹全国范围内的相关管理、促进城市更新工作[29]。小泉纯一郎以首相身份出任第一任本部长，组织成员无一例外由内阁大臣组成，表现出国家层面对城市更新的高度重视。该部门旨在提升包括经济、文化、环境及居住方面在内的城市功能[30]。这也是日本政府通过开展都市再生项目来吸引私营机构投资，从而刺激国家经济复兴的策略体现。

2014年，安倍晋三政府主导在内阁官房下设特别机关——地方创生推进事务局，将原都市再生本部的职能纳入其中，该部门不仅聚焦于城市地区尺度的更新建设，还将视野放到更大尺度的大都市圈和区域层面；同时更新活化的对象也从土地和物质空间，扩大到了基础设施、生态环境、人力资源等问题，力图从宏观层面改善日本全境的国土空间布局。无论是都市再生本部，还是当前的地方创生推进事务局，都是国家层面领导城市更新工作的最高机关，起到了跨部门协调、战略原则制定、资金统筹安排的作用。而具体项目中的操作则是以地方行政部门为主导，是多元主体共同参与的过程。

2.3.2 东京首都圈城市更新框架

东京首都圈是日本乃至全世界的经济中心之一，聚集了全日本约三分之一的人口，贡献了近四成的国民生产总值。东京都市圈在《首都圈整备法》《首都圈城市开发区域整备法》的基础上，先后五次编制《首都圈基本计划》，随之而来的城市结构调整与城市开发高度依赖城市更新。2002年日本政府颁布《都市再生特别措施法》（以下简称"特别措施法"），指定东京、横滨、名古屋及大阪四大都市为"优先都市再生地区"。作为回应，大东京政府设置了"提升都市再生项目委员会"对城市更新活动进行计划与研究。2005年东京城市发展局开始领导划分并制定不同城市片区的更新策略[31]。

根据日本《城乡规划法》的界定，所有的城市开发可以归结为"土地区划整理、都市再开发（都市再生）、新建开发"三类，其中前两类都指向城市更新，有着系统的制度设计[32]。东京都市发展局（Bureau of Urban Development，BUD）负责房屋政策、基础设施发展、城市规划及市区发展，还负责土地区划整理及都市再生的规划及实施。土地区划整理实际就是根据城市更新需求进行土地利用规划变更的具体制度途径，以整合土地产权以及变更用地功能性质和指标；而都市再生不仅面向土地调整，还要全方位对更新改造项目进行介入，包括了区域空间的规划设计、产权变更、经济补偿、建设运营。

在官方部门外，由政府支持的半正式机构成为都市再生工作的有益补充。2004年成立的都市再生机构（UR都市机构）①，其前身是都市基盘整备公团（Urban Development Corporation）。都市再生机构的业务领域包括城市复兴、居住环境、灾害复兴、郊外环境四个方面（表2.2）。该组织由中央政府出资9986亿日元，地方政府出资20亿日元共同成立，目的是协助地方政府在具体更新项目中协调多元主体利益诉求、筹措更新资金、对相关利益方提供技术与经验支持。目前，UR都市机构的东京事务所所参与的都市再生项目已经占到首都圈全部项目的约十分之一。

表2.2 都市再生机构业务内容

业务范围	核心内容
城市复兴	从"闲置社区"到复合型城市的复兴
	创建人、物、文化相融合，面向下一个世纪的新据点
	以创建防震防火的安全城市为目标
	实现通勤便利的便捷生活
	改建古旧住宅，更新城市生活方式
居住环境	提供丰富多彩的生活空间
灾害复兴	还推进了抗灾性的城市建设，推进城市的复兴
郊外环境	"新郊外居住"式城市建设

资料来源：都市再生机构. 都市再生机构指南[EB/OL]. (2007-02-01) [2018-05-12]. https://www.ur-net.go.jp/.

---

① 具体参见：https://www.ur-net.go.jp/.

2.3.3 都市再生的模式创新[①]

东京都都市整备局网站[②]显示，自20世纪70年代至2017年，东京的城市再开发项目累计230项。由于日本严格的土地私有化制度，都市再生工作高度有赖于多数业主的共识能否顺利产生，一个项目少则十年，多则数十年才能完成。所以项目在经由政府规划立项，或是业主自发申请并审核通过立项后，根据项目的具体情况，后续更新机制是很不相同的。在这种一事一议的缓步推进中，不断产生着多种模式创新，避免了政府单一政策下的"一刀切"流程。以东京大手町地区都市再生项目为例，其摸索出了一条以国有用地腾退为触媒来激发连锁式更新的模式[33]。

该项目所在地域早在1986年就被大东京政府确定为"东京车站周边都市更新诱导地区"，并开展相关前期规划。经过13年的规划论证，1999年政府才委托日本都市计划研究学会组成"东京车站周边再生整备研究委员会"编制进一步的研究报告，形成了指导该地区更新工作的基本原则。2003年，政府相关部门与本地业主组织"大手町地区再生推进会议"，正式提出连锁式更新策略。同年，日本都市再生本部提出了"活化国有土地作为都市开发据点"的政策，在政策支持下大手町中央合署办公厅腾退搬迁。该单位占地1.3公顷，只占大手町待更新区40公顷的很小一部分。其后，UR都市机构出资买下该土地，作为"种子基地"，周边十余座建筑的产权方同意与"种子基地"置换产权，并签订了协议。"种子基地"在建设时，签订协议的业主仍可使用原有建筑。2009年"种子基地"顺利完成施工建设，签约业主直接搬入新建筑，做到了无缝衔接，极大降低了安置成本，同时其原有土地就变成了新的"种子基地"来重复上一个过程。2012年第二批业主成功完成置换。时至今日，连锁更新的进程仍在继续，这种模式创新已经被证实为可持续的成功范式。

2.3.4 成熟的土地区划整理制度

不同于都市再生模式的不断革新，日本的土地区划整理制度已经趋于系统化、稳定化。1888年的《东京市区更新条例》首次明确土地重划是一种合法的市区发展手段。面对"二战"后迅速兴起的城市化进程和重建，日本于1954年颁布《土地重划法》以监管土地重划的执行。权利转换的目的在于保障土地及建筑权

[①] 根据相关资料整理：施媛. "连锁型"都市再生策略研究——以日本东京大手町开发案为例[J]. 国际城市规划, 2018 (8): 132-138.
[②] 具体参见：http://www.toshiseibi.metro.tokyo.jp/.

属人的合法利益,因为核心地区地价高,利益关系复杂,权利转换按照更新前权利价值及提供资金比例来分配更新后的土地及建筑物应有部分或资金,以克服无法更新的障碍[34](图2.3)。目前,日本约三分之一以上的城市开发建设项目需要运用土地区划整理得以实现,同时土地区划整理也适用于农田整理,甚至是农村宅基地与农田的混合整理[35]。不论待更新土地的规模有多大,也不论更新需求来自土地原所有者、投资开发商、地方政府、专业部门(建设省)或者带有政府背景的城投公司的任何一方,只要用地范围边界明确,且已经征得三分之二产权人的同意,用地就可向规划主管部门提出土地区划整理的申请。申请获批后,可通过产权集中和再开发来最终实现城市更新。在土地区划整理的规划中,通常会通过"指标杠杆"的方式,提高土地开发强度,保证原产权人利益不受损,同时预留出相应比例的"抵费地"用以出售来填补整理和再开发成本。东京都都市整备局网站显示,从2011年至今东京都市圈内共完成土地区划整理414项,累计释放土地资源13 673.43公顷,这些项目的尺度差别很大,从0.2公顷到394.3公顷不等(另有一例土地整理面积为0.03公顷,较为特殊)①。

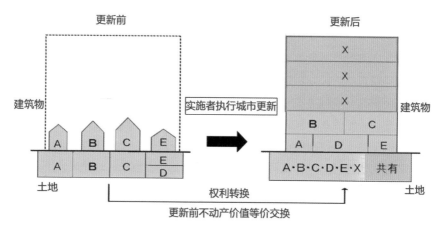

图2.3 日本城市更新中权利转换制度的原则示意图
资料来源:台湾省"内政部"营建署.都市更新权利变换估价准则及作业手册之研究[Z].2010.

总体而言,东京的城市更新上有国家层面的宏观指导,本地有模式灵活的都市再生和制度完善的土地整理两大工具相互补充,共同构成了从战略到实施的有效传导的制度路径。即便如此,仍有相关学者评价认为东京城市更新项目推进周期漫长,难以满足首都圈空间结构调整的需求。长周期意味着行政管理方和规划

---

① 具体参见:http://www.toshiseibi.metro.tokyo.jp/.

设计方的长期持续跟踪，这得益于日本政府和部分企业的终身聘任制。但这种稳扎稳打的"慢更新"却常能见到实效，避免了我国城市更新中常见的高成本、政府大包大揽与主体矛盾激化，以及更新后空间不能真正满足使用需求等弊端。

2.4 新加坡城市更新制度

2.4.1 新加坡城市更新框架

新加坡作为一个国土面积仅有719 km²的小国，国家即城市，土地资源匮乏，单位土地人口高度密集。直至20世纪60年代，新加坡才真正成为拥有独立主权的国家，并经过艰难的经济改革一跃成为当时的"亚洲四小龙"，步入发达国家行列。短短数十年中，新加坡经历的剧变也带来了住房短缺、城市老化等问题，需要借助城市更新手段加以应对。国土资源有限的现实情况，要求新加坡对空间资源施行严格控制，因此新加坡的城市规划体系相对健全，城市更新工作作为空间管制的一部分由政府强势主导，并先后颁布了《新加坡土地管理局法案》《市区重建局法案》《住房发展部法案》等法规文件来管理更新活动[36]。

1964年新加坡国家住房和发展委员会成立了城市更新部（Urban Renewal Department，URD），标志着有专属部门主管和政策法规依托的城市更新工作正式诞生。1974年城市更新部分离成为独立机构，更名为城市重建局（Urban Redevelopment Authority，URA），职责除管理旧城更新外，还兼具文物和历史建筑保护职能。1989年城市重建局与国家开发部下属的城市规划部门、城市研究和统计部门进行整合，新的"城市再开发局"成为统筹城市规划、城市更新、历史保护、土地出让、基础设施建设的大空间管理部门[37]。此外，与城市更新密切相关的机构还有土地管理局（Singapore Land Authority）、住房和发展委员会（Housing and Development Board），前者的职责是整合土地产权交付城市重建局加以使用，后者则负责公共租赁住房的建设和更新。

2.4.2 公私分治的更新模式

与香港、东京和台北以私有土地产权为主的安排不同，新加坡全国的国有土地占比超过90%，国有土地仅出让使用权而非所有权，使用权租约要求分为30年、50年、75年、99年、999年，租约年限的确定依据来自总体城市规划。用地租约到期后，政府会根据土地价值评估与城市规划要求，重新考虑是否续约，并制定新的出让价格；对于那些租约未到期的土地，政府仍有权在依法支付赔偿的前提下进行强制收回。这种制度安排，使政府可以相对灵活地收回土地进行更新，而无须付出过高成本收拢产权。当前，新加坡超过85%的人口居住在组屋（公共住房）内，这些住房由政府统一管理，有着完善的保障体系，房屋重新粉刷、电路重新装配、电梯大修或更换等都按周期年限进行更新[38]。大型商业、基础设施的更新则由土地管理局根据城市规划进行收拢、重划，由城市重建局设定出让条件，通过市场招标的方式出让给私人开发商进行更新或重建。

新加坡政府对剩余的约10%私有土地的更新，很少采取与香港、东京和台北类似的激励与补贴制度，反而更多地采用了倒逼的政策。在新加坡，私人产权单位的出租并非完全的市场行为，租金不得高于政府评估得出的标准金额，想提高租金的途径之一便是更新或重建房屋，切实提高空间质量，而后向政府申请加租[39]。同时，新加坡政府认为自身对这些私有土地并不具有更新重建的责任，并明确其自发更新项目的申请必须以城市概念规划和总体规划为依规。对那些物质空间破损严重或不符合相关安全法规的私人住宅，政府会使用行政手段强制勒令翻新，更新费用来自私人业主提前交付的公共维修基金。对于自发进行的城市更新，新加坡政府重视保护个体产权业主的权益，20世纪末最初的城市更新项目需征得所有相关业主的同意方可实施，后放宽至10年楼龄以上的建筑更新需80%业主同意[40]。

在历史文化的保护和传承上，新加坡高度重视通过设计塑造有辨识度的节点空间，唐人街、阿拉伯区、小印度、阿尔卡夫清真寺等城市更新项目被认为是成功保留文化特征的范例，2014年最新修订的城市总体规划草案又将荷兰村、惹兰加油（Jalan Kayu）和实龙岗花园（Serangoon Gardens）划定为正待更新的特色节点空间①。

总体而言，新加坡的城市更新体系建立在土地国有化这个大前提之下的，与之前介绍的三个案例大不相同。但这并不意味着政府对公众诉求的漠视，因为其

---

① 具体参见：https://www.ura.gov.sg/Corporate/.

更新工作以城市规划为依据——而新加坡的城市规划体系完善且具有权威性，有着系统化的公众参与制度安排，较好地平衡了社会共识与国家意志。新加坡的城市更新经验，对于以公有制经济为主体、实行土地公有制的我国具有很强的借鉴意义。

2.5 亚洲地区城市更新制度建设的趋势与特点

香港、台北、东京、新加坡四地的发展起步相比中国内地改革开放后的经济腾飞，先行一步且地缘临近，具有地区参考意义。前三地在城市更新制度上共性更多，新加坡较为特殊，采用了不一样的管理思路，但四地基本都殊途同归地展现出以下城市更新的趋势与特点：

（1）法规政策完善。 从历史进程上看，通过制度建设引导城市更新并非一蹴而就，期间政策法规的完善需要循序渐进，方向不断调整、措施做法不断改进。在四个案例中，城市更新都已经上升为国家或者地区的最高战略和政策要点，在国家或地区的最高权力机关内设有相应领导机构，形成了综合统筹的顶层设计，对城市更新的战略模式、主管部门、协作部门、资金安排等进行了明确。从制度体系上看，通常更新活动以城市更新管理法规为核心，进而根据地方特点衍生出一系列专项配套法规，使土地出让、产权收拢、公众参与、实施管理等关键环节都有法可依。核心法规和配套法规之间的关系，也表明了四地以核心主管部门为主导，跨部门联动共治的责权分配体系。相比之下，中国内地无论在顶层设计还是制度体系建构上，都与四地存在较大差距。

（2）重视公众参与。 四个案例所在的国家或地区政治高度民主，在城市更新项目的各个阶段都以法规保障了公众参与，包括更新计划的编制、更新项目的设计与实施，以及后续运营反馈阶段。通常组织公众参与的主体具有多样性，以香港为例，不仅有主导更新工作的市区重建局，其他的市区更新信托基金以及受特区政府委托的多个民间组织等也是开展公众参与的常态化主体。公众参与的客体也打破了政府、业主和开发商的常规范围，更新项目的周边居民、全市范围内的其他民众以及学者、行业协会等也成为参与和征询对象。公众参与的形式近年来越来越多元，除了座谈会、调查问卷等常见传统参与方式外，一方面当地政府会邀请业主与周边民众直接参与规划设计工作,另一方面网络PC端和移动端的公众咨询平台也在大幅提高公众参与的效率,降低政府组织成本。新加坡相对特殊,因为其城市更新高度依循城市规划指导,故公众参与更多存在于规划过程中。

(3) 积极引导公私协作式更新。除新加坡"官办为主、官督民办为辅"的城市更新思路外,其他三地从20世纪末以来都表现出逐步从"官办为主"走向了"官促民办"的趋势。政府让位给私人开发商等作为更新实施者,同时将"民申官审"与政府先行制订更新计划相结合,疏通了自下而上的需求导向的城市更新制度路径。在这一过程中,政府并非退出而是将职责转向如何更好地服务市场主体,更多地承担起了监督管理、信息汇总、利益协调、法律救济、资金补助、融资支持、少数群体利益保障、历史文化保护等责任。台北的URS计划更是直接将政府所持有的土地交托私人部门,以空间使用权换取更新成本,进而提升更新区域和城市活化效应。公私协作式更新大幅降低了政府更新的经济成本、减少了政府与私人业主的矛盾,避免了行政"一刀切"的弊端,提高了更新效率。但同时,我们也必须看到私人资本的逐利性,在公私协作中既要守住不侵害公共利益的底线,又要合理让利给资本激发其积极性实际上很难平衡,需要根据各地实际情况一地一议、密切监督和适时调整。

(4) 引导与强制手段相结合。四地都采用了激励引导和强制手段相结合的更新策略。激励手段包括资金补助、容积率奖励、专项融资贷款等方式,已为大家所熟知。相比之下,四地采用的强制手段在中国内地尚缺少引入,如基于多数原则的产权和土地的强制出售,可以有效避免常见的"钉子户"现象,提高更新效率;而利益相关人的冻结调查、合理的补偿标准、剩余产权的公开市场拍卖等制度安排,可在一定程度上保证业主的合法权益。尽管台北的多数原则和更新区域重划共同构成的漏洞造成了新的社会不公平,亟待更正,但也侧面表明:任何一项公共政策都难以保证百分之百的公平,更难以让所有相关利益人都满意,尤其在城市更新这样一个利益纠葛复杂的领域,其决策往往是平衡集体效率和个体诉求的结果。中国内地因为缺少相关制度安排,在产权收拢这一关键环节无可奈何的常见做法有:强拆,导致社会矛盾激化和业主产权受到侵犯;加码施行高额补偿,将更新成本转嫁全社会;延长更新周期,孤立剩余业主以达到迫迁的目的,这同时增加了政府和业主双方的机会成本。因此,通过平衡利弊,确定引导与强制手段相结合的城市更新制度十分必要。

(5) 注重历史文化和地域特色保留。四个案例在经济高速发展时期对具有历史文化价值的空间都有不同程度的损害,后续城市更新进程逐步意识到文化保育和地域特色保留的重要性。香港、台北和新加坡在历史上都经历过殖民统治,普遍存在文化认同感危机，能否塑造代表自身独立特征的物质空间成为政府考量城市更新的重点。虽然，历史文化保护和城市更新经济性之间的矛盾普遍难以调和，但四地政府都认识到风貌特色所带来的附加价值、以点带面对周边区域的活化作用，以及不能简单用直接经济收益来评价的对城市核心竞争力的提升。在新加坡，城市重建局兼具城市更新和历史风貌保护的责任。对具有历史价值的建筑和地区，重建局制定了系统化的评估体系，在综合评价的基础上通过城市设计手段指导更新实施，并根据片区自身特点选择诸如整体保护、再生利用、仿制重建等不同策略。

存量转型时期下我国的城市更新活动，需要向规范化和制度化的建设方向迈进。四个案例在城市更新的管理机构设置、管理办法建立、多元角色参与、更新运作模式设定和配套政策建设等维度上已经具有相对成熟的做法，对中国广州、深圳、上海的城市更新制度建设产生了积极影响，一些政策规定在中国三地的城市更新策略中可见踪迹，如独立的城市更新管理机构、城市更新计划、城市更新专项规划、三分之二业主同意原则、城市更新容积率奖励等。

上海

第3章

广州、深圳、上海的城市更新演进历程

以深圳2009年10月颁布我国历史上第一部《城市更新办法》作为标志性节点，研究此后广州、深圳、上海三地的城市更新制度建设特点与实施效果，其前提需将"2009年至今"这一特殊时期的各种城市更新工作放到更为漫长的历史进程中去分析和理解，方能形成基于历史、动态、综合维度下的客观结论和认知判断。本章关于广州、深圳、上海城市更新演进历程的相关研究，在时间范畴上除了对上海追溯到解放前之外，其他两地都以改革开放后的20世纪八九十年代作为起点——这是广州、深圳城市经济步入快速发展的起步期，也是中华人民共和国成立后不断孕育城市更新需求，同步开展城市更新活动的重要时期。

3.1 广州城市更新演进历程

广州的城市更新大致上经历了自由市场摸索、政府强力主导、"三旧"改造运动和城市更新系统化建设四个时期。不同时期的制度特点都在尽力适应当时当地的更新需求，解决城市更新的部分棘手难题，但也不乏失败的经验教训。总体而言，广州城市更新制度演进的各个阶段之间呈现出跨越式发展特征，制度导向差异大。其优点在于可以通过根本性变革，一次性打破固有桎梏，对旧制度框架存在的弊端进行较为彻底的消除；缺点则是政策连贯性不足，限制了通过渐进式改善纠偏制度框架的可能性，刚性政令造成市场参与者无所适从，降低了城市更新市场参与的积极性。

（1）自由市场摸索期（20世纪80—90年代）：该阶段起始于中国改革开放后的住房改革，结束于1999年广州市政府明令禁止私人开发商直接参与旧城改造项目。当时，广州的人均住宅面积不足3m²，旧城的建筑与设施老化严重、人居环境恶劣，同时政府财政资金十分有限，无力推动城市更新，所以希望借助市场力量的参与来改善城市空间品质。1978年改革开放后，我国开始逐步结束长期施行的"福利分房制度"，转向商品化住房开发，鼓励地方政府支持私人企业进入房地产市场。1981年全国第一个商品房居住区——东湖新村经过两年的谈判与建设在广州落成，对于广州乃至全国的旧城更新起到了重要的示范作用。该项目位于广州旧城东山区（后已并入越秀区）的大沙头，临近珠江，是历史上广州老城的核心地区。1979年广州市政府正式决定引入港资进行城市更新，新建商品房部分在市场上公开出售，部分用于本地拆迁户回迁。此类项目初步奠定了之后广州市政府提供土地吸引私人资本进行开发建设，并通过谈判预留一定比例回迁房作为回报的更新模式[41]。在自由市场摸索期的后半程，"四六分成"的做法逐步变成了约定俗成的共识，即更新后的建设面积开发商分得六成用以销售盈利，政府分得四成用以安置回迁、平衡账面。在此之后，广州同时期的五羊新城、江南新村等商品房小区和大型商业项目"荔湾广场"都采用了这种开发建设模式，在很大程度上缓解了政府的资金压力。然而这种模式也存在一定弊端：第一，新建设商品房的价格对于当时社会人均收入水平而言可谓天价。以东湖新村为例，其上市销售单价为700元/m^2，而当时的广州市每月人均收入仅为40元。这些商品房成为当时在粤港商、外商的居所，而非一般民众消费的对象，从本质上并没有缓解广州旧城的人居环境质量低下问题。第二，更新项目大拆大建，缺少开发强度管控。该时期政府权力大而资本少，对土地资源分配处于绝对支配地位，在看到上述模式对成片旧城更新带来的"短、平、快"的实施效应后，政府急于拉拢私人资本，对"增量更新"不断放任。原本低容积率的旧城转瞬变为高楼耸立的新区是当时政府所乐见的，而旧城地区交通和基础设施的短板在此时更显捉襟见肘，"增量更新"不断加剧了旧城的公共设施危机，也对历史风貌造成了"建设性破坏"。

(2) 政府强力主导期（21世纪初）：该阶段起始于1999年对私人开发商参与更新项目的禁入，结束于2009年以广州市出台《关于加快推进"三旧"改造工作的意见》为标志的城市更新运动的开始。这时期，广州市看到了城市更新在自由市场主导下产生的严峻问题，决定由政府主导更新项目的投资、安置和建设，摒弃了单纯房地产开发的操作方式。这种转变也在于政府受益于20世纪90年代的经济快速发展，以及通过土地出让充实了自有财政资金，并且在与私企的合作中学习到了相关的开发和融资方式，具备了一定的独立主导更新的资本实力和操作能力。该时期政府以非盈利或微盈利为原则，更新前后开发强度基本不变，资金来源于广州市、区两级财政以及改造范围内的业主出资。2000年广州安排专项资金50亿元对7座城中村进行更新改造，2002年出台的《关于"城中村"改制工作的若干意见》进一步明确了旧村更新中"谁收益、谁投资"的原则，对产权人按政府制定的单位面积标准征收复建费，复建费不足以覆盖项目成本的部分由政府补全。2008年，广州市出台《广州市区产业"退二进三"企业工业用地处置办法》，划定"退二"更新范围，范围中的工业企业可申请纳入政府储备用地并给予补偿，未列入政府储备计划的工业用地在不改变原址土地的用地性质、权属的前提下，也可用于除房地产开发以外的第三产业[42]。此时期政府的更新表现出很强的计划性，无论是旧城、旧村和旧厂都有对应的政策文件指导，相关原则较好地保护了公众利益。但在实际操作中，因为广州城市更新所面对的旧区总量庞大，并且20世纪90年代以来增量更新给业主带来的高额收益不断推升旧区居民对拆迁安置经济收益的期望值，所以单靠政府力量依然捉襟见肘。于是，后期为平衡政府投资，相应原则都有所突破，拆建比例放宽至1∶1.2，甚至1∶1.5。2008年动工的猎德村改造更是建立在农村集体改制和超高拆迁补偿基础之上，拆建比例高达1∶2.65[41]，其后产生的改制企业管理等问题，均说明该模式并不尽善尽美。

（3）"三旧"改造运动期（21世纪最初十年末—2015年）：该时期起始于2009年，以广州市出台《关于加快推进"三旧"改造工作的意见》并于2010年成立主管机构"三旧改造办公室"为标志，结束于2015年中国首个"城市更新局"的成立。"三旧"改造之所以被称为"运动"，是因为在短短的5年时间中，大量政策性文件密集出台，《广州市旧城更新改造规划》《广州市旧厂房改造专项规划》《关于加快推进"三旧"改造工作的补充意见》等规划和地方法规在短时间内构建起了针对三类用地的常态化更新机制。期间通过摸排，广州查清了全市待更新土地的总量与具体范围，截至2014年，低效用地占到全市建设用地的三分之一，存量潜力巨大[43]。政府在此基础上编制了《广州市"三旧"改造规划（2010—2020年）》，自上而下地统筹起全市范围内的旧城镇、旧厂、旧村三类空间的更新改造，大量改造项目快速上马，城市更新工作大大提速。"三旧"改造运动在制度框架的监督下重新引入社会资本，不同于自由市场探索阶段重在逐利的导向，政府以"互利共赢、适度让利"为原则。"三旧"改造除了释放低效利用的土地并对污染企业进行"腾笼换鸟"，还解决了历史遗留的顽疾，为缺少合法手续但实质上一直在使用中的土地设计了特别的制度途径，允许其纳入城市更新范围。但是，"三旧"改造同样表现出了明显的弊端：第一，"增量更新"卷土重来，超高容积率项目比比皆是；第二，根生于国土资源管理系统的制度设计缺少与城市规划的协调。"三旧"更新的诞生来源于广东省与国土资源部的试点行动，旨在提高土地利用效率，加大土地资源对经济发展的支撑力度，过程中重视指标调控，而多忽略城市规划作为空间管控"龙头"的作用——更新时序、范围等安排没有体现城市规划所明确的发展策略，对更新后用地和空间的使用功能和一些开发控制指标也缺乏长远思考。

（4）城市更新系统化建设期（2015年至今）。该时期起始于2015年广州市政府机构改革成立城市更新局作为常设机构取代临时性的"三旧办"至今。2016年《广州市城市更新办法》出台，标志着广州从土地更新向综合城市空间更新的思路转变，工作方式也从大拆大建、独立产权单位更新走向全面改造与微改造相结合的模式。广州城市更新局的权责清单[①]显示，该机构的核心工作可归为七项，分别为：① 城市更新范围内存量土地的征收、协商收购、整合归宗；② 集体建设用地转国有建设用地审核报批；③ 完善历史用地手续报批；④ 城市更新改造项目方案审核；⑤ 政府安置房的统筹和分配；⑥ 复建安置资金的监督；⑦ 城市更新项目的实施监督。由此可见，城市更新局的职能设置对历史演进中暴露的难点问题，以及当前城市更新工作的关键环节进行了有针对性的制度设计。在城市更新局的领导下，《广州市城市更新总体规划（2015年—2020年）》编制完成，明确到2020年基本建立政策稳定、流程规范、体系完整的城市更新长效发展制度。近年来，《广州市城市更新项目报批程序指引》《广州市城市更新片区策划方案编制指引》等5个配套操作指引和技术标准文件相继出台，《广州市城市更新条例》列入广州市2018年立法预备计划，正待人大审议。总体上来看，城市更新局作为对土地、规划、建设三个城市更新核心要素进行统筹平衡的跨部门、协调性平台机构已经初步建成，对全国的城市更新制度建设具有里程碑式的示范作用。随着新一轮国家机构改革确定组建自然资源部后，广州市城市更新局进入新的机构调整期，并于2019年撤并。

3.2 深圳城市更新演进历程

深圳的城市更新大致经历了自发分散改造、政府推动专项改造、核心制度确立三个时期。深圳与广州同属广东省，所以在城市更新的演进上有相似之处，都从专项的"三旧"改造走向了综合全面、统一的城市更新。但是深圳的制度和政策更具连续性，对于市场主体参与的态度不像广州那样生硬变化，演进过程呈螺旋式上升。此外，因为深圳的崛起始于改革开放后的短短四十年间，城市中并没有与广州、上海相似的历史地区，城市更新的对象通常是因为城市功能结构调整产生的，以及城镇化过程中催生的大量城中村，所以相较另外两地的城市更新演进更具特殊性。

（1）自发分散改造期（20世纪90年代—2003年）。该时期起始于改革开放

---

① 具体参见：http://www.gdzwfw.gov.cn/portal/affairs-public-duty-list?region=440100&deptCode=550590033.

后深圳成立经济特区，结束于2004年一系列针对城中村和旧工业区的改造政策出台前。深圳在特区成立后的近二十年间，城市建设以增量拓展为主，不存在有计划的存量更新。该时期仅有的城市更新为业主自发的零星分散改造与拆除重建，而这些改造通常是违法的——由于城市的快速发展，原本位于城市边缘的传统农业村落，迅速加建成了城边村和城中村，用以容纳快速涌入的务工人口。尽管，深圳在发展早期就先后经历过两次土地统征，名义上已经不存在农村集体建设用地，而都已经化归国有[44]。但是，因为征收后的土地城镇化发展不充分，这些村落的原住民没有真正转变为城市就业人口，城中村也成了建设监督缺失的法外之地。事实上这些区域的非正式更新十分活跃，为赚取租金不断改建，形成了开发强度高、水平低，又在一定程度上很好地适应了低收入阶层生活需求的灰色空间。此外，因为深圳早期产业以劳动密集型的加工制造业为主，所以在诸如八卦岭、上步等工业区利用旧厂房改造形成了一些专业性的、销售本地商品的商贸集散空间，这些行为同样是自发的，缺乏政府许可。用辩证的态度来审视该时期非正式的自发更新改造可以发现，在深圳制度尚不健全的城市建设初期，政府没有"一刀切"地严格禁止一切改造行为，利用市场力量弥补了正式化城市更新的真空，通过多样化的城市空间供给支撑起了当时特殊的发展需求，但同时也留下了诸多难以解决的历史遗留问题。

（2）**政府推动专项改造期（2004—2009年）**：该时期起始于2004年《深圳市城中村（旧村）改造暂行办法》的出台，结束于2009年《深圳市城市更新办法》的出台。早在20世纪90年代末，深圳市政府就已经开始注意到单纯增量发展的不可持续性，快速发展造成土地资源趋于紧张，政府开始限制特区内的新增工业发展，并加大对违法建设的管控力度。但是深圳在严控增量的同时，却没有找到适宜的存量更新途径，反而间接推高了地价、房价。2004年《深圳市城中村（旧村）改造暂行办法》的出台标志着深圳城市更新探索拉开序幕，大规模有组织的城市更新正式纳入政府权责范畴。该办法恢复了旧改土地协议出让的制度安排，不必采取招拍挂程序，简化并放宽了更新流程，对调动社会资本进入旧改市场起到了一定作用。同年，《关于坚决查处违法建筑和违法用地的决定》颁布，在一定程度上杜绝了城中村违法加建骗取高额拆迁补偿的行为。此后，政府又制定了《深圳市城中村（旧村）改造总体规划纲要（2005年—2010年）》《深圳市城中村（旧村）改造专项规划编制技术规定》等政策法规，至此使城中村改造在管理制度、规划引导、技术规范三者共同作用下逐步实现有序开展。2007年《关于工业区升级改造的若干意见》出台，旧工业区更新成为"腾笼换鸟"支持深圳产业升级的重要抓手。2008年《关于加快推进我市旧工业区升级改造的工作方案》印发，进一步明确了不符合工业布局规划和现代工业发展要求的工业区，不符合安全生产和环保要求的工业区，建筑容积率偏低、土地利用率低的工业区，内部规划不合理、基础设施不完善、建筑质量差的工业区四种更新类型，以及相关工作方法和12个试点项目。政府依据该工作方案，组织编制了《深圳市工业区升级改造总体规划纲要（2007年—2020年）》。该时期，深圳从城中村和旧工业区两个症结入手，在短时间内运动式地推动完成了一批更新项目，如渔农村、岗厦村、水库新村等。这些项目多以大拆大建方式为主，也有部分项目因拆迁补偿、土地流转等问题难以推动，这让深圳市政府意识到城市更新工作需要更加系统化、长期化的制度建设。

（3）核心制度确立期（2009年至今）。 2009年，在国土部与广东省联合开展"三旧"改造试点的背景下，深圳市政府颁布的《深圳市城市更新办法》成为全国首个系统化指导城市更新工作的地方政府专项法规。2012年《深圳市城市更新办法实施细则》出台，该年度深圳市的存量建设用地供应首次超过增量用地。这一年，深圳市征地拆迁办改制成立常设副局级机构——深圳市土地整备局，由市规划国土委员会副主任兼任局长，后于2015年再次改制为城市更新（土地整备）局。这一时期，深圳确立了以城市更新单元为核心管控手段的城市更新制度体系，明确了拆除重建、功能改变、综合整治三类更新模式及配套制度，拓展了旧村、旧城、旧厂以外的更新对象范围。之后，以《深圳市城市更新办法》为核心的制度体系不断完善，相关法规、政策、技术标准和规范流程不断充实[45]。在基本制度框架的基础上，深圳市政府根据外围环境还会适时出台调整政策，《关于加强和改进城市更新实施工作的暂行措施》于2012年、2014年、2016年先后修订，并形成了每两年一更新的惯例，对诸如地价测算、小地块更新、城市更新计划清理机制等具体工作方式进行改进。值得注意的是，长期以来深圳的城市更新也存在开发强度越改越高，市场逐利导向下用地功能多转为居住和商业，而公共服务用地越发紧张的情况。2013年以后，深圳启用新版《深圳市城市规划标准与准则》，城市更新项目的开发强度受到了新规定中密度分区的管控，在一定程度上有助于遏制这种情况。总体而言，深圳核心更新制度的确立改变了专项改造时期政府主导的模式，转为"政府引导、市场主导"。政府只在更新意愿征集、计划申报、规划制定等前期关键环节起主导作用，在项目实施过程中主要发挥监督作用。这种现行制度，保证了既有自上而下的规划引导，也有自下而上需求导向的更新项目申请。

3.3 上海城市更新演进历程

上海的城市更新大致经历了开埠到解放前、计划经济时代、住房改善和功能重构、思路转型、城市综合战略五个时期。上海作为中国近代以来最大、最发达的城市,亦即中国现代城市规划的起源地,其实从开埠之初就一直经历着城市更新。不同于广州、深圳两地早期的自发探索,上海有计划的城市更新可以追溯到19世纪40年代。改革开放以后,上海的城市更新活动起步早,与城市规划体系联系密切,演进过程连续度高,从最初关注解决住房问题逐步上升为城市发展战略。

(1) **开埠到解放前(19世纪40年代—1949年)**。上海在19世纪40年代开埠后一跃成为当时的世界级城市,工业、商业、运输业发达,在从传统的封建城市走向现代化大都市的过程中伴随着大量城市更新。早期的更新活动以各租界独立规划进行重建、加建为主,建设各自为政,片区生硬拼接。租界内商业店铺、现代工厂、仓库码头等新功能空间的产生是依靠对老城的拆除重建完成的。1880年上海市人口规模突破100万,1930年增至300万以上,1945年更是达到600万的历史峰值。经济发展与人口激增,催生了自发的里弄改造,传统的中国低层院落被大量加建成为密集的联立式住宅。1924年编制的《上海地区发展规划》、1931年编制的《大上海计划》、1937年编制的《新都市建设计划》,开始对城市的总体发展进行构想。抗战胜利后,国民党政府组织编制了三次《大上海都市计划》,已经明确认识到城市中心区过于密集和物质空间老化的问题,故提出"卫星城镇""有机疏散"等规划思想,旨在统筹城市宏观层面的老城更新和新区建设。

(2) **计划经济时代时期(1949—1978年)**。该时期起始于1949年中华人民共和国成立,结束于1978年改革开放伊始。解放后,上海市于1953年编制的《上海总图规划》和1959年编制的《上海市总体规划》提出"逐步改造旧市区,严格控制近郊工业区,有计划发展卫星城镇"的城市发展建设方针[46]。1963年上海市"三五"计划又提出"改善风貌地段、需拆迁住宅建设地段、加层地段、辟通改建道路、改善交叉口、扩建市政基础设施"等城市更新工作重点。该时期由于政府财政紧张,真正得以实施的更新项目不多,多为重点城市公共活动中心,如人民广场、人民公园等项目,以及部分棚户区改造社会住宅项目。这一时期,城市更新的方式是直接通过强制性行政命令来达成的,当时虽未建立城市更新制度,但利益矛盾、经济成本、拆迁补偿等当前城市更新工作的常见问题在计划经济时代也并没有显现。

(3) **住房改善和功能重构期（1978—1999年）**。1978年中央城市住宅建设会议的召开拉开了全国住房改革的序幕，1980年上海市政府召开住宅建设工作会议，指出上海市要将"住宅建设与城市建设相结合，新区建设与旧城改造相结合，新建住宅与改造修缮旧房相结合"，通过城市更新来解决人均住房面积小、环境质量水平差的局面。同时，政府提出旧改工作要秉持"相对集中，成片改造"的原则。在这一号召下，上海市开启了为期近20年的大规模住房改善运动。1987年上海市出台《上海市土地使用权有偿转让办法》，该办法为社会资本参与旧改工作扫平了制度障碍。1991年上海市提出"365棚改计划"，对全市范围内成片的"危棚简屋"进行拆迁重建，这一行动在短时间内极大地改变了上海旧区的城市面貌，解决了住房短缺困境[47]。1993年，上海市颁布《关于同意市建委〈关于简政放权，完善土地批租两级管理的请示〉的通知》，使上海下属区县有权保留批租土地的经济所得，该决定极大地调动起了下级政府参与旧改的积极性。至此，政府负责拆迁安置、产权收拢、土地一级开发、评估出让，开发商负责重建、销售盈利的基本模式确立，众多大拆大建项目上马。此外，1986年编制的《上海城市总体规划方案》指出上海应从改革开放前以工业为单一功能的内向型生产中心城市向多功能的外向型经济中心城市发展[46]。在总体规划的引导下，城市功能结构根据经济发展需要得到重构，城市中心由单一的行政管理职能向兼具商业、文化、休闲的综合职能转变，中心城区大量历史遗留工业区为植入新功能供给了必需的土地资源。这些遗留性的工业企业多数归属国有，故拆迁意向和安置问题相对容易解决，属政府内部协调。

(4) **思路转型期（2000—2013年）**。在反思过往的基础上，本时期上海城市更新工作表现出三个特点：① 城市规划对城市更新的引导作用趋于强化；② 大拆大建的理念得到转变；③ 旧区改造高度注重历史文化保护。2000年，《上海城市总体规划（1999年—2020年）》编制完成，并在此基础上实现了上海中心城区控规全覆盖，城市更新工作受到总体规划、分区规划，特别是控制性详细规划的引导和监督。2002年，上海在总结"365计划"经验与教训后，开启了新一轮旧区改造，提出"拆、改、留、修"四类更新方式：要求对结构简陋、环境较差的旧里弄拆除重建；对一些结构尚好、功能不全的房屋进行改善性改造；对那些具有历史文化价值的街区、建筑及花园住宅、新式里弄等加以保留；对物质空间部分破损的进行修复[48]。2009年上海出台《关于进一步推进本市旧区改造工作的若干意见》，提出"零星改造"与成片改造相结合的工作思路。同年颁布的《关于开展旧区改造事前征询制度试点的工作意见》指出：要推进群众改造意愿强烈的旧里弄更新，疏通自下而上的城市更新项目立项渠道，同时针对拆迁补偿安置要求开启第二轮征询,同意业主超过规定比例,项目方可实施。在历史保护方面,实际上从20世纪90年代末,诸如新天地、田子坊等一批带有历史文化保护意义的城市更新项目就已启动,但是政府层面的思路转变发生在21世纪初。2003年《上海市历史文化风貌区和优秀历史建筑保护条例》施行,旧城改造中的历史空间保护终于有法可依。2004年《关于进一步加强本市历史文化风貌区和优秀历史建筑保护的通知》发布,体现出政府对历史建筑和历史风貌保护前所未有的重视。2005年前后,上海开展了历史风貌区保护规划编制工作,充分摸排划定了"应保尽保"范围,使城市更新与历史保护、城市复兴联系起来。从总体上来看,这个时期上海的城市更新在多个方面的工作思路都产生了重大变化,是从狭义的面向指标的"旧改"走向综合性的"城市更新"的过渡期。

(5) 城市综合战略期(2014年至今)。2014年上海第六次规划土地工作会议召开,标志着城市更新不仅是应对土地供应紧张的手段,更成为上海全面提升城市环境水平的综合战略。会议上时任市委书记韩正提出"上海规划建设用地规模要实现负增长",时任市长杨雄提出"通过土地利用方式转变来倒逼城市转型发展",时任上海市规划和国土资源管理局书记兼局长的庄少勤认为上海至此已经进入了更加注重品质和活力的"逆生长"发展模式[49]。2015年《上海市城市更新实施办法》颁布,此后《上海市城市更新规划土地实施细则》《上海市城市更新规划管理操作规程》《上海市城市更新区域评估报告成果规范》等一批配套性规章制度相继出台,上海城市更新的专项制度体系已初步建成。在此过程中,政府确立了城市更新的工作原则,包括:"规划引领,有序推进,发挥规划的引领作用,统筹落实更新要求,实现动态、可持续的有机更新;公益优先,注重品质,以更新评估和实施计划为抓手,落实公共要素补缺要求,提升城市功能和品质;多方参与,共建共享,搭建多方参与平台,促使多元主体、社会公众、多领域专业人士共同参与,实现多方共赢"。在此原则指导下,2016年上海启动城市更新"四大行动计划",共享社区计划、创新园区计划、魅力风貌计划、休闲网络计划成为城市更新工作的核心内容,城市建设及发展正告别以往的大拆大建,转入以改善建成区空间形态和功能为核心的综合更新阶段。"四大行动计划"圈定了12个重点项目,拟计划三年完成实施,项目包含社区微更新、历史风貌保护、休闲空间塑造等不同主题,兼具实效性和示范性。2017年发布的《上海市城市总体规划(2017年—2035年)》指出:"中心城区从拆改留转向留改拆,以保护保留为主,不断拓展保护对象体系。推动城市更新,更加关注城市功能与空间品质,更加关注区域协同与社区激活,更加关注历史传承与魅力塑造,促进空间利用集约紧凑、功能复合、低碳高效。"由此可见,尽管相关制度建设尚在建立和完善中，但当前上海的城市更新工作已经被置于城市最高发展战略的地位之上，成为推动人居环境综合发展的"目标集"和"政策库"。

综上所述，城市更新由于所处社会发展阶段不同、地方制度体系差异、理念认识不一、政府与市场的角色变化等原因，在不同时期表现出不一样的运作特点和实施模式。广州在依托市场力量进行城市更新方面探索较早，也颇有先见地意识到社会资本的逐利性容易造成再开发强度过高、盈利能力低的公共服务功能无人问津等问题，从而转向了由政府大包大揽的另一极端，之后又在发现两种方式都无法做到可持续时，选择了"政府主导、多方参与"的中间路径。深圳因为城市发展时间较晚，到21世纪初才开始对基于制度保障的城市更新进行积极探索。但作为改革开放的最前沿，深圳的城市扩张是最快的，从20世纪70年代末到21世纪初的短短二十余年间，增量土地资源就已近枯竭。资源困境在短期内的集中爆发倒逼着深圳相关制度的建设步伐，使得深圳在三地中最早出台了作为城市更新制度核心的《深圳市城市更新办法》，最早成立了常态化的主管机构"土地整备局"。上海在1949年之后就开始了有计划的城市更新，但虽有规划和计划却缺少常态化的机制保障，即便是20世纪90年代的"365棚改计划"本质上也只是项目运作而非制度建立。进入21世纪以后，当广州、深圳进行"三旧"改造运动，将城市更新单纯看作提高土地使用效率的途径时，上海开始全面转变思路探求城市更新对于综合提升城市环境水平、促进历史文化和生态保育等方面的作用。

在演进历程上三地有着明显差异，但亦有着殊途同归的趋势，其共性主要表现在五点：① 参与主体从政府专责逐步转向政府主导下的多元共治；② 改造方式从大拆大建转向因地制宜的拆、改、留、修、保等多措并举；③ 更新导向从政府制订更新计划自上而下、层层分解的供给导向，转为产权人可以自发申请的供需双向对接；④ 更新目标从增加住房供给、提高土地使用效率转向促进城市全面发展的综合目标体系；⑤ 制度建设以《城市更新（实施）办法》为基础不断拓展出新的政策法规，逐步系统化、精细化。

广州高第街

第4章
广州、深圳、上海城市更新政策演进与办法解读

2009年与2015年，深圳、广州、上海分别颁布了地方《城市更新（实施）办法》，这是三地城市更新制度建设迈上新台阶的里程碑（表4.1）。广州和深圳全面规范化的城市更新工作开展，得益于2008年国土资源部在广东试点的土地集约、节约化利用优惠政策及随之引发的"三旧"改造行动①，大跨步地实施了一系列有针对性的改革，如化解土地流转的路径和指标问题；经营性用地可以协议出让；土地出让纯收益可返还给村集体用于发展集体经济等。上海没有此类大力度的土地制度变革支持，其城市更新工作更多地基于多年实践的日积月累，逐步借助规范化的政策办法与"试点试行"推进城市更新的制度体系建构与实践发展。

表4.1 广州、深圳、上海《城市更新（实施）办法》首次颁布概况

城市	核心政策	更新目的	发布日期	实施日期
广州	《广州市城市更新办法》	促进城市土地有计划开发利用，完善城市功能，改善人居环境，传承历史文化，优化产业结构，统筹城乡发展，提高土地利用效率，保障社会公共利益	2015年12月1日	2016年1月1日
深圳	《深圳市城市更新办法》	完善城市功能，优化产业结构，改善人居环境，促进经济社会可持续发展，推进土地、能源、资源的节约集约利用	2009年10月22日	2009年12月1日
上海	《上海市城市更新实施办法》	提升城市功能、激发都市活力、改善人居环境、增强城市魅力，节约集约利用存量土地	2015年5月15日	2015年6月1日

资料来源：广州市人民政府办公厅秘书处.广州市城市更新办法[Z].2015.；深圳市政府.深圳市城市更新办法[Z].2016.；上海市政府.上海市城市更新实施办法[Z].2015.

三地《城市更新（实施）办法》颁布的基本情况如下：

（1）广州。改革开放使得广东省逐步形成全面开放的新格局，城镇化进程迅速铺开。为了能够在增量紧缩的情况下，探索新型城镇化阶段的存量土地供给模式，2009年国土资源部与广东省协作，颁布了《促进节约集约用地的若干意见》②，推进旧城、旧村、旧厂改造（以下简称"三旧"改造）。同年，广州结合实际情况，颁布《关于加快推进"三旧"改造工作的意见》（穗府〔2009〕56号），标志着"三旧"改造工作在广州的正式开展。随着广州经济转型的深化发展，"三旧"改造实施过程中不断出现新情况和新问题，2012年广州颁布《关于加快推进"三旧"改造工作的补充意见》（穗府〔2012〕20号），针对前三年"三

---

① 2008年，根据时任总理温家宝同志提出的希望广东成为全国节约集约利用土地示范省的重要指示精神，国土资源部和广东省决定联手共建节约集约用地试点示范省。
② 广东省国土资源厅.关于推进"三旧"改造促进节约集约用地的若干意见（粤府〔2009〕78号）[Z].2009.

旧"改造中出现的症结，对改造政策进行阶段性优化，使得广州"三旧"改造在产业结构调整、土地利用效率提升、人居环境优化方面取得了较大成绩。2015年12月，广州颁布《广州市城市更新办法》及其相关配套文件（旧村庄、旧城镇、旧厂房的更新实施办法），正式将"三旧"改造升级为综合性的城市更新。

（2）深圳。在空间资源硬约束倒逼土地利用方式转型的背景下，深圳于2009年10月正式颁布《深圳市城市更新办法》（深府〔2009〕211号）；2012年1月，与办法相配套的《深圳市城市更新办法实施细则》（深府〔2012〕1号）得以实施。至此，深圳市初步形成了有关城市更新的相对完整的立法政策体系。2016年，深圳作出关于修改《深圳市城市更新办法》的决定，对2009年颁布的《深圳市城市更新办法》进行阶段性修改，出台了新版《深圳市城市更新办法》（深府〔2016〕290号）。2016年11月，深圳印发新一阶段的覆盖全市的城市更新专项规划（《深圳市城市更新"十三五"规划（2016—2020）》），深化指引城市更新工作开展。2019年6月，深圳出台《关于深入推进城市更新工作促进城市高质量发展的若干措施》，推动城市更新工作实现从"全面铺开"向"有促有控"、从"改差补缺"向"品质打造"、从"追求速度"向"保质提效"、从"拆建为主"向"多措并举"转变。

（3）上海。上海在《城市更新实施办法》颁布之前，早就针对亟待解决的工业转型、旧区改造等问题，颁布了诸如《关于本市盘活存量工业用地的实施办法（试行）》（2014）等政策文件，只是规则处在时松时紧的变化中，未形成体系化的政策建构。2015年5月，上海正式颁布《上海市城市更新实施办法》（沪府〔2015〕20号），并出台了一系列配套文件，正式系统化地规范城市更新工作。《城市更新实施办法》施行后，上海开展了大约50个城市更新试点项目，以试点带城市更新发展，例如2015年，上海开始推行17项城市更新计划；2016年在此基础上推出"12+X"城市更新四大行动计划，选取12个典型的区域作为城市更新试点。上海浦东、杨浦等区还通过启动"缤纷社区"计划，推动社区微更新，试行"社区规划师制度"等安排，探索了"自下而上"结合"自上而下"的多种城市更新实践模式。

4.1
广州、深圳、上海城市更新政策体系比较

广州、深圳、上海的城市更新建设工作逐步明确了法制化、常态化的思路，

立足于当地实践需求，亦追求渐进的制度创新与优化提升，逐渐形成具有地方特色的政策体系。

（1）广州："1+3+N"政策体系①。经过多年的政策与实践探索，广州逐步形成了"1+3+N"的城市更新政策体系（图4.1）："1"为《广州市城市更新办法》这一核心文件；"3"为广州市旧城镇、旧村庄、旧厂房三类《更新实施办法》配套文件；"N"为其他丰富细致的规范性文件。广州城市更新的政策导向经历了多次修改和调整，自2009年施行"三旧"改造起，城市更新的主导力量从早期的"市场"逐步转向"政府"，推行政策收紧管理，强化政府管控作用，并日渐重视管理细节和实施成效。

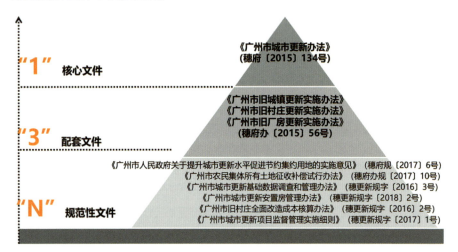

图 4.1 广州城市更新政策体系

（2）深圳："1+1+N"政策体系。经过2009年以来的城市更新实践和政策创新，深圳形成了以《深圳市城市更新办法》《深圳市城市更新办法实施细则》为核心的多层次"1+1+N"政策体系：两个"1"分别为《城市更新办法》和《城市更新办法实施细则》，"N"为覆盖了法规政策、技术标准、实际操作等不同方面的一系列配套文件。深圳城市更新政策始终坚持以《城市更新办法》和《城市更新办法实施细则》为核心，通过《关于加强和改进城市更新实施工作的暂行措施》（以下简称《暂行措施》）等更为细致的配套政策来规范地方城市更新的工作开展（图4.2），借助《暂行措施》的定期修订优化，深圳可以灵活应对城市更新实践中出现的各种问题。

---

① 具体参见：http://www.gz.gov.cn/gzgov/s2816/201611/da252cb9d00c4c64ae83c98a9b6128a4.shtml；赖寿华，吴军.速度与效益：新型城市化背景下广州"三旧"改造政策探讨[J].规划师，2013，29（5）：36-41.

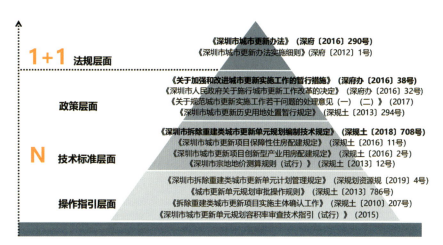

图 4.2 深圳城市更新政策体系
根据相关资料改绘：邹兵. 存量发展模式的实践、成效与挑战——深圳城市更新实施的评估及延伸思考[J]. 城市规划，2017，41（1）：89-94.

（3）**上海："1+N"政策体系**。上海2015年颁布《上海市城市更新实施办法》，即城市更新政策体系中的"1"之后，为保证城市更新工作的有序开展，规土局随后又颁布了《上海市城市更新规划土地实施细则》（2017年11月，修订后正式颁布执行），以及《上海市城市更新规划管理操作规程》《上海市城市更新区域评估报告成果规范》等系列配套政策和规划文件，即为"N"（图4.3）。值得注意的是，上海《城市更新实施办法》的适用范围小，主要针对物业权利人自主发起以及政府引导推动的城市更新类型，其他政府认定的较大规模的旧厂、旧区等的更新改造依然按照原有政策要求和管理模式执行，这与广州和深圳有着显著的区别。

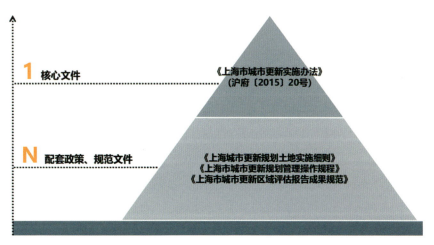

图 4.3 上海城市更新政策体系

整体上就政策构成体系而言，广州、深圳、上海都以《城市更新（实施）办法》为核心，同时颁布多套配套文件来指导和规范城市更新工作。广州城市更新政策很大程度上继承了原来的"三旧"改造体系，因此在配套文件的设置上，分别针对旧城、旧村、旧厂颁布有《实施细则》，体现出管理方式的特殊性。深圳城市更新政策体系以《城市更新办法》为核心，通过《实施细则》《暂行措施》等配套文件对办法进行补充和扩展。上海推行《城市更新实施办法》，更加突出城市更新的实施性，其配套文件有《规划土地实施细则》《规划管理操作规程》《区域评估报告成果规范》等，覆盖了城市更新实施过程的各个环节。

4.2 三地城市更新的核心政策演进

4.2.1 广州：从放开市场到政府主导

2009年以来，广州城市更新核心政策变革的大趋势是从"市场"转向"政府"，从"放开市场（56号文件）"到强化"政府管控（20号文件）"，再到当前政府主导下的"市场运作（134号文件，6号文件）"（表4.2）。其中，政府公布的56号、20号、134号文件（《广州市城市更新办法》）分别成为不同时期政策转变的风向标。

表4.2 广州城市更新核心政策的主要变化

政策变化	56号文件（2009年）	20号文件（2012年）	134号文件（2015年）
实施导向	市场主动，政府让利	政府主导，市场参与	政府主导、市场运作
改造特点	① 改造特点：支持自主改造，支持市场参与 ② 土地处理：依法征收或者流转，即公益征收，合理补偿；公开出让与协议出让，收益获取等	① 改造特点：支持多主体，政府统筹；强调成片改造，避免碎片化 ② 土地处理：强调政府优先收储再出让	① 改造特点：全面改造、微改造（整治修缮与局部改造） ② 土地处理：征收储备、自主改造、合作改造相结合的多种模式

续表

政策变化	56号文件（2009年）	20号文件（2012年）	134号文件（2015年）
实施效果	极大调动市场主体和业主参与改造的积极性，城市更新爆发式增长	调整补交地价的比重和收益分配方式，约束市场逐利开发，城市更新速度放缓，一些处于停滞状态	将"三旧"改造上升为更加综合的"城市更新"，城市更新进展缓慢，微改造类型增多

(1) "三旧"改造试行期（56号文件）。"56号文件"为2009年广州颁布的《关于加快推进"三旧"改造工作的意见》（穗府〔2009〕56号），文件极大地调动了市场主体和业主参与更新改造的积极性，使得"三旧"改造工作迅速开展。政策为激发业主与市场的改造动力，明确政府大幅度让出土地的出让收益给业主和市场[8]，并且历史用地在通过完善手续、明晰产权后可以开展"三旧"改造。"56号文件"指出：要坚持市场运作、多方共赢的方针；在市的权限范围内实行税收减免和返还优惠政策，营造富有吸引力的经济条件和政策环境；要拓宽融资渠道，以土地有形市场为平台，公开吸引市场主体全面投资"三旧"改造；要积极探索选择有社会责任、有品牌、有实力、有经验的开发企业参与"三旧"改造；在符合政策法规和一定条件的前提下，允许"三旧"改造项目的原用地主体采取合作合资等方式自主实施改造。2009—2012年，"三旧"政策获得市场主体和业主的积极响应，"三旧"改造面积达到19.48 km²。政府3年中一共批复了25个旧村改造项目，大大快于"三旧"政策实施前政府主导的改造进度[50]。截至2012年年底，约有二百二十多宗国有用地的旧厂改造获得批复[42]。当时，国有土地的旧厂房可以通过两种方式进行改造：一是按照常规途径由政府公开组织土地出让，并按照一定比例实现各方利益共享；二是自主改造，原业主可以通过补缴土地差价变换用地性质之后进行改造。旧村改造中，村集体土地可采取"协议出让、自行改造"的方式进行，这在赋予村集体土地转变用途和强度的发展权①的同时，还保留了村集体的土地开发权[42]。旧村改造的主体逐渐由以前的政府转向村集体，改造模式也变得更加多元，包括村集体主导、市场主导和半市场主导等，村集体可以根据自己的经济实力和经营能力采取适合自己的方式[51]。

(2) "三旧"改造调整期（20号文件）。"56号文件"通过政府让利给了市场等主体很大的更新主动权，降低了改造难度，提高了市场和业主的收益，但这也导致部分"三旧"改造项目一味追求经济利益，背离了政府"三旧"改造的初衷。国有旧厂房由于产权清晰且盈利空间大，业主与市场偏好对这类用地进行

---

① 土地发展权通常是指土地利用和再开发的用途转变和通过利用强度的提高而获利的权利。

改造，但这对公共服务设施和公共空间的供给有限，且一些大规模的经营性开发（如工改商等）没有有效促进现代服务业、高新技术产业的发展，反而导致了办公和商业用房过剩的局面。同样，在旧村的改造中，市场也偏爱产权清晰且盈利空间大的集体旧厂房；旧村的住宅产权处理过程复杂，市场改造积极性降低，这使得区位偏差、运作低效、环境不好的旧村空间难以纳入改造中。在反思中，广州决定城市更新项目不能"直接由市场来搞"①，市场需要在政府确定的利益分配框架下参与"三旧"改造。于是，广州于2012年颁布"20号文件"，即《关于加快推进"三旧"改造工作的补充意见》（穗府〔2012〕20号），对"三旧"改造进行方向性调整，将原来政府让利形成的"市场主动、效率优先"调整为强化"政府主导"，加强政府对"三旧"改造的管控。由此，"20号文件"确立了"政府主导、市场运作、成片更新、规划先行"的原则，对"三旧"改造的一些新要求体现在：① 强化政府土地收储，特别是加强重点功能区块的土地收储和整体开发，提出重点地区"应储尽储"；② 防止业主与市场"挑肥拣瘦"，更新项目要更加突出"片区改造"，重点转向国企及其周边地区的成片改造；③ 调整国有旧厂改造的收益分配，调整补交地价的比重和分配方式；④ 提高旧村改造的门槛（村民同意率提高为90%以上）；⑤ 要求集体物业、集体旧厂须与旧村住宅捆绑同步改造[42]。在这种严格管控之下，2012年之后广州的"三旧"改造进展马上放缓，一些更新活动甚至陷入停滞。整体上，2013—2015年，广州的"三旧"政策处于优化调整阶段，除纳入"退二"名单的市属国资旧厂仍由广州土地开发中心实施收储外，"三旧"改造基本处于举步不前状态[42]。

（3）"三旧"改造向城市更新转型期（134号文件）。广州"三旧"改造经过2009—2015年的实施运作，发现新时期城市更新需要更加综合的管理手段，而"三旧"改造体系对不同类型的政策尚缺乏有效的整合，适应不了日益复杂的工作需要。因此，广州在2015年正式成立城市更新局，设立专职机构整体负责广州的城市更新工作。2015年年底，广州颁布"134号文件"，即《广州市城市更新办法》（穗府〔2015〕134号）以及广州旧城、旧村、旧厂《更新实施办法》3个配套文件（表4.2）。这套"1+3"政策文件正式将"三旧"改造更名为城市更新，并按照更新力度的不同提出了"全面改造"和"微改造"②两种方式。新的政策文件整合了"三旧"改造、危旧房改造、棚户区改造等多项政策，建立了更新规

---

① 2012年广州市人大常委会专题咨询会上，时任广州市常务副市长陈如桂强调了旧城区改造必须由政府主导，必须由政府统筹实施，不得由开发商直接来搞。
② 微改造是指在维持现状建设格局基本不变的前提下，通过建筑局部拆建、建筑物功能置换、保留修缮，以及整治改善、保护、活化、完善基础设施等办法实施的更新方式，主要适用于建成区中对城市整体格局影响不大，但现状用地功能与周边发展存在矛盾、用地效率低、人居环境差的地块。

划与方案编制、用地处理、资金筹措、监督管理等制度相结合的整体政策框架。2016年，国土资源部和广东省对土地集约利用提出了新的要求，要求加快推进"三旧"改造工作，提升"三旧"改造水平[①]。2017年《广州市人民政府关于提升城市更新水平促进节约集约用地的实施意见》（穗府规〔2017〕6号）颁布，主要内容有：① 适当放开政策，增加业主自行改造的积极性；② 推进成片连片改造，促进产业转型升级，推进产城融合，提高土地储备。基于此，广州城市更新由"三旧"改造的分散改造方式转向系统化、网络化、差异化的城市更新。"134号文件"将利益关系更复杂、改造成本高、时间周期长、实施难度较大的"全面改造"与利益关系相对简单、改造成本相对较低、实施难度相对容易的"微改造"进行了区别化管理，兼顾了城市更新提升人居环境的基本职责和协调土地再开发的拓展职责[42][43]。新政策出台前，村集体旧厂、物业需要与住宅物业"捆绑"改造，均摊旧村现状容积率，实现旧村整体改造[51]，但实施过程中发现捆绑改造难度较大，旧村不改造则村集体的旧厂、经营性物业也无法改造。新政策对此适当放宽条件，提出在满足政府统一招商、抵扣留用地指标、无偿移交部分物业面积等前提下，允许村集体旧厂、物业先行改造。目前，"134号文件"和"6号文件"正在推进广州城市更新活动的规范及回暖，特别是在政府推动下，广州围绕"微改造"开展了许多新形式的更新活动，但城市更新步伐整体依旧缓慢。

4.2.2 深圳：从政府推动到市场运作

深圳城市更新核心政策相对稳定，演进方向是自2009年之前的"政府推动"迈向"市场选择"，从曾经的政府主导转向市场主导与多方协作。"政府引导、市场运作"是当前深圳城市更新的基本导向，确定了政府为市场充当"守夜人"的主要实践方式，通过市场选择开展城市更新，推进城市空间改善和产业升级。

（1）城市更新政策初创期（211号文件）。继广东省提出"三旧改造"后，深圳市于2009年颁布国内第一个《城市更新办法》（211号文件），对城市更新工作建章立制，开始了城市更新制度建设的全面探索进程。211号文件明确界定了城市更新的概念，指出"城市更新"是符合本办法规定的主体对特定城市建成区的特定情况，根据城市规划和本办法规定程序进行综合整治、拆除重建或者功能改变的活动，其适用范围覆盖深圳全市城市建成区的各类旧区。办法同时指出，城

[①] 2016年9月，广东省为加快推进"三旧"改造工作，提升"三旧"改造水平，颁布《广东省人民政府关于提升"三旧"改造水平促进节约集约用地的通知》（粤府〔2016〕96号）。

市更新的基本原则与运作方法是"政府引导、市场运作、规划统筹、节约集约、保障权益、公众参与",并在规划编制方面引入"城市更新单元"规划制度①,在主体方面确定业主可以作为更新实施主体进行自行改造,而不一定要引入市场力量的参与。

(2) 城市更新政策完善期(1号文件)。2012年深圳颁布城市更新《实施细则》(1号文件),与《城市更新办法》一起构成城市更新的两大核心政策。1号文件在211号文件的基础上,进一步规范了深圳城市更新活动的开展,界定各方职能分工,完善了更新计划和规划的编制要求,针对综合整治、拆除重建、功能改变三类改造模式提出具体详细的实施规定。自此,深圳城市更新政策开始形成具有自身特点的地方性法规体系,逐步建立起长效、有序的城市更新机制,有助于推进城市空间资源集约利用、历史用地问题处置与城市产业发展转型等目标的实现。针对城市更新实施过程中涌现出的不同问题和新的社会需求,深圳还重点通过发布2012年版、2014年版《暂行措施》②来及时完善和补充城市更新政策中存在的不足与空白。

(3) 城市更新政策发展期(290号文件,38号文件)。2016年,深圳城市更新工作可谓全线提速:全年共发布了六批97个城市更新单元计划,项目总数创历年之最;全年通过城市更新实现用地供应2.39km²;2016年1月至11月,城市更新项目完成投资达589亿元[52]。2016年11月,深圳发布《深圳市城市更新"十三五"规划(2016—2020)》,提出深圳"十三五"期间的城市更新总体目标和发展策略。至此,《深圳市城市更新办法》已经经过了约7年的实施检验,针对实践过程中暴露的问题和反馈意见,深圳于2016年12月出台修订版的《深圳市城市更新办法》(290号文件),主要实现了两方面政策变革:① 对接深圳的"强区放权",实现城市更新管理和审批权力的持续下沉,市政府可以根据工作需要创新工作机制,调整市区的职责分工;② 简化地价体系,删除原211号文件中有关地价缴纳的规定,地价计收放入《暂行措施》中进行具体规定。与此对应,深圳于2016年12月颁布"38号文件",即新版的《暂行措施》(深府办〔2016〕38号),在创新实施机制、简化地价体系、提升公共服务设施水平、拓展筹建保障性住房渠道、试点重点城市更新单元开发等内容上更新了相关规定,以促进城市更新工作增速提效。

---

① 更新单元规划是涵盖范围界定、空间控制、利益平衡、实施计划等的综合性开发控制规划。
② 分别是《关于加强和改进城市更新实施工作的暂行措施》(深府办〔2012〕45号)、《关于加强和改进城市更新实施工作的暂行措施》(深府办〔2014〕8号)。深圳分别于2012年、2014年、2016年颁布了三版《暂行措施》,《暂行措施》是城市更新的具体行动指南和管理纲要,是对城市更新政策进行阶段性补充优化,应对城市更新实践问题的政策文件。

4.2.3 上海：政府引导下的减量增效，试点试行

上海在20世纪末已经针对旧工业、旧区开展了大量更新工作，进入21世纪，在总结20世纪90年代"365棚改计划"等大拆大建更新行动的教训后，上海开始转变以拆迁重建为主要手段的单一更新做法，转向强调多方参与、历史保护、多尺度、多类型的城市更新运作，城市更新的核心政策突出政府引导探索下的"减量增效，试点试行"，强调政府和市场力量的"双向并举"。实践中，物业权利人提出的自主更新是目前《上海市城市更新实施办法》的施政重点，开发商主导的市场力量介入型更新通常不在办法覆盖的范畴内。因此，以"小步慢跑"的方式探索城市更新制度建设和政策创新是上海的路径选择。

（1）城市更新政策试探期：以项目试点探索更新路径。上海城市更新实践开展早，自开埠之初就已施行，改革开放后不同时期针对老旧住房、旧工业区的改造行动活跃，2014年《关于本市盘活存量工业用地的实施办法》引导工业用地更新走向正式更新的发展路径；截至2015年年底，旧区方面共计拆除危旧房约7300万m^2，改善约120万户家庭的居住条件[48]。然而，上海的商业、商办类用地更新长期缺乏政策，产业类用地更新的政策时松时紧，住宅类用地更新缺少资金，并且不同类型更新改造活动之间缺少政策统筹平台，因此城市更新制度建设需求十分迫切①。2012年前后，上海在"减量增效"背景下开始有意识地进行城市更新项目试点（表4.3），探索新的更新制度建设途径，为后期出台《城市更新实施办法》奠定基础。许多试点旨在通过城市更新促进地区功能与公共服务设施的完善，例如②：① 地区功能优化，如徐家汇西亚宾馆改造（图4.4）。项目试行了用地性质转换和建筑高度与容积率增加。业主负责出资对需要更新的地块或建筑进行改建，提供公共停车位、公共开放空间、公共服务设施以满足公共需要；作为回报，业主可以得到"容积率增加"和"局部用地功能变更"的奖励。通过这样的做法，西亚宾馆转型升级为高级办公楼，同时改善了周边交通的混乱情况，增加了公共空间和停车位；② 空间品质提升，如徐家汇教堂周边地区改造。通过将教堂、气象广场、档案馆整体考虑，调整一部分办公设施为文化设施，整合优化周边公共开放空间，试点实现了开放空间的面积增加，提升了地区空间品质；③ 公共绿地增补，如静安区上海火车站北广场附近地区改造。项目通过城市更新增加了附属公

---

① 观点来自：葛岩. 从"有限参与"到"共同决策"：上海城市更新的社会公平与社区治理. 2018年中国城市规划学会城市更新学委会年会（报告），重庆，2018.10.20—21.
② 具体参见：《上海市城市更新实施办法》相关情况新闻发布会[EB/OL]. (2015-04-30) [2018-03-22]. http://www.scio.gov.cn/xwfbh/gssxwfbh/fbh/Document/1432931/1432931.htm.

共空间、社区级公共服务设施与公共绿地（公共绿地增加约9000m²）；④ 鼓励历史建筑保护，如静安区"东斯文里"。试点项目重新梳理了该区域的历史建筑资源，经过评估与专家认定后将一批有价值的建筑纳入历史建筑保护目录，更新实施时这些历史建筑可以不计入区域开发总量控制指标。简单归纳起来，上海各区自发探索的符合自身实际的更新实施机制，主要涉及[53]：① 建立政府与企业之间的协作平台。静安区曹家渡地区位于三区（静安区、普陀区、长宁区）交界处，三区通过建立曹家渡企业联合会，有效增强三区企业间的相互沟通和协作，与政府共同推进城市更新；② 设置联动开发机制。徐汇区探索了风貌保护区、待更新地区与其他区域项目的联动更新，通过建立新的利益平衡机制，将保护地区的开发指标补偿转移到另外一个地区；③ 开拓融资途径。静安区通过成立静安区城市更新投资基金，充分发挥基金管理公司的运作优势、市场的资金优势、企业的开发优势、专业代理机构的运营管理经验，在拓宽融资途径的同时，形成合力推动城市更新工作开展。

表4.3 上海城市更新试点典型案例

项 目	目 标	更 新 方 式	基 本 情 况
徐家汇西亚宾馆	提升地区功能	① 用地性质转换：商业转型为商业办公；② 高度增加：建筑高度由现状35m提升至70m	① 将酒店功能调整为办公，提升建筑高度；② 规划将底层架空，衔接二层连廊建设，提供开放空间2000余m²，产权移交政府，三四层提供公共停车位65个，经营面积不变
徐汇教堂广场、气象广场、档案馆地区	提升空间品质	① 综合整治：整合公共开放空间；② 功能变化：部分办公调整为文化设施	① 各个建筑之间联系弱，公共空间碎片化，品质不佳，通过规划对公共空间进行整体优化；② 拆除原徐汇区档案馆，更新为文化地块，建筑面积减少400 m²
静安区上海火车站北广场	增加公共绿地	综合整治：整合开放空间，增加公共绿地	增加公共空间、社区服务设施、公共绿地（面积约9000 m²）
东斯文里	保护历史建筑	将部分建筑纳入历史保护性建筑范围	确定为历史保护性建筑，可以不计入地区开发总量

资料来源：上海市规划和国土资源局. 上海市城市更新案例——徐家汇西亚宾馆，徐汇教堂广场、气象广场、档案馆地块[EB/OL]. (2015-02-13). [2018-10-22]. http://www.shgtj.gov.cn/xxbs/shij/201502/t20150213_647995.html.

图 4.4 徐家汇西亚宾馆改造方案
资料来源：法国JFA建筑事务所. 徐家汇T20大厦[EB/OL]. 2014. [2018-10-22]. http://www.jacques-ferrier.cn/?page_id=427.

（2）城市更新政策规范期（20号文件）：制度与试点并行。2015年5月《上海市城市更新实施办法》（沪府发〔2015〕20号，以下简称"20号文件"）正式颁布，标志着上海城市更新迈入法制化建设的新阶段。此后，上海市规土局进一步细化和完善了城市更新工作流程、技术要求和相关政策，制定《实施细则》等配套文件，内容涉及城市更新的规划、土地、建管、权籍等各个方面，为全面开展城市更新实践提供依据。自办法颁布以来，上海坚持通过试点项目促进城市空间发展模式、城市治理机制的转变，推动上海城市功能和服务设施的不断完善，截至2018年4月已先后开展了约50个主要城市更新项目的规划与实施工作[54]。2015年，上海中心城区10个区共推出17个更新试点项目，如徐家汇商圈地区更新、大柏树邯郸路沿线改造、莘闵大酒店改造等。2016年上海开展了"共享社区、创新园区、魅力风貌、休闲网路"四大更新行动计划，创新工作机制，探索将城市更新理念融入规划、土地管理等工作层面，按照典型性、创新性、公众性和实施性原则选取12个重点项目，依四类行动推行城市更新试点。在"小步慢跑"过程中，上海积极推行城市"微更新"计划来优化城市空间环境，取得了强烈的社会关注与反响。如2017年，浦东新区为探索社区治理的新路径、新模式，在内城5个街道（潍坊、洋泾、陆家嘴、塘桥、花木街道）开展"缤纷社区"试点工作，选取了9类①49个项目进行"微更新"实践，项目虽小，但在局部有效提升了人居环境、优化了城市功能、弥补了城市慢行系统不宜人的不足、增强了社区归属感和人情味。浦东新区深入编制"缤纷社区"三年行动计划，计划开展5个老旧小区整体更新，增加20处公共服务设施、21个口袋公园，打造40km慢行路径、20km活

---

① 与居民生活密切相关的9类公共要素，包括活力街道、口袋公园、慢行路径、设施复合体、艺术空间、林荫道、运动场所、破墙开放行动、街角空间。

力街巷[①]。2017年年初，上海提出以城市更新的全新理念推进旧区改造工作：第一，要从"拆、改、留并举，以拆为主"转换到"留、改、拆并举，以保留保护为主"；第二，在更加注重保留保护的过程中要创新工作方法，努力改善旧区居民的居住条件，保护好上海的历史文脉和文化记忆[②]。三个字的顺序转变充分展示了政府对城市更新及历史风貌保护的重视和决心，表明了上海旧区改造思想的重大转型。

4.3 城市更新（实施）办法的三地比较

4.3.1 城市更新（实施）办法的结构框架

广州、深圳的《城市更新办法》依章节组织，上海《城市更新实施办法》没有明确分章，而是逐条分项说明。分析三地《城市更新（实施）办法》的内容差异可以看出：广州侧重按照城市更新的实施过程与用地类别进行管理；深圳强调依据城市更新的不同改造力度和方式进行管理；上海则是政府评估与计划下的合同"契约式"管理，表征出三地城市更新的不同管理特色。

《广州市城市更新办法》共7章，57条，9665字，主要可分为三部分：① 第一部分为第一章，规定了广州城市更新的目的、内涵、原则和机构；② 第二部分为第二章到第四章，涉及一般规定、更新规划与方案编制、用地处理等相关内容。一般规定主要针对更新范围确定、更新方式、更新主体、数据调查、专家论证、公众咨询委员会、历史用地处置提出总体要求。更新规划与方案编制涉及中长期更新规划编制、更新片区划定、片区策划方案制定与审核、更新年度计划等；用地处理对于用地的历史遗留问题提出了相应处置措施；③ 第三部分为第五章到第七章，主要内容为城市更新的资金筹措与使用、监督管理及其他规定（图4.5）。

---

① 具体参见：http://www.pudong.gov.cn/shpd/news/20171212/006004_4350f5d4-dc79-4f95-b375-f61a6a15efc3.htm.

② 具体参见：https://www.jfdaily.com/news/detail?id=43931.

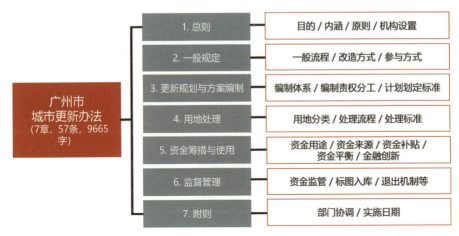

图4.5 《广州市城市更新办法》的结构框架

《深圳市城市更新办法》共7章，48条，5769字，主要包括四部分：① 第一部分为第一章，规定了深圳城市更新的目的、内涵、原则、主体、资金、机构等内容；② 第二部分为第二章，规定了深圳城市更新规划与计划的相关内容。城市更新规划主要涉及市级层面的城市更新专项规划，以及对接法定图则的实施管控层面的城市更新单元规划两个层次，规定了城市更新单元的申报、规划编制与纳入时间计划等内容；③ 第三部分为第三章到第五章，按照城市更新改造的方式分综合整治类、功能改变类、拆除重建类对城市更新管理提出具体规定；④ 第四部分为第六章和第七章，主要内容为与其他法规的衔接、监督管理及其他补充规定（图4.6）。

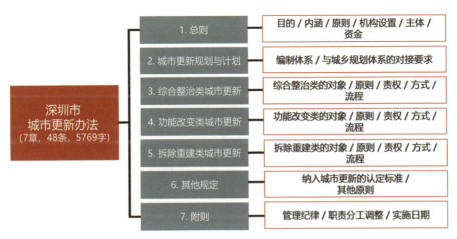

图4.6 《深圳市城市更新办法》的结构框架

《上海市城市更新实施办法》共20条，3203字，主要可分为三部分：① 第一部分为第一条到第七条，对上海城市更新提出了总体要求，规定了城市更新的目的、内涵、原则、机构等；② 第二部分为第八条到第十六条，规定了城市更新的管理流程与方式，包括区域评估、实施计划、全生命周期管理等；③ 第三部分为第十七条到第二十条，对城市更新涉及的规划、土地等相关内容等进行详细规定（图4.7）。

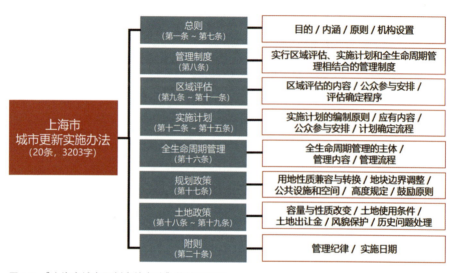

图4.7 《上海市城市更新实施办法》的结构框架

4.3.2 城市更新内涵与方式

确定城市更新的内涵对于城市更新工作开展具有重要意义，回答了什么是城市更新、城市更新在哪些范围内进行、如何进行城市更新工作等问题。广州、深圳、上海分别在各自《城市更新（实施）办法》的第二条详细定义了城市更新的内涵及对象范围（表4.4），虽在一定程度上存在差异性，但目标都是对现有的低效存量建设用地进行盘活利用，从而完善城市功能、提升城市空间品质、增加公共服务设施、激发城市活力，实现社会经济发展等：① 广州城市更新以"三旧"改造范围为基础进行延伸，不仅涉及城市建成区，还包括符合条件的村庄等；② 深圳城市更新范围基本涵盖了城市建成区所有老旧区域；③ 上海的城市更新范围相对较窄，《城市更新实施办法》第二条明确规定市政府已经认定的旧区改造、工业用地转型、城中村改造地区不适用《城市更新办法》，需要按照其他相关规定执行（图4.8），办法适用对象以物业权利人提出的自主更新为主。

在城市更新改造方式上，广州分为全面改造和微改造两类（《广州市城市更新办法》第十四条），以及旧城镇、旧村庄、旧厂房三类；深圳分为综合整治、功能改变、拆除重建三类（《深圳市城市更新办法》第二条）；上海的更新实施办法没有提出具体的改造方式划定。

表 4.4 广州、深圳、上海城市更新内涵比较

城市	城市更新定义	更新范围	更新方式
广州	政府部门、土地权属人或者其他符合规定的主体，按照"三旧"改造政策、棚户区改造政策、危破旧房改造政策等，在城市更新规划范围内，对低效存量建设用地进行盘活利用以及对危破旧房进行整治、改善、重建、活化、提升的活动	"三旧"改造、棚户区改造、危破旧房等[①]	全面改造 微改造
深圳	符合规定的主体对特定城市建成区内的区域，根据法规规定程序进行综合整治、功能改变或者拆除重建的活动	城市建成区内的旧工业区、旧商业区、旧住宅区、城中村及旧屋村等	综合整治 功能改变 拆除重建
上海	对建成区城市空间形态和功能进行可持续改善的建设活动	建成区中按照市政府规定程序认定的城市更新地区	—

资料来源：广州市人民政府办公厅秘书处.广州市城市更新办法[Z].2015.；深圳市政府.深圳市城市更新办法[Z].2016.；上海市政府.上海市城市更新实施办法[Z].2015.

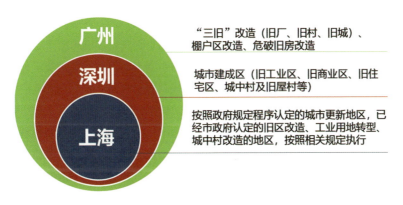

图 4.8 广州、深圳、上海城市更新内涵比较

---

① 具体参见：《广州市城市更新办法》条文释义，http://www.gz.gov.cn/gzscsgxj/zcjd/201612/beeea7801fa6429aaf6d407890f6e6f0.shtml.

4.3.3 城市更新的规划与计划

对城市更新规划与计划的规定是广州、深圳、上海《城市更新（实施）办法》的核心组成部分，回答了如何进行城市更新的规划编制、如何计划推进城市更新工作的开展和实施（表4.5）。广州与深圳都采用了先在全市层面开展城市更新规划、划定城市更新范围，再将划定的更新单元或片区经过筛选纳入"年度计划"的方式来实施城市更新；上海直接通过控规尺度上的区域评估来确定哪些地方需要进行城市更新，划定城市更新单元，然后以城市更新单元为依托开展基于实施计划的城市更新工作。

（1）广州：城市更新规划与年度计划（《广州市城市更新办法》第二章）。办法指出在全市层面，由广州市城市更新局编制城市更新中长期规划，划定城市更新片区（第二十条、第二十一条），纳入城市更新片区实施计划的区域应当按照要求编制策划方案（第二十三条）。市城市更新部门结合片区策划方案，组织编制城市更新年度计划，包括片区计划、项目实施计划和资金使用计划（第二十七条），相关申请人每年6月底前向市城市更新部门申报下一年度的城市更新项目，经审批与汇总后形成城市更新年度计划（第二十七条）。

（2）深圳：城市更新单元规划与年度计划（《深圳市城市更新办法》第二章）。深圳要求根据城市总体规划编制城市更新专项规划（第九条），明确全市城市更新的重点区域及其更新方向、目标、时序、总体规模和更新策略；需要进行城市更新的区域应划定相对成片的区域作为城市更新单元，制定城市更新单元规划（第十一条），法定图则对规划范围内城市更新单元的各项内容（更新范围、基础设施和公共服务设施的规模以及规划指引）进行规定（第十条）。各区政府筛选并提出更新单元规划的制订计划，向市规土部门申报纳入城市更新年度计划（第十五条），年度计划包括更新单元规划的制订计划、可以实施的更新项目、资金来源等内容（第十四条）。

（3）上海：基于城市更新单元的实施计划（《上海市城市更新实施办法》第九条—第十五条）。上海城市更新不需要在全市层面制定城市更新专项规划，城市更新主要依据控制性详细规划制定区域评估报告，然后划定城市更新单元开展（第九条）。实施时序中，以城市更新区域评估为依据，以现有物业权利人的改造意愿为基础，形成依法合规的城市更新实施计划，确定城市更新单元内的具体项目（第十二条）。实施计划的内容主要包括城市更新单元的建设方案、实施方案、更新主体、权利义务、推进要求等（第十三条）。

表4.5 广州、深圳、上海城市更新的年度／实施计划比较

	广 州	深 圳	上 海
市级规划指引	中长期规划	专项规划	—
计划编制依据	城市更新需求与实施条件，城市更新片区策划方案	基于需求与实施条件的城市更新项目筛选	区域评估报告与业主意愿
计划基本单元	城市更新片区	城市更新单元	城市更新单元
计划编制内容	片区计划、项目实施计划和资金使用计划	更新单元规划的制订计划、已具备实施条件的更新项目、资金来源等	建设方案、实施方案、更新主体、权利义务、推进要求等
计划申报主体	政府部门、企事业单位、土地权属人	政府部门、企事业单位	区县政府

资料来源：作者整理。

4.3.4 城市更新资金筹措与使用

资金保障在城市更新过程中起着关键作用，决定了城市更新项目是否能够成功实施，三地在《城市更新（实施）办法》中对资金筹措与使用提出了不同程度的规定。广州的规定比较具体（《广州市城市更新办法》第五章），涉及城市更新资金的来源、使用、融资渠道、优惠政策等方面（第四十三、四十四、四十五条），特别是融资渠道上，广州鼓励社会力量参与城市更新改造，鼓励利用国家政策性资金用于城市更新改造，引导金融机构探索贷款投放、担保新模式，创新金融产品，探索政府和社会资本合作模式（PPP）（第四十六条）。深圳、上海在城市更新资金筹措与使用方面没有较多地涉及，仅对城市更新过程中产生的土地出让金的交纳与使用提出了部分规定（《深圳市城市更新办法》第一章第六条，《上海市城市更新实施办法》第十八条）。总体来看，三地都在不同程度上给予了城市更新项目一定的资金政策优惠，以减轻城市更新过程中城市更新主体的资金压力，促进城市更新项目的落地实施（表4.6）。

表4.6 广州、深圳、上海《城市更新（实施）办法》中的资金筹措与使用规定

城市	广 州	深 圳	上 海
资金来源	财政经费；信贷资金；土地出让金；市场投资；自筹经费	财政经费；土地出让金；自筹经费	财政经费；土地出让金

续表

城市	广州	深圳	上海
资金使用	规划、策划、实施方案编制；基础数据调查、数据库建设；土地征收、整备；更细项目补助；理论、技术规范研究	组织实施城市更新；基础设施和公共服务设施建设	组织实施城市更新；基础设施建设
优惠政策	安置复建房项目等	—	城市更新项目等

根据相关资料整理：广州市人民政府办公厅秘书处.广州市城市更新办法[Z]. 2015.；深圳市政府.深圳市城市更新办法[Z]. 2016.；上海市政府.上海市城市更新实施办法[Z]. 2015.

4.3.5 城市更新的公众参与

公众参与是城市更新的重要环节，不仅能够有效地促进和监督城市更新的实施，更有利于保障和维护个体与公共利益。依据《城市更新（实施）办法》，广州、深圳、上海采取不同方式推进公众参与：广州建议采取委员会、理事会等形式，通过自治方式内部协商解决城市更新中的各种问题并保障公众的合法权益；深圳针对不同改造程度的更新项目采用了多元协商、意见征求等不同参与模式；上海采取了政府主导，公众意愿征集的方式实现公众对城市更新工作的参与。

（1）广州：公众咨询委员会/村民理事会。旧城镇更新涉及重大民生事项的可设立公众咨询委员会，旧村庄更新中可设立村民理事会，协调城市更新过程中的意见、利益纠纷和矛盾冲突，保障利益相关人的合法权益，促进城市更新项目顺利推进（《广州市城市更新办法》第十八条）。同时，城市更新应当统筹兼顾各方利益，尊重和保障土地权利人的权益，引导、激励相关利益主体积极参与改造，实现利益共享共赢（第九条）。

（2）深圳：分类参与。深圳城市更新工作遵循"公众参与"的原则（《深圳市城市更新办法》第三条），按照综合整治类、功能改变类、拆除重建类规定不同的参与形式。综合整治类由多方协商确定（第二十二条），功能改变类应当征得相关利害关系人同意（第二十五条），拆除重建类应征得占总建筑面积2/3以上，与占总人数2/3以上的业主同意（第三十三条）。

（3）上海：区域评估与实施计划的公众参与。《上海市城市更新实施办法》规定了城市更新区域评估和实施计划两个阶段的公众参与要求。区域评估时应当组织公众参与，征求市、区县相关管理部门、利益相关人和社会公众的意见，充分了解本地区的城市发展和民生诉求。城市更新实施计划应当依法征求市、区县相关管理部门、利益相关人和社会公众的意见,鼓励市民和社会各界专业人士参与实施计划的编制工作(《上海市城市更新实施办法》第十条、第十四条)。

4.3.6 城市更新的监督管理

城市更新监督管理除了保证城市更新项目达到预期目标外,还有助于保护城市更新中各利益主体的利益。三地在《城市更新(实施)办法》中都对城市更新中的违法违纪问题进行了规定,广州还对城市更新中的资金问题、退出机制、公共利益保障等提出规定。

(1)广州城市更新监督管理。《广州市城市更新办法》有一个专门章节(第六章)对城市更新的监督管理进行了详细规定,主要内容有:① 旧村庄复建安置资金监管。应由城市更新部门、复建安置资金所有权人和监管账户开户银行签订三方协议,监管复建安置资金使用(第四十八条);② 城市更新数据库动态监管。做好更新改造审核、项目实施、竣工验收等情况的标图入库,实行更新改造全程动态监管。广州建立了更新重点项目建设实施情况的定期考核通报制度,考核重点项目的工作机制、资金使用、完成情况、项目监管等(第四十九条);③ 城市更新退出机制。加强对城市更新项目的时限管理,未按照规定时间完成城市更新工作的,需重新审定(第五十条);④ 城市更新公共利益保障。坚持"先安置、后拆迁"的原则,公共服务配套设施建设应优先建设,未按照规定启动建设,更新范围内的其他建设项目不能启动(第五十一、五十二条);⑤ 违法违纪行为。规定了城市更新过程中对各类参与者违法违纪行为的处置方式,违纪行为交由相关机关处理,违法行为移送司法机关处理(第五十四、五十五条)。

(2)深圳城市更新监督管理。对在城市更新管理中存在违纪行为的政府部门及其工作人员,应当依法追究相关责任(《深圳市城市更新办法》第四十六条)。

(3)上海城市更新监督管理。对在城市更新工作中存在违法违纪行为的政府部门及其工作人员、物业权利人,应当依法追究相关责任(《上海市城市更新实施办法》第二十六条)。

综上,广州、深圳、上海的《城市更新(实施)办法》各具特点,基本都采用了城市更新"规划"结合城市更新"计划"的方式,从程序、内容和时序等方面来管理城市更新项目的开展,更新办法针对更新方式、更新主体、更新流程、公众参与、资金保障等关键内容作出了有共性亦有区别的具体规定。

深圳

第5章

广州、深圳、上海城市更新制度体系建构

综合的城市更新制度体系包括城市更新政策规定、城市更新管理机构设置、城市更新规划编制、城市更新决策制定、城市更新协商机制、更新项目实施要求等广泛内容。整体呈现城市更新制度体系的这诸多方面需要搭建一个系统的制度分析框架，方能清楚辨析制度体系的复杂特点，综合展示各地方城市更新制度建设的全貌。因此，本章通过建立通用的制度体系架构，对比剖析广州、深圳、上海城市更新制度体系的构成及特点。

5.1 广州、深圳、上海的城市更新制度体系

前面关于广州、深圳、上海城市更新政策演进以及《城市更新（实施）办法》的对比解读，已经隐约勾勒出三地城市更新制度体系的大致轮廓，这里通过可比照的分析框架进行进一步的归纳和总结[①]。

广州城市更新制度体系中的核心管理机构为广州市城市更新局，政策经历了从"开放市场"向"政府主导"的演变，城市更新活动按照"旧城、旧村、旧厂"分类管理，并以此形成了"1+3+N"的政策和规划编制体系。城市通过"城市更新总体规划"对全城更新工作进行整体控制，借助更新片区规划确定改造方案，并基于"多主体申报，审批控制"的管理途径，以全面改造和微改造的方式开展城市更新实践（图5.1）。在更新过程中，更新地块数据入库、专家论证、协商审议机制等成为更新活动有序开展的重要保障。

图 5.1 广州城市更新制度体系

---

① 本书中，三地城市更新制度建设的机构设置等相关信息，主要适用于自然资源部组建带来地方机构改革之前。

深圳城市更新制度体系中的核心管理机构为深圳市规划和国土资源委员会，下设分支"城市更新局"负责相关城市更新业务。深圳政策强调"政府引导，市场运作"，突出法制化、市场化特点，将城市更新分为综合整治、功能改变、拆除重建三类进行分类指引[①]，通过整体的"城市更新专项规划"与地段的"城市更新单元规划"进行规划控制，在项目运行上实行"多主体申报、政府审批"，以充分调动多方力量推动城市更新工作（图5.2）。

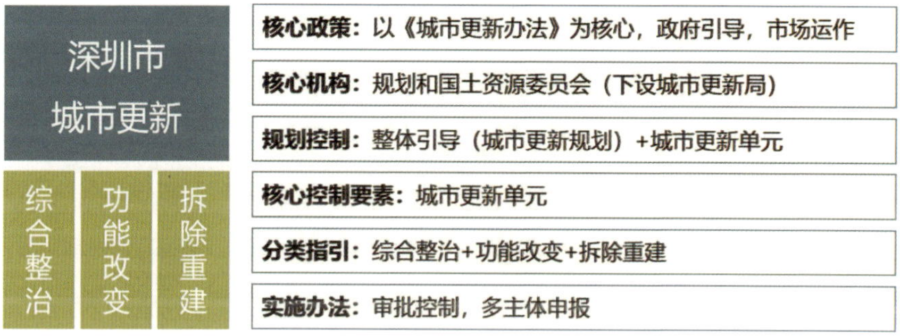

深圳市城市更新	核心政策：以《城市更新办法》为核心，政府引导，市场运作
	核心机构：规划和国土资源委员会（下设城市更新局）
	规划控制：整体引导（城市更新规划）+城市更新单元
综合整治 / 功能改变 / 拆除重建	核心控制要素：城市更新单元
	分类指引：综合整治+功能改变+拆除重建
	实施办法：审批控制，多主体申报

图 5.2 深圳城市更新制度体系

上海城市更新制度体系中的核心管理机构为上海市规划和国土资源管理局，下设"城市更新工作领导办公室"，核心政策突出政府引导下的"减量增效，试点试行"。上海亦使用城市更新单元作为城市更新的基本管理单位以及规划管控的工具，采用"区域评估—实施计划（土地全生命周期管理）—项目实施"的工作路径推进城市更新。上海城市更新突出"公共优先、多方参与"的价值理念，区域评估要求落实公共要素清单，区域评估与实施计划编制等环节要求进行公众参与，倡导通过容积率奖励与转移等措施，鼓励更新项目增加公共开放空间与公共设施（图5.3）。

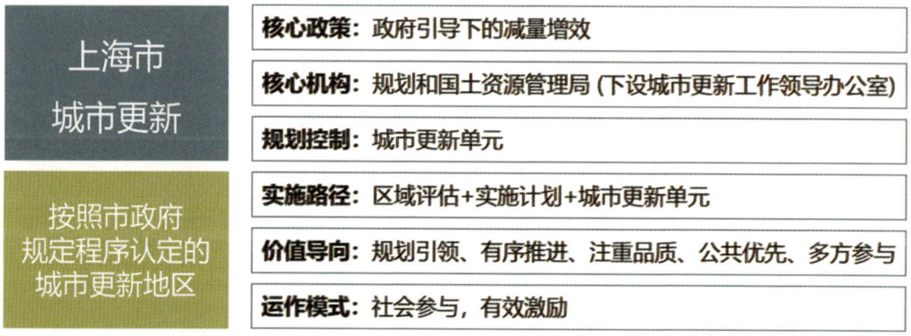

上海市城市更新	核心政策：政府引导下的减量增效
	核心机构：规划和国土资源管理局（下设城市更新工作领导办公室）
	规划控制：城市更新单元
按照市政府规定程序认定的城市更新地区	实施路径：区域评估+实施计划+城市更新单元
	价值导向：规划引领、有序推进、注重品质、公共优先、多方参与
	运作模式：社会参与，有效激励

图 5.3 上海城市更新制度体系

---

① 综合整治类，保持建筑主体结构和使用功能基本不变，改善基础设施和公共服务设施，美化沿街立面，进行既有建筑节能改造；功能改变类，保留建筑物的原主体结构，改变部分或者全部建筑物使用功能，不改变土地使用权的权利主体和使用期限；拆除重建类，完全拆除重建，并改变地区功能，改变土地使用权的权利主体和使用期限。

由上可以看出在城市更新制度体系建构上（表5.1），广州、深圳、上海都有《城市更新（实施）办法》颁布，都设立了相应的更新管理机构，都有对更新项目的区别管控，都对更新规划体系进行了创建与改革，并对接传统法定规划体系。在实施的主导主体上，有广州这样偏政府的、深圳这样偏市场的，以及上海这样强调两者并重的，运作上主要通过审批方式来管控建设行为。

表5.1 广州、深圳、上海城市更新制度创新比较

内容	广州	深圳	上海
机构设置	城市更新局	规划和国土资源委员会（下设城市更新局）	规划和国土资源管理局（下设城市更新工作领导办公室）
管理规定	城市更新办法	城市更新办法	城市更新实施办法
对象分类	旧城、旧村、旧厂	综合整治、功能改变、拆除重建	建成区中按照市政府规定程序认定的城市更新地区
规划体系	"1+3+N"编制体系	城市更新专项规划+城市更新单元规划	城市更新单元规划
政策特点	政府主导，市场运作	政府引导，市场运作	政府引导，双向并举，试点试行
运作实施	审批控制，多主体申报	审批控制，多主体申报	审批控制，试点示范项目
特色创新	数据调查（标图建库）、专家论证、协商审议等	保障性住房、公服配套、创新产业用房、公益用地等	用地性质互换、公共要素清单、社区规划师、微更新等

5.2 城市更新机构设置

广州、深圳、上海均有城市更新的专职管理机构，但是各机构的地位层级、职权范围、管理形式、市区分工等存在一定的差异（表5.2）。广州成立了单独的管理机构（城市更新局）对城市更新进行管理，工作涵盖城市更新的政策法规、审批、资金、土地整备、前期工作、项目审核、建设监督等多个方面。深圳与上海一样，规土部门为城市更新的主管部门：深圳城市更新工作由深圳市规划和国土资源委员会负责（下设城市更新局），主要进行宏观统筹，各区负责城市更新实施的具体行政事务；上海在市规划和国土资源管理局下设城市更新工作领导办公室，对上海的城市更新工作进行宏观管理，具体实施环节由各区负责。

表5.2 广州、深圳、上海城市更新机构职能比较

类别	广州	深圳	上海
领导机构	市城市更新工作领导小组	市查违和城市更新工作领导小组	市城市更新工作领导小组
管理机构	城市更新局	规划和国土资源委员会（下设城市更新局）	规划和国土资源管理局（下设城市更新工作领导办公室）
实施主体	区政府 区城市更新机构	区政府 区城市更新机构	区政府 区城市更新机构
机构职能	组织批复实施、政策法律制定、创新办法研究	组织协调更新工作、政策法规制定、更新规划编制	政策法规制定、城市更新项目组织协调、更新政策宣传
区县职能	更新项目审核审批	行政审批、确认、服务、监督检查等	制订城市更新区域评估报告和实施计划

（1）广州：广州市城市更新局。2015年，广州按照市政府机构改革方案成立城市更新局，整合原来"三旧办"的职责以及市政府有关统筹城乡人居环境改善的职责。广州城市更新管理机构从"三旧办"到城市更新局，不仅仅是内涵和理念的提升，更是制度创新[43]。原"三旧办"虽然具有"三旧"项目的规划编制权、审批权、专项资金调配权，但是"三旧"项目审批容易与既有规划指标产生一定的矛盾，与规划局的建设项目审批权产生一定的冲突，因此城市更新局的成立是在职责和权力设置两方面进行的创新调整——这些矛盾和冲突在城市更新局成立之后依旧部分存在①。

城市更新局作为城市更新操作层面的主要行政机构，主要职责有城市更新政策法律制定、管理办法研究、统筹更新实施等。广州城市更新管理工作以城市更新局为核心，由市城市更新工作领导小组领导，其他有关部门（规土部门）配合加以开展（图5.4）。城市更新局内部设置了7个处室，含法规政策、计划资金、土地整备、前期工作、项目审批、建设监督6个覆盖城市更新全过程的管理处室以及

---

① 在国家机构改革设立自然资源部之后，广州城市更新局的未来定位和归属面临新的挑战。2018年12月30日，经中央编委备案通过，广东省委省政府批复《广州市机构改革方案》。2019年1月9日，中共广州市委十一届七次全会召开，广州市机构改革进入全面实施阶段。根据《广州市机构改革方案》相关安排，广州市组建规划和自然资源局，不再保留市国土资源和规划委员会、市城市更新局。广州市规划和自然资源局内设"城市更新土地整备处"，该处：负责统筹组织全市城市更新土地整备工作，负责划定土地整备重点范围，结合城市更新推进范围内的土地整理和储备；负责全市城市更新项目完善历史用地手续的审核，负责城市更新项目集体建设用地转为国有建设用地的审核，负责城市更新项目"三地"（边角地、夹心地、插花地）涉及农用地转用和土地征收的审核；指导和监督各区城市更新土地整备、用地报批和用地管理工作。具体参见：http://ghzyj.gz.gov.cn/gkmlpt/content/5/5678/post_5678980.html#932。

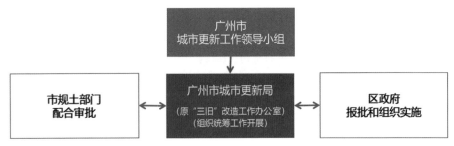

图 5.4 广州城市更新机构设置

局办公室。城市更新局还设有4个直属事业单位,即城市更新项目建设办公室、城市更新规划研究院、城市更新土地整备保障中心、城市更新数据中心,为城市更新活动提供技术支撑。

  2016年,广州试点开展"简政放权",以26个城市更新重点项目为试点,将审核审批权限交由各区行使,以强化区政府的第一责任主体作用。2017年8月,广州发布《广州市人民政府办公厅关于印发广州市进一步放权强区改革工作方案的通知》(穗府办函〔2017〕173号),正式开展放权强区工作,界定了放权强区的类别、范围和标准,确定了放权强区的工作任务和进度安排。2018年2月,根据《广州市人民政府关于将一批市级行政职权事项调整由区实施的决定》的要求,广州市城市更新局将广州市人民政府令第157号文件中的城市更新片区策划和更新项目实施方案审核权、城市更新年度计划编制、符合控规及全市产业目录、发展方向的村级工业园和旧厂更新项目的实施方案审核(项目涉及拆除重建的)、涉及调整控制性详细规划的城市更新片区策划及实施方案的审批权等4项行政职权事项下放至相关区政府、委托广州空港经济区管委会负责实施(表5.3)①。

表 5.3 广州市城市更新局调整由区实施的市级行政职权事项

157号令序号	实施部门	事项名称	具体内容	备注
140	市城市更新局	城市更新片区策划和更新项目实施方案审核权	① 城市更新片区策划和更新项目实施方案的审核权下放各行政区实施。包括范围划定,征求改造主体的意愿,基础数据调查核查,组织编制	

---

① 具体参见:广州市城市更新局. 广州市城市更新局关于将市级行政职权事项调整由各区实施的通告[EB/OL]. (2018-02-27) [2018-10-12].http://www.gz.gov.cn/gzscsgxj/tzgg/201803/d1b03b6ac8e84fcabad370940f979f22.shtml.

续表

157号令序号	实施部门	事项名称	具 体 内 容	备 注
			方案，组织专家评审，征求市城市更新工作领导小组成员单位意见，审核片区策划和更新项目实施方案 ② 黄埔区、南沙区、增城区、广州空港经济区审议通过城市更新片区策划和更新项目实施方案后办理批复	
141	市城市更新局	城市更新年度计划编制	下放各行政区实施，委托广州空港经济区实施	
142	市城市更新局	符合控规及全市产业目录、发展方向的村级工业园和旧厂更新项目的实施方案审核（项目涉及拆除重建的）	下放各行政区实施，委托广州空港经济区实施	
143	市城市更新局	涉及调整控制性详细规划的城市更新片区策划及实施方案的审批权	下放黄埔区、南沙区、增城区实施，委托广州空港经济区实施	保持与全市控规管理权限一致

资料来源：广州市城市更新局.广州市城市更新局关于将市级行政职权事项调整由各区实施的通告[EB/OL].(2018-02-27) [2018-10-12]. http://www.gz.gov.cn/gzscsgxj/tzgg/201803/d1b03b6ac8e84fcabad370940f979f22.shtml.

（2）**深圳：深圳市规划和国土资源委员会**[①]。深圳市规划和国土资源委员会是深圳城市更新的主管部门，市规划国土委员会直接负责城市更新工作，容易协调城市更新活动与城乡规划之间的关系，避免因部门权力分割造成的审批滞后。为回应深圳系统化的"强区放权"改革[②]，2016年年初，深圳以罗湖区城市更新改革试点为突破口[③]，探索分权系统下的规划国土体制机制改革，城市更新的"强区放权"变革由此拉开序幕。罗湖区经过约一年的改革试点，超额完成城市更新预定目标，共计完成固定资产投资122亿元（同比增长122%）；城市更新实施率由2015年的29%提升至2016年的36%；全年完成土地供应0.147 km²，整备入库0.096 km² [55]。2016年10月《深圳市人民政府关于施行城市更新工作改革的决定》

---

① 2019年1月，《深圳市机构改革方案》经省委、省政府批准，并报中央备案同意发布。原深圳市城市更新局、土地整备局二者合并为深圳市城市更新和土地整备局，城市更新与土地整备局归属市规划和自然资源局领导和管理。具体参见：http://www.sz.gov.cn/gxzbj/.
② 2016年，深圳将建设现代政府，提升整个城市的竞争力作为目标，以简政放权、促进政府职能转变为突破口，大力推进强区放权改革。
③ 2015年9月2日罗湖区颁布《罗湖区人民政府贯彻〈深圳市人民政府关于在罗湖区开展城市更新工作改革试点的决定〉（深府〔2015〕279号）的实施意见》，启动规划国土体制机制改革。

（深府令〔2016〕288号）颁布，决定将罗湖区城市更新改革试点成果在全市加以推广，将市级审批权等下放至各区。《决定》主要涉及三个方面：① 下放城市更新行政职权，市规划国土委及其派出机构行使的行政职权调整至各区主管部门行使；② 下放城市更新计划审批权，城市更新计划由市政府审批调整至各区政府审批；③ 解决新旧政策衔接问题。

深圳全面施行"强区放权"后，市规划国土委主要负责城市更新工作的组织协调，城市更新政策拟定，城市更新专项规划编制，相关技术规则、标准制定，管理规范制定等（图5.5）；各区行使的职权则为行政审批、行政服务、监督检查等，主要包括：① 城市更新单元的审批（审查）权；② 城市更新项目建筑物信息核查及权属认定（含历史用地处置）；③ 城市更新项目的用地报批、建设用地规划许可证核发、地价核算、国有土地出让合同签订等；④ 城市更新项目建设用地规划许可证、建设工程规划许可证核发，建设工程规划验收等；⑤ 城市更新项目的监督检查。

图5.5 深圳城市更新机构设置

"强区放权"有利于推进城市更新项目的实施效率，各区可以结合自己的情况来运作城市更新，使城市更新更具针对性和可行性，在一定程度上提升了城市更新的实施成效。但是强区放权也引发出一些当前问题，体现在各区为实现自身发展导致的建设容量管控失衡、区里纷纷出台区级更新管控政策和文件导致政策系统庞杂交错，以及区级政府管理人员和技术力量捉襟见肘等。

（3）上海：**上海市城市更新工作领导办公室**[①]。上海市政府内设城市更新工作领导小组，负责领导上海全市城市更新工作，对城市更新重大事项进行决策（图5.6）。市规划和国土资源管理局内设立城市更新工作领导办公室，负责城市

[①] 2018年10月，党中央、国务院正式批准上海市机构改革方案，组建上海市规划和自然资源局。上海市规划和自然资源局设详细规划管理处（城市更新处），承担控制性详细规划管理工作，负责城市更新相关政策的研究、实施和指导工作。2019年10月，上海市将上海市旧区改造工作领导小组、上海市大型居住社区土地储备工作领导小组、上海"城中村"改造领导小组合并，成立上海市城市更新和旧区改造工作领导小组，由上海市市长担任组长。领导小组下设下设办公室、城市更新工作小组、旧区改造工作小组。领导小组办公室设在市住房和城乡建设管理委员会，城市更新工作小组在市规划和自然资源局，旧区改造工作小组在市住房和城乡建设管理委员会。具体参见：http://www.shanghai.gov.cn/nw2/nw2314/nw2319/nw12344/u26aw62976.html。

更新的日常管理、技术规范、管理规程制定，更新项目的组织协调、监督检查、更新政策的宣传工作等。各区政府部门负责本辖区内的城市更新工作，包括制订城市更新区域评估报告和实施计划等。

图 5.6 上海城市更新机构设置

5.3 城市更新管理的阶段与流程

5.3.1 广州：分程度管理

广州将城市更新分为"旧城、旧村、旧厂"进行管理，但三类城市更新实践的基本流程大致一样，只在意愿征集、更新主体方面存在一定的差异（表5.4）。全面改造项目（旧村庄全面改造、旧厂房自主改造、旧厂房政府收储、旧厂房政府收储与自行改造相结合、旧城镇全面改造、村级工业园改造）的整体流程主要分为申报、编制、审核、批复、实施五个阶段[①]：① 申报阶段，申报之前需要先进行"标图建库"工作，将符合城市更新要求的用地纳入"标图建库"数据库，之后在"标图建库"数据库内确定城市更新片区的范围，再申报城市更新年度计划；② 编制阶段，编制城市更新实施方案，若涉及控规调整，需要编制片区策划方案，之后编制控规调整方案，依程序进行控规调整；③ 审核阶段，市城市更新局对城市更新方案进行审核；④ 批复阶段，市城市更新局受理申请，按流程提交审批。如有实施方案需要修改，修改完善后需再进行社会风险评估；⑤ 实施阶段，城市更新机构指导实施并验收，其中涉及历史用地的需要在审批阶段进行上报，在城市更新实施完后，进行历史用地登记确权（图5.7）。

---

① 具体参见：广州市城市更新局. 村级工业园改造更新项目报批指引、旧城镇微改造更新项目报批指引、旧城镇全面改造更新项目报批指引、旧厂房政府收储（整备）与自行改造结合更新项目报批指引、旧厂房政府收储（整备）更新项目报批指引、旧厂房自行改造更新项目报批指引、旧村庄微改造更新项目报批指引、旧村庄全面改造更新项目报批指引，http://www.gzuro.gov.cn/csgxj/bszn/list.shtml。

表 5.4 广州城市更新旧城、旧村、旧厂项目管理差异

阶 段		旧 城 镇	旧 村	旧 厂
申报阶段	申报主体意愿征集	同意改造户数比例达到90%以上	超过2/3以上成员代表参加,并取得2/3以上通过	权属人自行申请(涉及多个权属人应进行土地归宗后由同一个权利主体申请)
编制阶段	片区策划编制主体	区政府	区政府	旧厂房土地权属人
	实施方案编制主体	区政府/区城市更新机构	区政府	旧厂房土地权属人
实施阶段	实施方式	区政府组织实施	区政府/区城市更新机构指导村集体组织实施	自主改造、政府收储、政府收储与自行改造相结合
	改造方式	政府收储公开出让	自主改造;合作改造;征收储备	自行改造;政府收储;自行改造与政府收储相结合

根据相关资料整理：广州市城市更新局.旧城镇全面改造更新项目报批指引、旧厂房政府收储(整备)与自行改造结合更新项目报批指引、旧厂房政府收储(整备)更新项目报批指引、旧厂房自行改造更新项目报批指引、旧村庄全面改造更新项目报批指引, http://www.gzuro.gov.cn/csgxj/bszn/list.shtml。

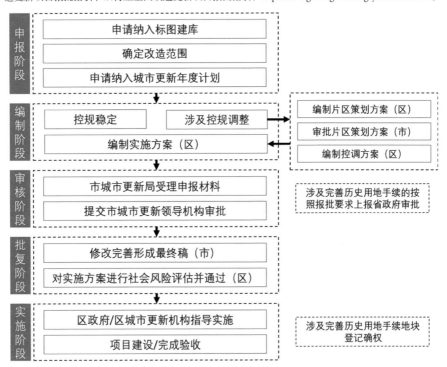

图 5.7 广州城市更新全面改造流程图
(注：放权强区后部分审核与审批权下放至区政府负责)

根据相关资料整理：广州市城市更新局.旧城镇全面改造更新项目报批指引、旧厂房政府收储(整备)与自行改造结合更新项目报批指引、旧厂房政府收储(整备)更新项目报批指引、旧厂房自行改造更新项目报批指引、旧村庄全面改造更新项目报批指引, http://www.gzuro.gov.cn/csgxj/bszn/list.shtml。

广州微改造（旧村庄、旧城镇）流程与全面改造一致，同样分为申报、编制、审核、批复、实施五个阶段（图5.8），但不涉及控规调整。

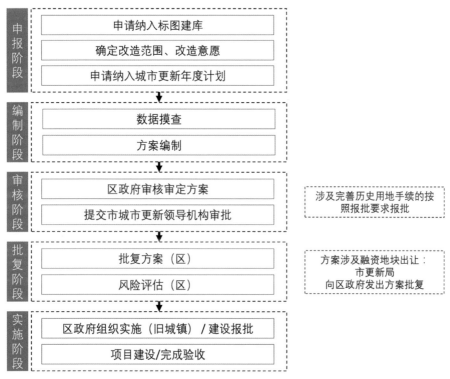

图 5.8 广州城市更新微改造流程图
根据相关资料整理：广州市城市更新局.旧城镇微改造更新项目报批指引、旧村庄微改造更新项目报批指引，http://www.gzuro.gov.cn/csgxj/bszn/list.shtml。

5.3.2 深圳：分类别管理

深圳依据全市城市总体规划和土地利用规划，按照国家"五年计划"的周期编制"深圳城市更新专项规划"，指导全市城市更新工作开展。其中，拆除重建类城市更新需要严格按照城市更新单元规划、年度计划的规定实施，主要分为申报、编制、实施三个阶段[1]：① 申报阶段，划定城市更新单元、申请纳入城市更新年度计划；② 编制阶段，申请审查土地及建筑物信息、编制规划方案并报批、主管部门审查并匹配法定图则（城市更新单元的编制依据），最后形成城市更新单

---

[1] 根据相关资料整理：《深圳市城市更新办法》（深府〔2016〕290号）。

元规划，通常编制阶段需要消耗1~2年时间；③ 实施阶段，确定单一实施主体、组织编制城市更新单元实施方案、补交地价后取得土地使用权出让合同和建设用地规划许可证（图5.9）。功能改变类，由权属人提出申请，主管部门审批通过后，完善用地手续，签订土地使用权出让合同或土地使用权出让合同补充协议，完成相关规划和用地手续后实施。综合整治类由实施单位取得主管部门许可后实施综合整治类城市更新。

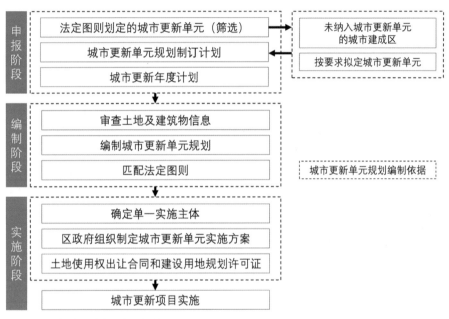

图 5.9 深圳拆除重建类城市更新流程图

在城市更新管理中，城市更新单元规划根据法定图则的各项控制要求编制，所以深圳将已经批准的规划视为完成法定图则相应内容的编制和修改，并作为相关行政审批的依据。更新管理用更新单元规划"替代"法定图则，使得城市更新规划与传统规划体系有效衔接，有利于快速审批，减少时间和人力投入，提高城市更新工作效率。但这样做也时常带来更新方案对法定图则内容的不断突破，因此更新管理越来越重视法定图则的地位，特别是方案涉及改动法定图则强制性内容的，需要谨慎处理[①]。

---

① 《深圳市城市更新办法》第十三条规定：城市更新单元规划应当根据法定图则所确定的各项控制要求制定，由市规划国土主管部门批准后实施；未制定法定图则地区应当在现状调查研究的基础上，根据分区规划确定的各项要求拟订城市更新单元规划，报市政府批准后实施，城市更新单元规划的相关内容应当纳入法定图则的制定；城市更新单元规划对法定图则的强制性内容作出调整的，由市规划国土主管部门报市政府批准后实施。相应的内容应当纳入法定图则并予以公布。

5.3.3 上海：评估与计划管理

上海城市更新工作强调"区域评估、实施计划"相结合，对更新项目实行土地全生命周期管理，在土地出让合同中明确更新项目的功能、运营管理、配套设施、持有年限、节能环保等要求以及项目开发时序和进度安排等内容，形成土地"契约"。上海城市更新的主要流程为（图5.10）[①]：① 区域评估阶段，由主管部门针对一定范围组织区域评估，划定城市更新单元，明确公共要素清单。对城市更新区域进行详细摸底，了解城市更新单元的基本情况，为后续城市更新工作开展提供依据，如公共服务设施建设情况，功能是否满足使用需求等；② 实施计划阶段，确定城市更新主体，组织编制城市更新项目意向性方案，开展公众参与对意向性方案进行意愿征集，之后编制城市更新单元建设方案，并经过公众参与确定最终建设方案。在实施计划报批前，应该将修编、增补后的控规报原审批单位批准；③ 城市更新项目实施阶段，即城市更新项目的落地建设过程。对于很多城

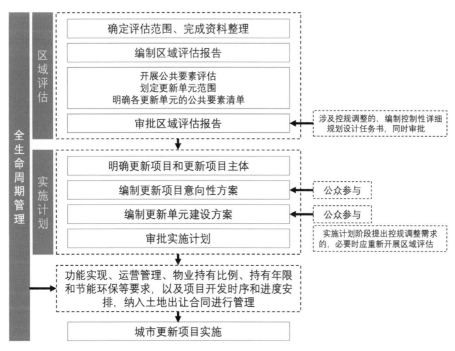

图 5.10 上海城市更新流程图
根据相关资料整理：上海市政府.上海市城市更新实施办法[Z].2015.

---

① 具体参见：上海市政府.上海市城市更新实施办法[Z].2015.

市更新项目来说，从项目立项到实施，不仅要完成更新的全套程序，还需要同步调整控规或详规（调整一般需要半年到一年时间），由于过程周期过长而需要付出较大的时间和人力成本，一定程度上减弱了市场和业主参与更新的积极性[47]。

5.4 城市更新规划编制体系

广州、深圳、上海的城市更新规划编制体系改革，需要实现与传统法定规划和更新政策体系的衔接：广州"城市更新总体规划+'三旧'改造专项规划/指引+更新片区规划"的规划编制对接了"1+3+N"的政策体系，以及城市总体规划、控制性详细规划的传统规划管控层次；深圳"城市更新专项规划+更新单元规划"中的更新专项规划对接城市总体规划和分区规划，城市更新单元规划则是对接法定图则的有效抓手，目前正在探索"重点片区统筹规划"的中间层次规划管控内容；上海城市更新单元规划通过符合控制性详细规划或者申请调整控制性详细规划与传统规划体系进行衔接（表5.5）。

表 5.5 广州、深圳、上海城市更新规划编制比较

内　　容	广　　州	深　　圳	上　　海
编制体系	1+3+N	城市更新专项规划+更新单元规划	更新单元规划
总体控制	广州城市更新总体规划	深圳城市更新专项规划	—
编制基本单元	城市更新片区	城市更新单元	城市更新单元
单元更新规划与现行规划的衔接	控制性详细规划	法定图则	控制性详细规划

5.4.1 广州："1+3+N"规划编制体系

广州城市更新规划体系沿袭了之前的"三旧"改造规划体系，形成"1+3+N"的整体结构（图5.11）①。其中，"1"为广州市城市更新总体规划；"3"指"三旧"专项改造规划；"N"指"三旧"改造地块的具体改造方案或片区策划方案等。"1""3""N"在不同层次上对接传统规划与更新政策体系：

---

① 具体参见：2012年中国城市管理进步奖推荐案例.广州"三旧"改造的"1+3+N"规划体系[J].领导决策信息，2011（40）：20-21；赖寿华，吴军.速度与效益：新型城市化背景下广州"三旧"改造政策探讨[J].规划师，2013, 29（5）：36-41.

① "1"对接落实"广州市城市总体规划"和"广州市土地利用总体规划",从总体层面对广州城市更新的目标、原则、策略,更新任务、范围、强度、方式以及配套基础设施等做出安排。

② "3"对接控规大纲或控规单元法定图则,侧重城市更新的中观层面控制,落实"城市更新总体规划"的更新目标和要求,对城市更新提出控制指标要求,包括更新单元的功能、总量、强度等。

③ "N"对接控规地块管理图则,编制具体更新地块的改造方案,落实各类专项规划,作为城市更新项目实施的依据。

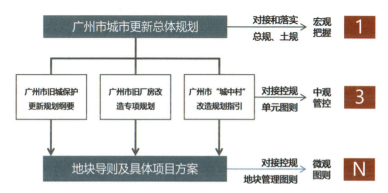

图 5.11 广州"1+3+N"城市更新规划体系
根据相关资料改绘:赖寿华,吴军.速度与效益:新型城市化背景下广州"三旧"改造政策探讨[J].规划师,2013,29(5):36-41.

5.4.2 深圳:"更新专项规划+更新单元规划"规划编制体系

深圳以城市更新单元为核心建立"更新专项规划+更新单元规划"规划编制体系(图5.12)。"更新专项规划"①为宏观层面(全市或各区)编制的深圳市城市更新专项规划(图5.13),作为总体引导主要规定城市更新的原则、控制目标、空间管控等内容,同时也作为近期的实施性规划引导文件,如划定城市更新优先拆除重建区、拆除重建及综合整治并举区、限制拆除重建区、基本生态控制线、已批城市更新单元计划范围等。"城市更新单元规划"则依据法定图则进行编制,

---

① 规划的具体名称会有所变化,如《深圳市城市更新"十三五"规划》便是这样的城市更新专项规划。2019年6月深圳新出台的《关于深入推进城市更新工作促进城市高质量发展的若干措施》,对城市更新现有规划计划体系进行了调整和完善,要搭建由中长期规划及年度计划组成的城市更新目标传导机制,主要有两点创新:一是增加规划期至2035年的全市城市更新规划,为全市城市更新政策及规划制定提供更加前瞻性以及综合性的指引;二是强化计划调控抓手,按照年度制定城市更新单元计划、规划和用地出让任务指标,搭建涵盖任务下达、过程跟踪、年终考核的年度计划管理机制,保障中长期规划的有效落实。具体参见:http://www.sz.gov.cn/gxzbj/zcfggfxwj/gmjjshfagh/201906/t20190612_17883364.htm.

主要内容有更新目标、方式、控制指标、基础设施、公共服务设施以及城市设计指引等，需对更新单元内拆除用地范围、利益用地范围和开发建设用地范围等进

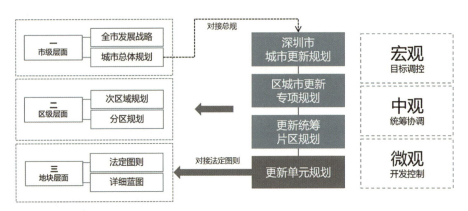

图 5.12 深圳 "1+N" 城市更新规划体系

图 5.13 《深圳市城市更新"十三五"规划》更新潜力范围分布图
资料来源：深圳市规划和国土资源委员会. 深圳市城市更新"十三五"规划[EB/OL].（2016-11-21）[2018-10-22]. http://www.szpl.gov.cn/xxgk/ztzl/rdzt/csgx135/201611/t20161121_456427.html.

行划定（图5.14）。为了提高规划的可行性，更新单元规划编制阶段还需要制订实施计划，包括分期实施计划、落实期限、实施主体的各项责任（如拆迁、土地或设施移交责任）等内容。2016年，《深圳市城市更新"十三五"规划》进一步提出施行"更新统筹片区规划"的构想（图5.15）。各区的城市更新专项规划在原有体系上，增加了"重点统筹片区规划"内容，从片区层面明确更新开发容量上限、配套设施布局和规模、开放空间布局和规模等，从而加强政府主导力度，弥合零散更新项目与城市更新总体目标之间的偏差，整体统筹规划编制、片区利益平衡、重大公共配套设施落地与基础支撑能力提升①。

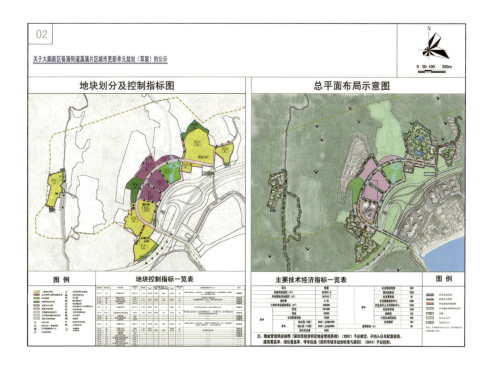

图5.14 大鹏新区葵涌街道溪涌片区城市更新单元规划
资料来源：深圳市规划国土委滨海管理局关于大鹏新区葵涌街道溪涌片区城市更新单元规划（草案）公示的通告[EB/OL].（2014-08-16）[2018-10-22]. http://www.sz.gov.cn/cn/xxgk/zfxxgj/tzgg/201408/t20140815_2548754.htm.

---

① 《深圳市城市更新"十三五"规划》提出要结合上层次规划、全市优先拆除重建区和更新对象分布，以及符合拆除重建划定标准的更新对象所处区域的地理现状，划定相对成片的区域作为更新统筹片区。

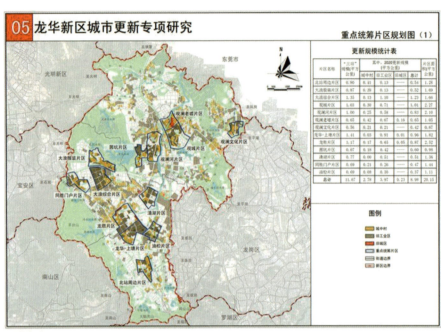

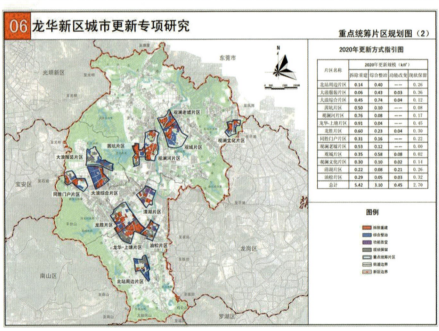

图 5.15 龙华新区重点统筹片区规划图
资料来源：《龙华新区城市更新专项规划（2013—2020）》。

在技术层面，深圳市为规范城市更新单元规划编制，衔接城市更新审批与实施等工作环节，于2011年出台了《城市更新单元规划编制技术规定（试行）》，将"更新单元规划"作为管理拆除重建类城市更新的基本平台。随后又于2014年出台《拆除重建类城市更新单元规划编制技术规定（征求意见稿）》，城市更新工作从追求"速度"向追求"质量"转型。2018年9月，深圳正式印发《深圳市拆除重建类城市更新单元规划编制技术规定》（深规土〔2018〕708号），主要修改内容包括：① 细化公共配套设施布局要求，如在项目中配置幼（托）儿园、老年人日间照料中心、社区健康服务中心等；② 明确强制性内容，包括单元主导功能、除产权移交政府的配套设施面积外的单元总建筑面积、住宅及商务公寓建筑面积、道路系统及其控制宽度、公共绿地用地规模及其布局、配套设施规模、重要公共配套设施类型和布局、历史文化保护范围、城市设计重点区的城市设计要求；③ 理清用地信息，明确土地信息核查内容（拆除范围和拆除范围外涉及土地清退、用地挪腾、零星用地划入、外部移交用地），明晰用地挪腾的概念[①]。《技术规定》横向上对接城市更新单元规划审批操作等规定，纵向上细化与上层次规划、法定图则、更新单元计划的要素衔接，并对下一阶段的行政审批提出要求。城市更新单元规划主要成果分为技术文件（规划研究报告、专题/专项研究、技术图纸）和管理文件（文本、附图、规划批准文件）（图5.16），专项研究主要包含城市设计、海绵城市、生态修复、历史文化保护等内容。

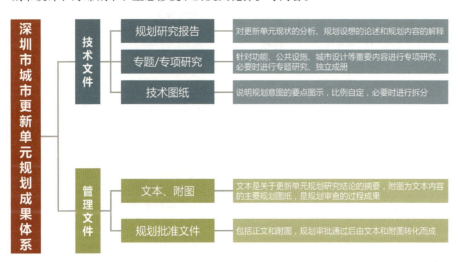

图 5.16 深圳市城市更新单元规划成果体系
资料来源：《深圳市拆除重建类城市更新单元规划编制技术规定》（深规土〔2018〕708号）。

---

① 具体参见：《深圳市拆除重建类城市更新单元规划编制技术规定》（深规土〔2018〕708号）。

5.4.3 上海：基于更新项目的更新单元规划编制

上海城市更新规划的主要任务是针对"城市更新单元"编制更新单元规划。与广州、深圳不同，上海城市更新在宏观层面没有专项的更新规划进行整体指引，而是从控规单元层面出发，以具体城市更新单元和更新项目为依托开展规划编制工作（图5.17）。上海城市更新规划编制采取"先评估，后规划"的规划编制流程①：① 首先进行区域评估，确定地区更新需求，进行地区公共要素评估，通过区域评估划定城市更新单元。涉及控制性详细规划调整的，由区县规划和土地管理部门根据区域评估报告明确的规划调整要求，编制控制性详细规划设计任务书，同步上报市规划和国土资源主管部门。区域评估报告由区县人民政府批复并送市更新工作领导小组办公室备案通过的，由市规划和国土资源主管部门同步完成规划设计任务书审核或备案，启动控规调整工作②；② 进行城市更新单元意向方案的编制，初步形成城市更新单元的更新方案；③ 在上一阶段基础上编制最终的城市更新单元规划。在城市更新单元规划实施过程中，已经区县人民政府审批的区域评估报告如未涉及控制性详细规划调整，实施计划阶段提出控规调整需求的，必要时应重新开展区域评估③。

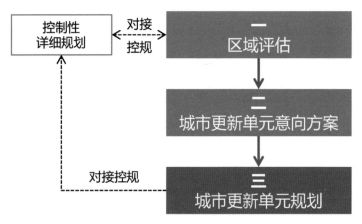

图 5.17 上海城市更新规划编制流程图

---

① 具体参见：《上海市城市更新规划土地实施细则（试行）（征求意见稿）》。
② 具体参见：《上海市城市更新规划土地实施细则（试行）（征求意见稿）》第十四条，区域评估与控详规划的关系。
③ 具体参见：《上海市城市更新规划土地实施细则（试行）（征求意见稿）》第二十三条，实施计划与控详规划的关系。

2017年3月，上海长宁区发布了《长宁区2017—2021年城市更新总体方案》及《长宁区2017—2018年城市更新行动计划》。《长宁区2017—2021年城市更新总体方案》被视为上海首个城市更新总体方案，提出了重点建设宜居社区、重塑商务片区、提升历史风貌区、发展城市低碳生态和开发利用地下空间等规划构想，预示着上海在总体层面逐步开展更新统筹规划的开端[1]。

5.5 城市更新单元/片区划定

"城市更新单元/片区"是落实城市整体更新策略的具体单位，也是对接详细层面法定规划的有效途径，更是更新项目实施的基本依据。广州、深圳、上海开展城市更新工作的基本单位都是城市更新单元/片区，内涵基本一致，一个城市更新单元/片区内可有一个或者多个城市更新项目。在城市更新单元/片区的划定上，广州依据"标图建库"划定；深圳通过法定图则或者多主体申报划定；上海在区域评估的基础上确定。在更新单元或片区的规模上，广州、上海没有明确规定，深圳通过用地面积对城市更新单元的规模进行规定。面对城市更新实践过程中出现的各种问题以及更新目标的变化，城市更新单元/片区的构成内容也可能随之改变（表5.6），如深圳的城市更新单元从以前的一种类型演变为三种类型，包括一般更新单元、小地块更新单元和重点更新单元。2018年4月深圳印发的《市规划国土委关于深圳市城市更新工作有关情况的报告》（深规土〔2018〕292号）检讨了小地块城市更新引发的空间零碎和配套不足等问题，涉及取消小地块城市更新单元的构想。

---

[1] 《长宁区2017—2021年城市更新总体方案》围绕打造宜居社区、重塑商务片区、提升历史风貌、建设开放空间、倡导低碳生态、再造多维空间六大主要任务，贯彻落实区"四个一批"的目标任务：推进愚园路、武夷路、新华路等一批历史风貌保护街区改造；启动环中山公园、虹桥"井"字形核心区、南临空地区和机场东片区等一批功能形态再开发项目；实施一批存量经济楼宇综合改造；完成一批精品小区建设和非成套住宅改造，打造更有品质的宜居宜业之城，力争成为全市城市更新创新试验区，探索一条符合超大型城市中心城区特点的城市更新的新途径。

表5.6 广州、深圳、上海城市更新单元（片区）比较

城市	分类	规模	划定依据	划定原则
广州	—	—	"标图建库"数据库	数据库中满足以下原则： ① 基础设施、公共服务设施相对完整； ② 综合考虑自然要素、产权边界等因素； ③ 满足成片连片和相关规范要求
深圳	一般更新单元	≥10 000 m²	法定图则、多主体申报	城市中满足以下条件的地区： ① 基础设施、公共服务设施亟须完善的区域； ② 环境恶劣或存在重大安全隐患的区域； ③ 不符合社会经济发展要求，影响城市规划实施的区域
深圳	重点更新单元	≥10 000 m²	法定图则、多主体申报	
深圳	小地块更新单元	≥3000 m²		
上海	—	以一个街坊为基本单位	区域评估	城市中满足以下条件的地区： ① 发展能级亟待提升、人居环境较差、建筑质量较低、民生需求迫切、公共要素亟待完善的区域； ② 区域评估后需配置的公共要素布局较为集中的区域； ③ 近期有条件实施建设的区域

资料来源：作者整理。

（1）广州：基于"标图建库"的更新片区确定[①]。自2009年"三旧"改造实施起，为掌握"三旧"改造用地的基本情况，实现对"三旧"改造有效的动态监管，广州对"三旧"改造地块进行了"标图建库"工作，数据库主要内容包括改造地块的具体位置、范围、面积、权属和现状等（图5.18）。近期广州进一步健全日常数据普查机制[②]，将"标图建库"工作外延，建立起了包括人口数据、经济产业、公建设施配套、文化遗存、土地数据、房屋数据、基础测绘成果等更为丰富要素的工作数据库。"标图建库"是确定城市更新片区的重要依据，只有进入数据库的改造地块才可以开展城市更新工作，享受城市更新的相关政策。数据库每

---

① "标图建库"指将城市更新地块在影像图、土地利用现状图、土地利用规划图上进行标注，并建立"三旧"监管数据库。
② 2016年12月正式印发《广州市城市更新基础数据调查管理办法》及其配套文件《广州市城市更新基础数据标准与调查（核查）工作指引》，加强对基础数据的机制建设。

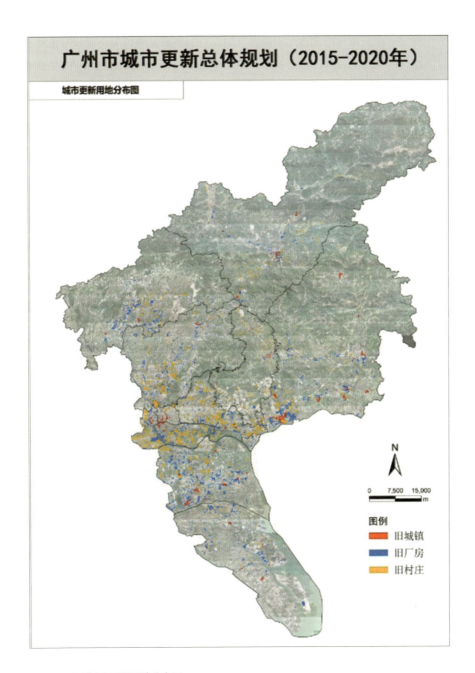

图 5.18 广州城市更新用地分布图

资料来源：广州市城市更新局. 广州市城市更新总体规划（2015—2020年）[EB/OL].(2017-1)[2018-10-22]. http://www.gzuro.gov.cn/gzsgxj/gxj/u/cms/www/201709/18090336bw0u.pdf.

半年调整一次,由申报主体(街道办、镇政府、企事业单位等)组织申报材料进行申报,区城市更新部门进行初审,市城市更新局按照省国土资源厅的要求进行检查,最终报省国土资源厅进行审批发布。据统计,截至2016年10月,广州全市的城市更新用地约589.85 km^2,其中纳入2020年前实施规划的约360.78 km^2 [①]。2016年1月《广州市城市更新办法》正式施行后,由于城市更新的概念范畴大于"三旧"改造,在实践中存在微改造项目无法纳入"标图建库"数据库,但是又亟须开展的城市更新工作,所以广州规定特定微改造类型更新项目可以不纳入"三旧"改造地块数据库。

(2)深圳:法定图则控制与多主体申报相结合。深圳的城市更新单元主要通过"法定图则"编制与多主体申报实现划定。城市更新单元很多通过"法定图则"划定,更新单元应满足深圳"城市更新专项规划"的要求,充分评估更新单元所在区域的经济、社会、文化影响。虽然城市更新单元依赖于法定图则制定过程,但由于法定图则修编的周期较长,存在对更新需求预判不足等问题,尤其是对城市更新中公共空间、公共服务设施需求等的判断不足,所以申请突破法定图则的现象较为普遍。城市更新单元的申报采取多主体申报方式,涉及权利主体(如村委会等)、权利主体委托的单一市场主体(个人或企业)、政府相关部门等,这些主体在进行权利相关人的意愿征集后可以进行城市更新单元申报。城市更新专项规划中的拆除重建类城市更新单元,可以申报城市更新计划(图5.19),未划入单元且满足条件的可按照规定流程自行拟定和申请纳入更新单元(图5.20)。

深圳城市更新单元自2009年实施以来,部分地区城市更新工作存在市场动力不足或达不到规划目标的情况,而这些地区中有些是区位重要、对城市发展带动作用强的重点地区。为了积极引导重点地区的更新改造,深圳在2016版《关于加强和改进城市更新实施工作的暂行措施》(以下简称《暂行措施》)中提出了"政府主导、自上而下"的"重点更新单元"管理方式。相对于一般城市更新单元,重点更新单元改造难度大,市场主体的积极性不高,由政府部门组织开展重点更新单元改造,可以保障城市重点产业发展,落实重大基础设施。实施主体上可以充分发挥政府、市场两方面的作用,选择实力强、经验足、富有社会责任感的市场主体参与实施(表5.7)。重点更新单元原则上需要整体实施,如需分期实施的,应该将基础设施、公共服务设施、回迁安置房、政策性用房放在首期。

[①] 具体参见:广州市城市更新局. 广州市城市更新总体规划(2015—2020) [EB/OL]. (2017-03-10) [2018-10-28]. http://www.gzuro.gov.cn/csgxjxxgk/7.2/201703/b340a8043e61416995b486579ff8a8de.shtml.

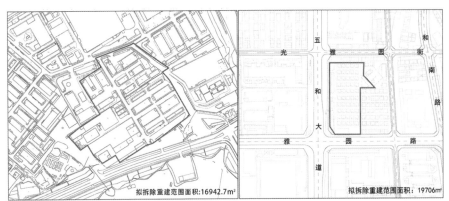

图 5.19 2018年龙岗区城市更新单元计划第一批（部分）拟拆除重建范围示意图

资料来源：深圳市龙岗区城市更新局. 关于《2018年龙岗区城市更新单元计划第一批计划》的公告[EB/OL].(2018-02-27)[2018-10-22]. http://www.lg.gov.cn/bmzz/csgxj/xxgk/qt/tzgg/201802/t20180227_11188877.htm.

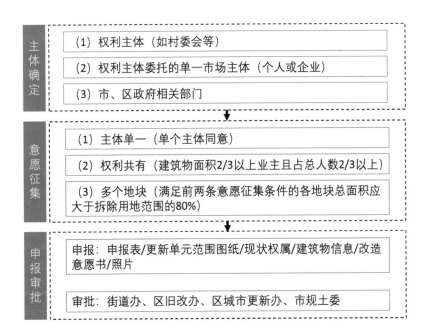

图 5.20 深圳城市更新单元申报流程

根据相关资料整理：深圳市规划国土委关于公开征求《深圳市拆除重建类城市更新单元计划申报规定》（征求意见稿）等文件意见的通告[EB/OL].(2018-08-06)[2018-10-22]. http://www.szpl.gov.cn/xxgk/gggs/201808/t20180806_478165.html.

此外，2016版《暂行措施》还规定，可以在一般城市更新单元的基础上，有序地推进开展"小地块"城市更新工作。需要开展城市更新工作的地区，应该优先划定相对成片、拆除重建用地面积大于1万m²的地区作为城市更新单元，拆除面积大于3000m²、小于1万m²的区域，可以申请划定小地块城市更新单元[1]。

表5.7 拆除重建类城市更新项目历史用地处置比例表

拆除重建类城市更新项目		继受单位进行 城市更新的比例	纳入政府土地 储备的比例
一般更新单元		80%	20%
重点 更新 单元	合法用地比例≥60%	80%	20%
	60%＞合法用地比例≥50%	75%	25%
	50%＞合法用地比例≥40%	65%	35%
	合法用地比例＜40%	55%	45%

资料来源：深圳市人民政府办公厅.关于加强和改进城市更新实施工作的暂行措施[Z].2016.

（3）上海：通过区域评估划定城市更新单元。上海城市更新单元的划定与广州、深圳不同，城市更新单元通过区域评估来确定，这和广州通过"标图建库"、深圳通过法定图则与多主体申报相比有所区别。在城市更新工作中，首先由政府部门开展区域（公共要素）评估，确定更新需求，之后在区域评估的范围内划定城市更新单元。开展区域评估的基本范围通常为控制性详细规划编制单元，更新单元是编制城市更新实施计划的基本单位，最小可由一个街坊构成。同时，上海城市更新单元实施不要求像广州、深圳一样按批次纳入年度计划，编制实施计划后就可以实施城市更新项目。

---

[1] 深圳市2016版《暂行措施》规定具有以下情形的可以申请小地块城市更新单元：（1）旧工业区升级改造为工业用途或者市政府鼓励发展产业的。（2）旧工业区、旧商业区升级改造为商业服务业功能的。（3）为完善法定图则确定的独立占地且总面积不小于3000m²的城市基础设施、公共服务设施或其他城市公共利益项目，确需划定城市更新单元的。针对小地块城市更新引发的空间零碎和配套不足等情况，2018年4月印发的《市规划国土委关于深圳市城市更新工作有关情况的报告》（深规土〔2018〕292号）提出取消小地块更新的构想。

综上所述，广州、深圳、上海三地的城市更新制度体系建构看似差异较大，但都表现出许多共性，例如：管理机构设置常态化与专门化，形成了市政府上级领导与下级主管机构专职管理实施相结合的搭配模式；城市更新管理的阶段与流程基本成形，对特定环节和特定类别的制度安排仍在不断完善；城市更新规划和计划体系走向与传统城乡规划体系的深度融合等。

上海徐汇滨江区

第6章

广州、深圳、上海城市更新空间管控

城市更新活动因不同情况和需求而发起，在城市中的不同区域和地点此消彼长地发生，为了达成城市建设的整体目标和确保分散的更新行动联合成有序的发展，从城市与片区视角确定具体空间更新的管控要求、建设标准、限制与激励措施等变得尤为重要。广州、深圳、上海三地一方面通过出台配套政策提出空间管控的统筹规定；另一方面借助更新规划和实施计划等的制订来强化对城市更新的管控和指引，内容包括功能要求、开发强度、公共要素、设计导引、资金筹措等，这其中的创新举措即本章探讨的内容。

广州、深圳、上海在空间管控方面采取了各具特色的手段，涌现出了不少基于地方实践而产生的创新工具，如广州的城市更新功能与强度指引、城市更新专项资金、工业用地转型中的特殊"过渡期"；深圳的密度分区、保障性住房与创新产业用房配建、公益用地、更新预警指引；上海的公共要素清单、"契约式"管理和容积率奖励制度等。

6.1 广州城市更新空间管控举措

6.1.1 城市更新的功能、强度与专项控制指引

（1）更新功能指引。《广州市城市更新总体规划（2015—2020年）》提出，为有效衔接土地利用总体规划、城乡规划和城市环境保护规划，需对城市更新的功能进行指引（表6.1），明确功能涉及的主要情形包括[①]：① 市政府批准实施的重点功能区控制性详细规划和片区规划，其改造功能原则上以市政府批准为准；② 城市更新用地在现行控制性详细规划范围内，规划确定为经营性用途的用地，规划功能应根据周边地区的主导功能和配套要求确定；规划确定为公共服务设施、市政设施（道路、绿地等）的，原则上应落实规划确定的功能要求不做调整；③ 控制性详细规划尚未覆盖的地区，结合城市总体规划、土地利用总体规划、村庄规划以及周边发展条件，综合确定改造功能；④ 合理确定城市更新用地改造为住宅用地的规模及布局。

---

① 具体参见：广州市城市更新局.广州市城市更新总体规划（2015—2020年）[Z]. 2017.

表 6.1 广州城市更新的各区功能指引

地区	分区范围	功能指引
中心城区	旧城区	总部经济、商务办公、文化创意、休闲娱乐等现代服务业
	北部功能组团	居住、商服和配套
	东部功能组团	居住、商服和配套
	西南部功能组团	居住、商服和配套
	南部功能组团	公共服务设施配套
番禺片区	时尚创意组团	大学教育配套的服务业
	时尚购物组团	高端服务业及时尚商贸休闲、总部经济
	高端服务组团	休闲旅游、健康养生、高端居住及高科技产业
	时尚生活组团	商业、居住和综合服务
南沙片区	城市核心区	商业办公及居住生活服务功能
	北部组团	发展汽车、装备制造、日用化工、物流、文化创意等产业（自贸区庆盛区块发展"互联网+"、工业4.0）
	西部组团	重型装备制造业的配套服务、都市型现代农业、文化旅游
	南部组团	生产服务业
东部城区	西部组团	居住、商服和配套服务
	中部组团	产业和配套服务
	东部组团	公共服务设施配套
花都片区	城区中部地区	空港经济配套功能
	新华地区	居住、商服和配套
	西部及花都汽车城	研发、教育、贸易、旅游、居住
	东部各镇镇区	生态廊道
	其他地区	生态和配套服务
增城片区	核心区	服务业
	东江发展区	高新技术产业和高端商务、会展、物流
	科教和生活新区	教育、医疗、卫生
	北部生态区	现状维育和生态复绿

续表

地区	分区范围	功能指引
从化片区	中部城市核心区	补齐公共服务设施
	北部生态区	温泉休闲养生、商务度假、赛马竞技、生态旅游、观光农业
	南部太平地区	高技术研发产业、创意产业、生命与健康产业、商贸服务业
	西部鳌头地区	战略性新兴产业、先进制造业、现代物流业和都市型现代农业

根据相关资料整理：广州市城市更新局.广州市城市更新总体规划（2015—2020年）[EB/OL].(2017-01)[2018-10-22].http://www.gzuro.gov.cn/gzsgxj/gxj/u/cms/www/201709/18090336bw0u.pdf.

（2）更新强度指引。开发强度与城市形态及城市更新产生的增值收益息息相关。广州对城市更新的开发强度进行分区控制，《广州城市更新总体规划（2015—2020年）》根据现行控制性详细规划成果与轨道线网规划，将广州划分为四类强度控制分区（表6.2、图6.1），以此作为更新片区与项目单元实施的重要参考。城市风貌有特殊控制要求的区域按相关规划执行，个别城中村的开发强度需根据实际情况研究确定。

表6.2 广州城市更新改造开发强度分区

强度分区	强度控制
强度一区	轨道交通站点800m范围内的区域。在规划允许的前提下，鼓励高强度开发
强度二区	除强度一区、强度三区、生态控制区以外的区域。根据区域发展条件，在规划允许的前提下，进行适度强度的开发
强度三区	主要为建设控制地带等政策性区域。其开发强度应满足区域相关规定、规划要求
生态控制区	指城市总体规划确定的禁建区和限建区范围，其开发强度按照生态控制线相关管理要求落实

资料来源：广州市城市更新局.广州市城市更新总体规划（2015—2020年）[EB/OL].(2017-01)[2018-10-22].http://www.gzuro.gov.cn/gzsgxj/gxj/u/cms/www/201709/18090336bw0u.pdf.

（3）专项控制指引。广州要求城市更新应不断促进城市功能完善，在城市产业升级、历史文化保护、自然生态保护、基础设施建设、障性住房建设、城市风貌特色营造等方面发挥作用，并在《广州市城市更新总体规划（2015—2020年）》中提出这些方面的专项控制指引（表6.3）。例如：在配套服务设施方面，通过城市更新"微改造"不断补足城市基础设施、提升城市人居环境、优化社区网络（打通断头路、修复破损路）、构建社区步行网络等；在自然生态方面，促

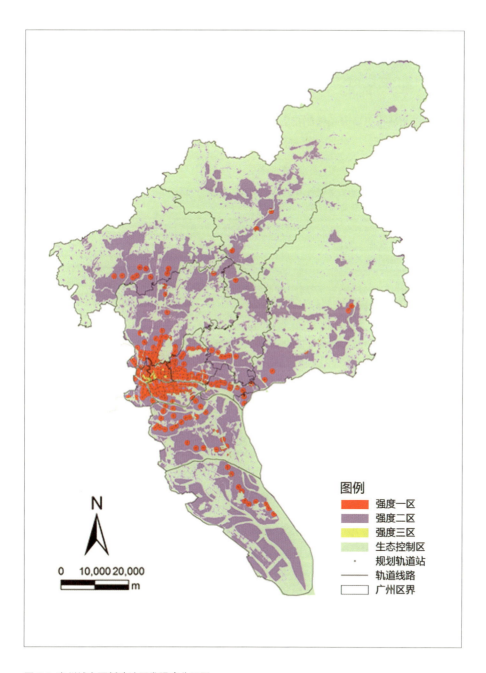

图 6.1 广州城市更新改造开发强度分区图

资料来源：广州市城市更新局. 广州市城市更新总体规划（2015—2020年）[EB/OL]. (2017-01)
[2018-10-22]. http://www.gzuro.gov.cn/gzsgxj/gxj/u/cms/www/201709/18090336bw0u.pdf.

进各类城市更新项目、老旧小区与自然资源（山、水等资源）、文化资源的连通融合，加强生态环境保护；在保障性住房方面，通过城市更新解决城市保障性住房不足问题，在城市更新商品房开发项目中要求配建10%的保障性住房。

表6.3 广州城市更新专项控制指引内容

专项	控制指引内容板块
产业升级	产业布局调整、产业结构调整
历史文化	旧城镇历史文化资源保护、旧厂房工业遗产保护、旧村落文化遗产保护、其他历史文化资源保护
自然生态	生态廊道、生态景观节点、城市绿地；自然山林、水体、湿地等重要自然环境资源的空间
环境风险	污染场地的环境治理、旧厂区改造的环境风险、多元化的环境修复资金筹措模式
配套服务与保障性住房	配套服务设施承载力、配套服务设施及保障性住房体系、市政设施保障能力、补偿机制
交通	推进"公交优先"（中心城）、交通保护区（旧城）、交通慢行区（商业、居住中心）、优化城市空间布局、强化交通枢纽、倡导绿色出行
城市风貌	老城中心区：传统建筑风格、街巷尺度和空间格局，延续历史风貌； 新城公共服务中心：城市现代化景观特色； 产业发展片区：现代产业园区特色； 自然风貌保护区：结合山水自然环境营造生态城市景观

根据相关资料整理：广州市城市更新局. 广州市城市更新总体规划（2015—2020年）[EB/OL]. (2017-01)[2018-10-22]. http://www.gzuro.gov.cn/gzsgxj/gxj/u/cms/www/201709/18090336bw0u.pdf.

6.1.2 住区微改造设计指引

老旧小区的提升改造是城市更新的重点内容和持续性难题。广州按照住建部关于老旧小区改造试点工作的有关要求，从探索项目建设机制，加强老旧小区改造顶层设计、机制保障、技术支撑等方面入手，由市城市更新局牵头编制《广州市老旧小区微改造设计导则》，开展针对性的精细化管理与规划指引（2018年8月9日印发实施，以下简称《设计导则》）（表6.4）。《设计导则》按照老旧小区微改造要统筹"水、路、电、气、消、垃、车、站"等建设内容及建设标准的要求，充分衔接《广州市老旧小区微改造三年（2018—2020）行动计划》，从工作目标、应用方法、相关规划要求、前期策划指引、要素设计指引、特色营造指引等方面入手，进一步细化老旧小区的改造设计要求与标准，以提升广州老旧小区微改造的水平与成效（图6.2）。

表 6.4 广州老旧小区微改造要素指引分类表

板块	分 类		要素及设施
基础板块	小区建筑	①楼栋设施	楼栋门、对讲系统、楼栋三线、消防设施、供水设施、排水设施、用电设施、楼道照明、防雷设施、化粪池、雨水管、空调排水管、信报箱、一户一表、管道燃气、防盗网和雨篷整治
		②建筑修缮	楼道修缮、屋面防水、外墙治理、建筑户外构造构件、出入口适老设施、外墙整饰
	小区设施	③服务设施	环卫设施、康体设施、文化设施、老人服务设施、公共晾晒设施
	小区市政	④小区道路	小区道路、步行系统及人行设施、无障碍设施、拆违及通道清理
		⑤市政设施	三线整治、安防设施、消防设施、市政照明、排水整治、供水管网、供电设施
	小区环境	⑥公共环境	围墙清理维修、信息标识、街区绿化、物理环境治理
提升板块	小区建筑	⑦房屋建筑提升	加装电梯、空调机位整治、屋顶整饰、立体绿化、节能改造
	公共空间	⑧小区公共空间	开敞活动空间、街巷活动空间、口袋公园、小区入口、公共座椅、景观小品
	设施提升	⑨公共设施提升	雨污分流、停车设施、非机动车设施、信息宣传栏、公共管理设施、快递设施、智慧管理

资料来源：广州市城市更新局. 广州市老旧小区微改造设计导则 [EB/OL].(2018-08-20)[2018-10-22]. http://www.gzuro.gov.cn/csgxjxxgk/2.2/201808/d95be67019b04e8cafe59ba28e7aabac.shtml.

图 6.2 广州老旧小区微改造特色营造指引

资料来源：广州市城市更新局. 广州市老旧小区微改造设计导则 [EB/OL]. (2018-08-20)[2018-10-22]. http://www.gzuro.gov.cn/csgxjxxgk/2.2/201808/d95be67019b04e8cafe59ba28e7aabac.shtml.

6.1.3 探索建立"城市更新专项资金"

城市更新推进过程中,存在为维护城市整体利益而遭受经济损失的改造项目,如城市历史街区、环境敏感区、城市产业转型地区的更新项目等。针对这类情况,《广州城市更新总体规划(2015—2020年)》提出设立"城市更新专项资金"的投融资机制,从而从全市层面统筹平衡城市更新资金,通过资金调度来弥补特殊城市更新项目因对历史街区、生态敏感区(生态控制线、生态廊道等)进行保护以及投入基础设施建设所产生的经济成本。从广州城市更新局的主要职能来看,就包括[①]:负责城市更新资金的统筹管理和监督使用;拟订年度城市更新专项资金安排计划,拟订涉及城市更新项目类城市维护建设资金使用计划;负责城市更新专项资金分配划拨;负责城市更新项目利用国家政策性资金的审核工作。

6.1.4 工业用地转型给予"过渡期"优惠

为促进城市产业升级转型,推进产城融合,《广州市关于提升城市更新水平促进节约集约用地的实施意见》(穗府规〔2017〕6号)指出支持产业转型向高端化发展,国有旧厂房向新产业、新业态转型时,给予5年的"过渡期"(不增收地价,不补缴出让金等),以缓解旧厂房在产业转型期间的资金压力和办证压力。过渡期后,经市政府批准,允许按照新产业性质办理用地手续。《实施意见》同时还规定,国有土地上旧厂房自行改造的,应当按照控制性详细规划要求,将不低于该项目总用地面积15%的用地用于城市基础设施、公共服务设施或其他公益性建设,建设后无偿移交政府。

2019年1月初,广州公示了《广州市提高工业用地利用效率实施办法》(征求意见稿),进一步推进工业用地的管理改革。办法新增"新型产业用地(M0)",其容积率一般不低于3.0,计容建筑面积的30%可用于配套建设行政办公及生活服务设施,且可按幢、层等固定界限为基本单元分割登记——这项变革有利于促进创新产业在广州的发展。

6.1.5 土地收储与增值分配

为统筹地区发展,避免用地零散开发导致的更新目标偏差,广州的相关政策

[①] 具体参见:广州市城市更新局官方网站http://www.gzuro.gov.cn/csgxjxxgk/1.2/201507/9ebaa6f6e71f4904943a42149c220a09.shtml。

积极鼓励土地权属人交地收储，按照1:1的比例分配增值收益，按时交地收储可额外奖励10%的增值收益（表6.5）。

表 6.5 旧厂房政府收储补偿标准

旧厂房政府收储 补偿标准	外围三区（花都、从化、增城）	中心八区（除花都、从化、增城外）
"工改居" 由政府收储的	规划毛容积率2.0以内的， 按60%（50%+10%奖励）	规划毛容积率2.0以内的， 按50%（40%+10%奖励）
"工改商" 由政府收储的	规划毛容积率2.5以内的， 按60%（50%+10%奖励）	规划毛容积率2.5以内的， 按50%（40%+10%奖励）
其他情形 由政府收储的	一口价方式补偿，按毛容积率2.0商业市场评估价40%计算补偿款	

资料来源：广州市城市更新局. 广州市城市更新（"三旧"改造）主要政策简介[C]. 2018广东省"三旧"改造项目推介会，2018-06-28.广州.

6.1.6 地价补缴与拆迁复建安置

在广州城市更新中，全面改造涉及补缴地价的有以下两类情况[①]：

（1）旧厂房自行改造。 旧厂房的改造方式多样，主要有工改工、工改商、工改新产业、科改科、教改教、医改医、体改体等，针对每一类的改造方式和产业类型设置补缴地价的方式（表6.6）。

表 6.6 旧厂房自行改造土地补缴地价方式一览表

改造方式	地价	具体内容
工改工	可不增收地价	国有土地上旧厂房不改变用地性质，自行改造工业厂房（含科技孵化器）的，不分割出让可不增收土地出让金；分割出让的，按照《关于科技企业孵化器建设用地的若干试行规定》计收土地出让金
工改商	按市场评估缴交地价	国有土地旧厂房按规划新用途改为商业服务业设施用地的，按商业市场评估价补缴土地出让金
工改 新产业	给予5年过渡期	国有土地旧厂房利用工业用地兴办国家支持的新产业、新业态建设的，可按现有工业用地性质自行改造，按照"工改工"政策执行。5年过渡期后，按新用途办理用地手续

---

① 根据相关资料整理：广州市城市更新局. 广州市城市更新（"三旧"改造）主要政策简介[C]. 2018广东省"三旧"改造项目推介会，2018-06-28.广州.

续表

改造方式	地　　价	具　体　内　容
科改科 教改教 医改医 体改体	按相应地段办公用途市场评估价的一定比例计收地价	一是教育、医疗、体育按20%计收；二是保留工业用地性质的科研用地按20%计收；三是市级以上驻穗科研机构自行改造的科研用途用地，科研按20%计收，其余商务设施性质科研用地按原自有部分按40%、增容部分按70%计收土地出让金
其他	按市场评估地价40%计收土地出让金	完善历史用地征收手续项目，以协议方式供地的，改造前后均为工业用途的，按市场评估地价40%计收土地出让金

资料来源：广州市城市更新局. 广州市城市更新（"三旧"改造）主要政策简介[C]. 2018广东省"三旧"改造项目推介会，2018-06-28. 广州.

（2）旧厂房自行改造与政府收储相结合。 这种情况中，政府按照相关标准回收部分权属用地，并给予产权人相应的补偿；产权人可以对剩余的非商品住宅规划用地进行自行改造、协议出让（建筑面积按照不同区域的要求进行差别化计算）（图6.3）。属于同一企业集团、涉及多宗国有土地上旧厂房改造的（总用地面积不低于12万m²），可整体策划改造。

图6.3　广州旧厂房自行改造与政府收储相结合的地价补缴方式
资料来源：广州市城市更新局. 广州市城市更新（"三旧"改造）主要政策简介[C]. 2018广东省"三旧"改造项目推介会，2018-06-28. 广州.

在旧村庄全面改造的拆迁补偿中，最重要的是复建安置总量的计算①：

① 村民住宅的复建安置总量计算：A. 280m²×户数；B. 280m²×合法栋数×(1+10%)；C. 合法建筑基地面积×(1+10%)。

② 集体物业复建总量核算。按"现有建筑面积"或"用地范围"两种方式进行核定（二选一）：A. 以"现有建筑面积"方式核定的，集体经济组织物业合法

---

① 根据相关资料整理：广州市城市更新局. 广州市城市更新（"三旧"改造）主要政策简介[C]. 2018广东省"三旧"改造项目推介会，2018-06-28. 广州.

建筑面积按1:1核定复建量；2009年12月31日前建成的无合法证明的建筑，按照现有建筑面积2:1核定复建量，剩余面积可按房屋建筑成本补偿计入改造成本；2009年12月31日后建成的违法建筑，不予核定；B. 以"用地范围"方式核定的，按照现有用地面积和容积率1.8（毛）计算权益建筑面积，其建安费用由村集体自筹，不计入改造成本。

6.2 深圳城市更新空间管控举措

6.2.1 更新强度指引

与广州类似，深圳也采用分区控制的办法对城市更新的开发强度进行整体管理。以深圳市建设用地密度分区指引图为基础（图6.4），综合地块的交通情况、临路情况、用地规模、用地性质等（表6.7，表6.8，表6.9，表6.10，表6.11），可以大致得出各个地块的基准容积率和容积率上限，从而实现对全市城市更新项目开发强度的有序管控。

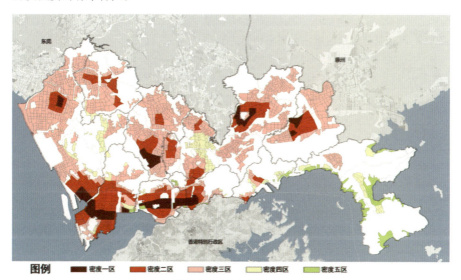

图6.4 深圳市建设用地密度分区指引图
资料来源：深圳市规划和国土资源委员会.市规划国土委关于施行《深圳市城市规划标准与准则》中密度分区与容积率章节修订条款的通知[EB/OL]．(2019-01-03)[2019-01-06]. http://pl.sz.gov.cn/xxgk/gggs/201901/t20190103_481028.html.

表 6.7 城市建设用地密度分区等级基本规定

密度分区	密度一区	密度二区	密度三区	密度四区	密度五区
开发建设特征	高密度开发	中高密度开发	中密度开发	中低密度开发	低密度开发

资料来源：深圳市规划和国土资源委员会.市规划国土委关于施行《深圳市城市规划标准与准则》中密度分区与容积率章节修订条款的通知[EB/OL]．(2019-01-03)[2019-01-06]．http://pl.sz.gov.cn/xxgk/gggs/201901/t20190103_481028.html.

表 6.8 居住用地地块容积率指引

密度分区	密度一区、二区	密度三区	密度四区	密度五区
基准容积率	3.2	3.0	2.5	1.5
容积率上限	6.0	5.5	4.0	2.5

注：密度三区范围内的居住用地地块若位于地铁站点500米范围内的，其容积率上限可按密度一区、二区执行。

资料来源：深圳市规划和国土资源委员会.市规划国土委关于施行《深圳市城市规划标准与准则》中密度分区与容积率章节修订条款的通知[EB/OL]．(2019-01-03)[2019-01-06]．http://pl.sz.gov.cn/xxgk/gggs/201901/t20190103_481028.html.

表 6.9 商业服务业用地地块容积率指引

密度分区	密度一区	密度二区	密度三区	密度四区	密度五区
基准容积率	5.4	4.5	4.0	2.5	2.0

资料来源：深圳市规划和国土资源委员会.市规划国土委关于施行《深圳市城市规划标准与准则》中密度分区与容积率章节修订条款的通知[EB/OL]．(2019-01-03)[2019-01-06]．http://pl.sz.gov.cn/xxgk/gggs/201901/t20190103_481028.html.

表 6.10 工业用地地块容积率指引

密度分区	密度一区、二区、三区	密度四区	密度五区
新型产业用地基准容积率	4.0	2.5	2.0
普通工业用地基准容积率	3.5	2.0	1.5

资料来源：深圳市规划和国土资源委员会.市规划国土委关于施行《深圳市城市规划标准与准则》中密度分区与容积率章节修订条款的通知[EB/OL]．(2019-01-03)[2019-01-06]．http://pl.sz.gov.cn/xxgk/gggs/201901/t20190103_481028.html.

表 6.11 物流仓储用地地块容积率

密 度 分 区	密度一区、二区、三区	密度四区	密度五区
物流用地基准容积率	4.0	2.5	2.0
仓储用地基准容积率	3.5	2.0	1.5

资料来源：深圳市规划和国土资源委员会.市规划国土委关于施行《深圳市城市规划标准与准则》中密度分区与容积率章节修订条款的通知[EB/OL]．(2019-01-03)[2019-01-06]. http://pl.sz.gov.cn/xxgk/gggs/201901/t20190103_481028.html.

在深圳，地块容积由基础容积、转移容积、奖励容积三部分组成[①]：① 地块基础容积是在密度分区确定的基准容积率的基础上，根据微观区位影响条件（周边道路、地铁站点和地块规模等）进行修正的容积部分；② 地块转移容积是地块开发因特定条件，如历史文化保护、绿地公共空间系统等公共利益制约而转移的容积部分；③ 地块奖励容积是为保障公共利益目的实现而准许增加的容积部分，地块奖励容积最高不超过地块基础容积的30%。

城市更新项目在依据建设用地密度分区指引计算容积率时，主要相关计算公式如下[②]：

① 一般容积率公式：容积率=容积/地块面积=（地上规定建筑面积+地下规定建筑面积）/地块面积；

② 更新地块的地块容积率为：

$FA \leq FA_{基础} + FA_{转移} + FA_{奖励}$；

$FA_{基础} = FAR_{基准} \times (1-A_1) \times (1+A_2) \times (1+A_3) \times S$（式中：$FA$为地块容积；$FA_{基础}$为地块基础容积；$FA_{转移}$为地块转移容积；$FA_{奖励}$为地块奖励容积；$FA_{基准}$为地块基准容积；$FAR_{基准}$为密度分区地块基准容积率；$A_1$为地块规模修正系数；$A_2$为周边道路修正系数；$A_3$为地铁站点修正系数；$S$为地块面积。）

③ 混合用地地块容积是将该区位上各类功能用地对应的地块容积按拟混合的建筑面积比例进行加权平均。混合用地地块容积率：

$FA_{基础混合} = FA_{基础1} \times K_1 + FA_{基础2} \times K_2 ...$（式中：$FA_{基础混合}$为该地块各类功能基础容积之和；$FA_{基础1}$、$FA_{基础2}$等分别为该地块基于各类单一用地功能的地块基础容积；

---

① 根据相关资料整理：深圳市规划和国土资源委员会.市规划国土委关于施行《深圳市城市规划标准与准则》中密度分区与容积率章节修订条款的通知[EB/OL]．(2019-01-03)[2019-01-06]. http://pl.sz.gov.cn/xxgk/gggs/201901/t20190103_481028.html.

② 根据相关资料整理：深圳市规划和国土资源委员会.市规划国土委关于施行《深圳市城市规划标准与准则》中密度分区与容积率章节修订条款的通知[EB/OL]．(2019-01-03)[2019-01-06]. http://pl.sz.gov.cn/xxgk/gggs/201901/t20190103_481028.html.

K_1、K_2等分别为该地块各类功能的地块基础容积混合修正权重。）

为实现城市综合利益，在满足公共服务设施、交通设施和市政设施等各项设施服务能力的前提下，城市重点发展、城市更新等特定地区经过专题研究后，其容积率可在相关标准与准则的基础上适当提高，提高幅度可通过各类修正系数规定进行换算（表6.12，表6.13，表6.14）[①]。

表 6.12 基准用地规模

用地功能	居住	商业服务业	普通工业	新型产业	仓储	物流
基准用地规模	2公顷	1公顷	3公顷	1公顷	5公顷	2公顷

注：地块面积小于等于基准用地规模时，地块规模修正系数为0。地块面积大于基准用地规模时，地块修正系数按超出基准用地规模每0.1公顷计0.005并累加计算，不足0.1公顷按0.1公顷修正，最大取值小于等于0.3。

资料来源：深圳市规划和国土资源委员会. 市规划国土委关于施行《深圳市城市规划标准与准则》中密度分区与容积率章节修订条款的通知[EB/OL]. (2019-01-03)[2019-01-06]. http://pl.sz.gov.cn/xxgk/gggs/201901/t20190103_481028.html.

地块容积及容积率与地块规模、周边道路、地铁站点有关，按照规范计算修正系数（表6.12，表6.13，表6.14，表6.15）。与过去相比，深圳于2018年年底修订的《深圳市城市规划标准与准则》中关于密度分区与容积率的章节条款有了大幅变化，主要表现在"向天要地"，如居住地块普遍提升了基准容积率水平，并取消了商业服务业用地和工业用地的容积率上限。

表 6.13 深圳周边道路修正系数

临路情况	一边临路	两边临路	三边临路	周边临路
系数	0	+0.1	+0.2	+0.3

资料来源：深圳市规划和国土资源委员会. 市规划国土委关于施行《深圳市城市规划标准与准则》中密度分区与容积率章节修订条款的通知[EB/OL]. (2019-01-03)[2019-01-06]. http://pl.sz.gov.cn/xxgk/gggs/201901/t20190103_481028.html.

[①] 具体参见：《深圳市城市规划标准与准则》（2018年局部修订稿）4.5特定地区的密度分区、地块容积及容积率，http://pl.sz.gov.cn/xxgk/gggs/201901/t20190103_481028.html.

表 6.14 深圳同一车站的地铁站点修正系数

车站情况	距离站点（m）	车站定位	
		多线车站	单线车站
系数	0～200	+0.7	+0.5
	200～500	+0.5	+0.3

资料来源：深圳市规划和国土资源委员会. 市规划国土委关于施行《深圳市城市规划标准与准则》中密度分区与容积率章节修订条款的通知[EB/OL]. (2019-01-03)[2019-01-06]. http://pl.sz.gov.cn/xxgk/gggs/201901/t20190103_481028.html.

表 6.15 不同车站重叠覆盖的地铁站点修正系数

	a1	a2	b1	b2
a1	+0.7	+0.7	+0.7	+0.7
a2	+0.7	+0.5	+0.5	+0.5
b1	+0.7	+0.5	+0.5	+0.5
b2	+0.7	+0.5	+0.5	+0.3

注：a1代表多线车站0～200m覆盖范围，a2代表多线车站200～500m覆盖范围，b1代表单线车站0～200m覆盖范围，b2代表单线车站200～500m覆盖范围。

资料来源：深圳市规划和国土资源委员会. 市规划国土委关于施行《深圳市城市规划标准与准则》中密度分区与容积率章节修订条款的通知[EB/OL]. (2019-01-03)[2019-01-06]. http://pl.sz.gov.cn/xxgk/gggs/201901/t20190103_481028.html.

6.2.2 更新方式指引

《深圳市城市更新"十三五"规划》针对市场中出现的方式偏好、区位偏好、功能偏好、产业用地流失等城市更新结构问题，通过更新专项规划的分区管控对更新项目的区位和更新方式进行引导，将更新对象划定为优先拆除重建地区、优先综合整治地区、拆除重建与综合整治并举地区来实行更新方式管控（图6.5）。从全市层面约束不同更新方式适用的地域，特别是严格控制拆除重建类更新的空间范围，可以避免市场主导的更新经常出现的优势区位选择、改造方式单一和拆除重建占据主导等情况。在城市更新过程中，深圳需要不断完善产业用地和产业用房保障，避免产业用地过快减少，确保城市经济活力。因此，深圳

图 6.5 《深圳市城市更新"十三五"规划》城市更新分区指引图
资料来源：深圳市规划和国土资源委员会.深圳市城市更新"十三五"规划 [EB/OL].（2016-11-21）
[2018-10-22]. http://www.szpl.gov.cn/xxgk/ztzl/rdzt/csgx135/201611/t20161121_456427.html.

通过规划来调控更新项目的准入结构，优先提升产业与配套建筑面积，逐步降低商业、办公类建筑规模，以实现产业用地规模虽然减少，但产业建筑面积规模仍稳定上升的整体发展目标。深圳城市更新专项规划为此划定了工业区块控制线，对位于控制线范围内的现状旧工业区，严格限制"工改商""工改居"；对拟申报拆除重建类城市更新计划的项目，要求更新改造后原则上应为产业功能；对"工改工"的项目设定规模下限，要求未来五年内工业区改造项目中纯粹的"工改工"项目用地比例不少于50%。

6.2.3 政策性住房与创新产业用房配建指引

深圳城市更新政策提出了分区配建人才住房、保障性住房的要求，以改善居民居住条件，维护人民安居乐业。根据《深圳市城市更新项目保障性住房配建规定》，拆除重建类城市更新项目改造后包含住宅的，应按不同地区设置的保障性住

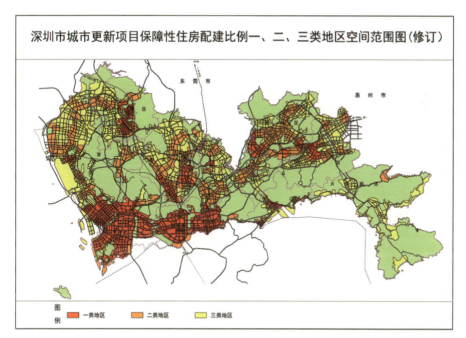

图 6.6 深圳城市更新保障性住房配建比例分区图
资料来源：深圳市规划和国土资源委员会. 深圳市城市更新项目保障性住房配建规定[EB/OL].(2018-01-30)[2018-10-22]. http://www.szpl.gov.cn/xxgk/gggs/201802/t20180205_469111.html.

房配建比进行建设，一类、二类、三类地区分别为20%、18%、15%（图6.6）[①]，实施过程中可根据实际情况在基准比的基础上进行核增、核减[②]。拆除重建类城市更新项目改造后包含商务公寓，且位于配建规定确定的一类、二类、三类地区的，建成后需要分别将20%、18%、15%的商务公寓移交政府，作为人才公寓。政策性住房伴随市场更新进行按比例配建，不仅有助于提升政策性住房的数量提供，也避免了早期政府集中开发保障性住房存在的一些区位失衡和居住隔离等问题。

相关政策同时规定了创新产业用房的配建要求，以推动城市产业发展（图6.7）。2016年8月，市规划国土委正式颁布《深圳市城市更新项目创新型产业用房配建规定》，要求拆除重建类更新项目升级改造为新型产业用地功能的，创新型产业用房的配建比例为12%。规定要求配建的创新型产业用房应集中布局，由项

[①] 根据《关于加强和改进城市更新实施工作的暂行措施》（深府办〔2016〕38号）规定，一类、二类、三类地区的人才住房、保障性住房配建基准比例分别由《深圳市城市更新项目保障性住房配建规定》的12%、10%、8%提高至20%、18%、15%。
[②] 《深圳市城市更新项目保障性住房配建规定》规定：项目位于城市轨道交通近期建设规划的地铁线路站点500m范围内的，配建比例核增3%。项目属于工业区、仓储区或城市基础设施及公共服务设施改造为住宅的，配建比例增加8%。项目拆除重建范围中包含城中村用地的，配建比例可以进行相应核减。核减数值为核减基数与城中村用地面积占项目改造后开发建设用地总面积的比例的乘积。其中，一类地区核减基数为8%，二类和三类地区核减基数为5%。城市更新项目土地移交率超过30%但不超过40%的，保障性住房配建比例核减2%；土地移交率超过40%的，保障性住房配建比例核减3%。

图 6.7 深圳龙岗区城市更新"十三五"规划保障性住房与创新产业用房配建指引图

资料来源：深圳市龙岗区城市更新局. 深圳市龙岗区城市更新"十三五"规划[EB/OL]. (2017-11-21) [2018-10-22]. http://www.lg.gov.cn/bmzz/csgxj/xxgk/ghjh/zxgh/201804/t20180412_11714530.htm.

目实施主体在项目实施过程中一并建设，项目需要分期建设的，原则上应在首期配建。针对更新项目位于深圳经济特区高新技术产业园区的，政策单独设置了配建比例（表6.16）。

表 6.16 深圳高新园区创新产业用房配建标准

权利主体	开发方式	配建比例
高新技术企业	自行开发	10%
非高新技术企业	与高新技术企业合作开发	12%
非高新技术企业	自行开发	25%

资料来源：深圳市规划和国土资源委员会. 深圳市城市更新项目创新型产业用房配建规定[EB/OL]. (2016-10-18)[2018-10-22]. http://www.sz.gov.cn/zfgb/2016/gb975/201610/t20161018_4994771.htm.

6.2.4 公益用地与公共设施保障

补足城市公共服务设施、改善市政基础设施条件是城市更新的重要目的之一。深圳在公共服务和市政设施建设方面依然存在明显的配套不足，而市场主导的城市更新对老旧公共产品的更换和紧缺公共产品的补充缺乏积极性，部分更新改造项目没有承担起或者规避了必要的公共服务设施配套义务。在市场主导的更新开发中，还存在单个更新项目的规划方案都符合《深圳市城市规划标准与准则》的规范要求，但是多个项目累加起来就可能出现的"合成谬误"。以教育设施的学位供给为例，小规模的旧工业区改造为居住类的更新项目无法配套新增小学用地，此类缺口不断累积叠加，使得城市更新始终难以满足不断增加的设施需求[56]。为此，深圳出台了相应的管理措施来保障公共利益和满足公共设施配套需求。政策要求城市更新单元范围内的土地在拆除整理后，需移交一定比例的"公益用地"给政府用于建设基础设施、公共服务设施等（表6.17）。移交的公益用地面积应大于3000m^2，不小于拆除重建范围用地面积的15%（图6.8）。

表6.17 无偿移交的公共配套设施汇总表

序号	项目名称	规模（m^2）		地价标准	移交方式	接收部门
		建筑面积	用地面积			
1	社区警务室	≥50	—	免地价	无偿移交	区政府
2	社区管理用房	≥300	—	免地价	无偿移交	区政府
3	社区服务中心	≥400	—	免地价	无偿移交	区政府
4	文化活动中心	8000~10 000	—	免地价	无偿移交	区政府
5	文化活动室	1000~2000	—	免地价	无偿移交	区政府
6	幼儿园	1600~5800	1800~6500	免地价	无偿移交	区政府
7	社区健康服务中心	≥1000	—	免地价	无偿移交	区政府
8	社区老年人日间照料中心	≥750	—	免地价	无偿移交	区政府
9	小型垃圾转运站	150~480	500~800	免地价	无偿移交	区政府
10	再生资源回收站	60~100	—	免地价	无偿移交	区政府
11	公共厕所	60~120	90~170	免地价	无偿移交	区政府
12	环卫工人作息房	7~20	20~30	免地价	无偿移交	区政府
13	公交场站	—	—	免地价	无偿移交	市交通运输委或区政府
14	公共车行通道	—	—	免地价	无偿移交	区政府

资料来源：深圳市规划和国土资源委员会. 关于加强和改进城市更新实施工作的暂行措施[EB/OL]. (2017-01-05)[2018-10-22]. http://www.szpl.gov.cn/xxgk/ztzl/rdzt/csgx_zxcs/201701/t20170105_456422.html.

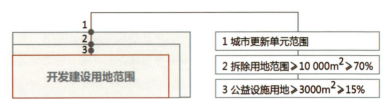

图6.8 深圳城市更新单元的用地分配

同时,《深圳市城市更新"十三五"规划》提高了城市更新项目的公共设施配建标准,力图通过城市更新有效增加交通设施、市政公用设施、医疗卫生设施、教育设施、社会福利设施、文体设施、绿地与广场等公益性项目,显著提升特区一体化水平。比如,在城市更新单元规划阶段提高商务公寓的设施配置标准,商务公寓的公共配套设施配置标准应参照《深圳市城市规划标准与准则》中关于住宅的公共配套设施配置标准执行。更新单元规划经批准后,要求在更新范围内应优先保障公共设施用地供给,并纳入项目首期建设。在项目准入方面,严格管控1万~2万m²的小规模"工改居"类更新项目立项,减少周边地区公共服务设施压力。

城市更新专项规划还从更新统筹的角度保障大型配套设施的落地问题。针对

图6.9 深圳市城市更新"十三五"规划市政交通支撑任务分工指引图
资料来源:深圳市规划和国土资源委员会.深圳市城市更新"十三五"规划[EB/OL].(2016-11-21)[2018-10-22]. http://www.szpl.gov.cn/xxgk/ztzl/rdzt/csgx135/201611/t20161121_456427.html.

市场更新行为对公共产品升级和补充存在的缺位现象，更新专项规划要求在支撑能力薄弱地区优先安排各类交通、市政基础设施的升级改造与新建（图6.9、图6.10）。更新专项规划要求城市更新工作中，应结合各类交通、市政基础设施的建设需求优先安排更新单元；城市更新单元规划编制中要优先保障各类基础设施需求，确保设施与更新项目同步建设。

图6.10 深圳市龙岗区城市更新"十三五"规划交通市政支撑任务指引图
资料来源：深圳市龙岗区城市更新局. 深圳市龙岗区城市更新"十三五"规划[EB/OL].（2017-11-21）[2018-10-22]. http://www.lg.gov.cn/bmzz/csgxj/xxgk/ghjh/zxgh/201804/t20180412_11714530.htm.

6.2.5 城市更新预警与重点城市更新单元

为了强化更新项目的前端审查，深圳基于大数据平台确定城市更新预警地区，建立起更新预警机制。交通供给、市政支撑、公共配套、剩余开发容量等基础信息形成的预警，可以为更新项目准入、前置条件设计、更新单元规划规模确定、贡献规模核准、公共设施配建等诸多更新审批环节提供重要决策参考（图6.11）。深圳市城市更新以市场化推动为主，实施过程存在更新片区整体统筹不足，市场主体选取的更新区域与政府重点发展区域存在一定偏差等问题。政府重点发展的区域通常更新单元规模偏小、大型公共配套难以落实。对此，2016版《关于加强和改进城市更新实施工作的暂行措施》（以下简称《暂行措施》）创新提出了重点更新单元的规定，由政府主导、自上而下地开展城市更新工作，并给予特殊政策支持。对于重点更新单元来说，在保障性住房方面，提出"工改保"，即将原工业用地通过调整用地规划用以建设保障性住房，同时政府允许建设一定比例的商品性住房。该模式解决了工业用地继续开发的部分出路问题，又调动了企业参与保障性住房建设运营的积极性。除重点城市更新单元外，一般城市更新单元、小地块城市更新单元也给出了相应规定。

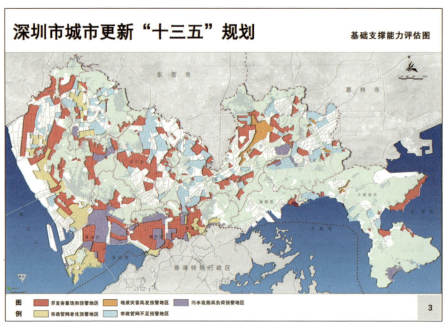

图6.11 深圳市城市更新"十三五"规划基础支撑能力评估图

资料来源：深圳市规划和国土资源委员会.深圳市城市更新"十三五"规划[EB/OL].（2016-11-21）[2018-10-22]. http://www.szpl.gov.cn/xxgk/ztzl/rdzt/csgx135/201611/t20161121_456427.html.

6.2.6 地价计收与地价补缴

地价计收与地价补缴规定是深圳城市更新项目开展涉及的重要用地政策。2016年以前，地价计收由《深圳市城市更新办法》规定；2016年新修改的《深圳市城市更新办法》（深府〔2016〕290号）规定城市更新项目地价计收的具体规定由市政府另行制定；之后，《暂行措施》（深府办〔2016〕38号）对深圳城市更新地价计收做出了详细规定，主要有：

（1）历史用地处置①。对于拆除重建类项目，处置后的土地可以通过协议方式出让给项目实施主体进行开发建设，其分摊的建筑面积按照改造后的功能和土地使用权使用期限以公告基准地价标准的110%计收地价（其中的10%为对历史用地行为的处理）。对于旧工业区综合整治类增加生产经营性建筑面积的项目，处置后的土地可以通过协议方式出让给继受单位，使用年期为30年；新建建筑面积部分按照2016版《暂行措施》规定缴纳地价后可按程序登记在继受单位名下。

（2）简化城市更新地价体系②。整合地价标准类别，简化城市更新项目地价测算规则，建立以公告基准地价标准为基础的地价测算体系（表6.18）。在保持城市更新地价水平相对稳定的前提下，城市更新地价测算逐步纳入全市统一的地价测算体系。城市更新项目地价可不计息分期缴交，首次缴交比例不得低于30%，余款1年内交清。

表6.18 各用地类别或改造类型适用地价标准及修正系数汇总表

更新类别	序号	用地类别或改造类型	适用地价标准	地上部分修正系数	地下商业修正系数	备 注
拆除重建类	1	城中村用地	公告基准地价	容积率5及以下部分：0 容积率5以上部分：1	1	适用于按照本《暂行措施》配建保障性住房或人才公寓的城市更新单元
				容积率2.5及以下部分：0 容积率2.5至4.5部分：0.2 容积率4.5以上部分：1		适用于未按照本《暂行措施》配建保障性住房或人才公寓的城市更新单元
	2	旧屋村用地		容积率2及以下部分：0 容积率2以上部分：1		适用于按照本《暂行措施》配建保障性住房或人才公寓的城市更新单元
				容积率1.5及以下部分：0 容积率1.5以上部分：1		适用于未按照本《暂行措施》配建保障性住房或人才公寓的城市更新单元

---

① 2016版《关于加强和改进城市更新实施工作的暂行措施》第十一条第4点。
② 2016版《关于加强和改进城市更新实施工作的暂行措施》第十五条。

续表

更新类别	序号	用地类别或改造类型		适用地价标准	地上部分修正系数	地下商业修正系数	备注
拆除重建类	3	未办理转地补偿的零星国有未出让用地		公告基准地价	1	1	
		按历史遗留违法建筑处理相关规定进行处理给原农村集体经济组织或其继受单位且权属未转移的用地					
		国有已批住宅、办公、商业等用地改造为经营性用途的					
		国有已批城市基础设施及公共服务设施用地改造为经营性城市基础设施及公共服务设施的					限定整体转让
		政府社团用地					产权置换给政府的物业,其性质确定为非商品性质
		深府〔2006〕258号文件确定的70个旧城旧村改造项目除城中村用地、旧屋村用地外的其余用地					
	4	历史用地处置			1.1（其中0.1为对历史用地行为的处理）	1	
	5	国有已批工业用地、仓储用地、物流用地、城市基础设施及公共服务设施用地升级改造为工业用途或者市政府鼓励发展产业的		公告基准地价	自用：0.1 整体转让：0.7 分割转让：工业厂房、新型产业用房：1（工业与办公基准地价的平均值）；配套设施：5		
	6	国有已批工业用地、仓储用地、物流用地、城市基础设施及公共服务设施用地升级改造为经营性用途	住宅、办公、商务公寓功能部分		4	5	按照本《暂行措施》配建保障性住房或人才公寓的城市更新单元,其住宅、商务公寓功能部分（不含保障性住房及人才公寓）按相应修正系数的80%测算

续表

更新类别	序号	用地类别或改造类型		适用地价标准	地上部分修正系数	地下商业修正系数	备注
	6		酒店功能部分	公告基准地价	3	5	
			商业功能部分		5		
		已办理转地补偿的零星国有未出让用地					
		小地块城市更新项目应移交未移交用地					
功能改变类	1	原有建筑面积部分		公告基准地价	1		按照改变后功能和土地使用权剩余年限以公告基准地价标准计算应缴纳的地价，扣减原土地用途及剩余期限以公告基准地价标准计算的地价
	2	增加建筑面积中工业楼宇及其配套设施部分			自用：0.1 整体转让：0.7 分割转让：工业厂房、新型产业用房：1（工业与办公基准地价的平均值）；配套设施：5		按照改变后功能和土地使用权剩余年限计算
	3	增加建筑面积中非工业楼宇及其配套设施部分			5		
旧工业区综合整治类	1	历史用地处置（地上原有建筑面积部分）		公告基准地价	自用：0.2 整体转让：0.8 分割转让：工业厂房、新型产业用房：1.1（工业与办公基准地价的平均值）；配套设施：1.1（其中0.1为对历史用地行为的处理）		
	2	新建建筑面积部分			自用：0.1 整体转让：0.7 分割转让：工业厂房、新型产业用房：1（工业与办公基准地价的平均值）；配套设施：5		属于城市基础设施、公共服务设施及电梯、连廊、楼梯等辅助性公用设施的，免收地价

资料来源：《关于加强和改进城市更新实施工作的暂行措施》（深府办〔2016〕38号）。

（3）70个旧城旧村改造项目[①]。对市政府《关于宝安龙岗两区自行开展的新安翻身工业区等70个旧城旧村改造项目的处理意见》（深府〔2006〕258号）确定的70个旧城旧村改造项目，根据城市更新单元规划确定的开发建设用地，按照《实施细则》第六十二条缴交地价后可以通过协议方式出让给经确认的项目实施主体[②]。

此外，2018年7月深圳出台了《深圳市人民政府关于农村城市化历史遗留产业类和公共配套类违法建筑的处理办法（征求意见稿）》，第三十七条规定生产经营性、商业、办公类历史遗留违法建筑，按照规定处罚、补缴地价后，登记为非商品性质房地产（表6.19）。

表6.19 历史遗留违法建筑处理确认的罚款、地价标准

违法建筑类型		罚款	地 价	
			非商品性质缴纳地价	商品性质补缴地价
公共配套类	原农村集体经济组织继受单位、政府及其指定机构	不予罚款	免缴地价	不予转为商品性质
	原村民、其他企业或非原村民	同商业办公类	同商业办公类	
生产经营性	原农村集体经济组织继受单位	10元	位于非农建设用地红线内的免缴地价；位于红线外的缴纳公告基准地价的25%	位于原农村非农建设用地红线内或者以非农建设用地、征地返还用地指标扣减处理的，按照申请办理为商品性质时的市政府有关非农建设用地和征地返还用地土地使用权交易的有关规定补缴地价；除此之外的按照申请办理为商品性质时的市场评估地价的50%补缴地价

---

① 2016版《关于加强和改进城市更新实施工作的暂行措施》第十三条。
② 根据《深圳市城市更新办法实施细则》（深府〔2012〕1号）第六十二条规定，深圳市政府2006年发布的《关于宝安龙岗两区自行开展的新安翻身工业区等70个旧城旧村改造项目的处理意见》确定的70个项目，改造后原有城中村用地面积根据平均容积率分摊的建筑面积，按照《深圳市城市更新办法》（深府〔2009〕211号）第三十六条规定进行地价测算；原有旧屋村用地面积根据平均容积率分摊的建筑面积，按照《深圳市城市更新办法》（深府〔2009〕211号）第三十七条规定进行地价测算；其余用地根据平均容积率分摊的建筑面积，按照改造后的功能和土地使用期限，以公告基准地价标准进行地价测算。

续表

违法建筑类型		罚款	地 价	
			非商品性质缴纳地价	商品性质补缴地价
	原村民、其他企业或非原村民	30元	公告基准地价的50%	按照申请办理为商品性质时的市场评估地价的50%补缴地价
商业办公类	原农村集体经济组织继受单位	10元	位于非农建设用地红线内的免缴地价；位于红线外的缴纳公告基准地价的25%	位于原农村非农建设用地红线内或者以非农建设用地、征地返还用地指标扣减处理的，按照申请办理为商品性质时的市政府有关非农建设用地和征地返还用地土地使用权交易的有关规定补缴地价；除此之外的按照申请办理为商品性质时的市场评估地价标准补缴地价
商业办公类	原村民、其他企业或非原村民	30元	公告基准地价	按照申请办理为商品性质时的市场评估地价标准补缴地价

资料来源：《深圳市人民政府关于农村城市化历史遗留产业类和公共配套类违法建筑的处理办法（征求意见稿）》，http://fzb.sz.gov.cn/xxgk/qt/tzgg/201807/t20180727_13788521.htm。

6.3
上海城市更新空间管控举措

6.3.1 公共要素清单与全生命周期管理

上海城市更新项目实行土地全生命周期管理，以"合约"形式对土地利用及城市更新建设要求进行约束性空间管控。城市更新通过"契约式"管理，在土地合同中明确需要增加的开放空间与公共服务设施等，来保证公共要素在城市更新项目中的落实。上海城市更新的区域评估阶段需要明确各更新单元的公共要素，主要包括城市功能、文化风貌、生态环境、慢行系统、公共服务配套设施、公共开放空间等，这个过程需要完成两方面主要工作：① 开展更新单元所在范围的居民意见调查（图6.12），针对公共设施和公共开放空间的各项缺口进行急迫程度的排序，反映周边居民最迫切希望得到解决的公共问题，明确更新实施计划应重点关注或解决的问题；② 结合各公共要素的建设要求以及相关规划土地政策，明确各更新单元内应落实的公共要素的类型以及规模、布局、形式等控制要求（表6.20）。

上海市长兴岛 G9CM0601 单元 B1 街坊城市更新区域评估调查问卷

尊敬的女士/先生，您好：为更好的推进 B1 街坊城市更新评估编制工作，收集政府、附近企业、居住本地的居民对本地区的发展诉求，科学合理地编制本规划，开展此次民意征询活动。问卷中涉及的相关信息仅限于内部分析与研究使用，不会用于商业等其他用途，敬请如实填写。

基地范围：东至兴代路，南至长兴江南大道，西至兴甘路，北至长凯路。

一、有关您的基本信息
1、您的性别是：男/女
2、您的年龄是：18 岁以下/18-30 岁/31-45 岁/46-60 岁/61 岁以上
3、您的户口和居住情况是：本市户口外地居住/本市户口本地居住/外地户口本地居住/外地户口本地工作
4、您的文化程度是：初中及以下/高中/中专/技校/大专/本科硕士及以上
5、您的身份是：政府工作人员、企业领导/企业职工/本地居民

二、本地区发展方面
6、您认为本地区未来发展应重点强化以下哪些职能(可多项选择):【多选题】
职工集体宿舍/单身公寓/市场化租赁住房/商业配套/文化活动/体育健身/医疗卫生/生态绿化/其它
7、您认为本地区发展中存在的问题是(可多项选择):【多选题】
自然环境差/城市面貌杂乱/居住环境差/缺少广场绿等公共空间/公共服务设施缺少或使用不便/交通不通畅,出行不方便
8、您认为本地区目前最迫切需要解决的问题是：

三、道路交通方面
9、您认为本地区交通出行情况：非常方便/比较方便/不方便/困难
10、您日常出行的主要交通方式是：私家小轿车/出租车/摩托车/电动车/自行车/公交车/步行
11、您认为本地区公交状况：很好/一般/不太好/较差
12、您认为本地区停车情况：停车位能满足需求/停车位不足,有时停车比较紧张/停车位严重不足,被迫停靠在往区外或到路边
13、您认为本地区自行车交通状况：很好/一般/不太好/较差
14、您认为本地区步行交通状况：舒适便捷/一般/不太好/较差
15、从进一步改善交通的角度，您的最大愿望是(可多项选择):【多选题】
增设公交线路和班次/购买家用汽车/增设汽车租赁点/改善停车条件/增设非机动车租赁点/其他(请注明)

四、公共服务设施方面
16、您认为本地区的商业设施：太多/正好/太少
17、您觉得商业设施存在的问题：商业网点少/商业规模小/交通不便/买不到货/购物环境不好
18、您认为目前最缺乏的基础教育设施是：不缺少/幼儿园/小学/初中/高中
19、您认为目前就医是否方便：方便/一般/不方便
20、您认为社区级公共服务设施是否存在以下问题(请勾选存在问题项)：

代码	居民委员会	社区文化活动中心(多功能厅、图书馆等)	文化活动站(棋牌室、阅览室等)	综合健身馆	游泳池(馆)	球场	健身点	卫生服务点	室内菜场	养育托管中心
1										
2										
3										
4										

注：1 设施数量少/2 规模小服务水平偏低/3 现状缺乏,需重新进行配置/4 不需要配置

21、您认为社区级以下公共设施是否存在以下问题：(请勾选存在问题项)：*

代码	物业服务用房	信息苑	球场(健身点)	生活服务中心(家政服务、家电维修、社区服务咨询、社区食堂、快递收发点)	便利店及商店	洗衣房	共享单车投放点
1							
2							
3							
4							

注：1 设施数量少/2 规模小服务水平偏低/3 现状缺乏,需重新进行配置/4 不需要配置

五、生态环境方面
22. 您认为本地区绿地覆盖率情况：很好/一般/不太好/较差
23. 您认为金带沙河水质状况：很好/一般/不太好/较差

六、公共开放空间方面
24. 您去本地区内公共绿地、广场的次数是：经常去/偶尔去/去过一两次/没去过/本地区内没有
25. 本地区内距离您最近的公共绿地、广场需要的步行时间是：5分钟以内/5-10分钟/15-30分钟/30分钟以上
26. 您对完善公共空间布局、提高其服务能力和水平的建议：
增加公共绿地、广场节点/增设雕塑、小品等/增加休息座椅/增加体育健身、文化娱乐设施/加强环境卫生整治管理
27. 关于地下空间利用,您比较赞成的是：提高地下通道通风条件,提高舒适度/完善地下空间指示系统、加强空间引导/增加地下停车场

七、市政设施方面
28. 本地区内现状供水、供电、供气、环卫、消防等市政设施配套情况：
配套齐全,满足需求/配套比较齐全,部分市政设施需逐步规划实施/配套一般,需要部分规划调整增设/配套不足,需要大量规划增设(请填写该类设施名称)/其他情况

八、 如果您对高新园区的规划修编还有其他设想,恳请留下您宝贵的意见和建议。

图 6.12 上海市长兴岛 G9CM0601 单元 B1 街坊城市更新区域评估调查问卷
根据相关资料整理：https://www.wjx.cn/jq/21865843.aspx。

表 6.20 公共要素清单的深度建议

内容	深 度 建 议
功能业态	• 判定现状功能是否符合功能发展导向，提出提高业态多样性的功能复合性的对策建议
公共设施	• 明确现状需增加配置的社区级公共设施的类型、规模和布局导向 • 明确现状邻里级、街坊级公共设施的改善建议
历史风貌	• 针对历史文化风貌区、文物保护单位、优秀历史建筑、历史街区的区域，梳理需遵循的保护要求 • 提出城市文化风貌和文化魅力提升的对策建议
生态环境	• 提出是否需要编制环境影响评估的建议，以及需重点解决的环境问题 • 对是否承担生态建设提出对策建议
慢行系统	• 提出完善现状慢行系统的对策建议，以及慢行步道的建设引导
公共开放空间	• 提出现状公共空间在规模、布局和步行可达性等方面的问题和对策建议
城市基础设施和城市安全	• 提出现状交通服务水平、道路系统、公共交通、市政设施、防灾避难、无障碍设计等基础设施和安全方面的问题和对策建议

资料来源：上海市规划编审中心.上海市控制性详细规划研究/评估报告暨城市更新区域评估报告成果规范[Z]. 2015.

6.3.2 容积率奖励与转移

上海施行公共利益导向下的城市更新政策激励，城市更新实施计划阶段，能够提供公共设施或公共开放空间的项目，可以适度增加建筑面积，但是建筑面积调整一般不超过规定设定的上限值（表6.21），超过上限值后按比例折减（表6.22），能够同时提供公共开放空间和公共设施的可以叠加给予建筑面积奖励。更新单元内部可以进行地块建筑面积的转移补偿，即容积率转移，符合历史风貌保护的更新项目，新增要求保护的建筑、构筑物可以不计入容积率。

表 6.21 商业商办建筑额外增加的面积上限

	提供公共开放空间（按用地面积，m²）			提供公共设施（按建筑面积，m²）	
情形	独立用地，产权移交政府	独立用地，产权不移交政府	独立用地，24小时开放，产权不移交政府（如底层架空、公共连廊等）	产权移交政府	产权不移交政府
倍数	2.0	1.0	0.8	1.0	0.5

（注：① 以上倍数为外环线内，外环外额外增加倍数的折减系数为0.8。② 提供地下公共设施的，增加倍数的折减系数为0.8。③ 更新地块内现状包含公共空间但未向公众开放的（如设有围墙等），经更新后向公众开放，按照提供不能划示独立用地的公共开放空间的奖励面积倍数执行。④ 提供存在邻避影响的公共服务设施，经论证奖励面积倍数可适度提高。）
资料来源：上海市规划和国土资源管理局. 上海市城市更新规划土地实施细则[EB/OL]. （2018-11-23）[2019-07-07]. http://www.shpt.gov.cn/guituju/zw-zcyj/20181123/355958.html

表 6.22 超出相关标准规范要求时的增加倍数的折减系数

	超出相关标准规范数额	增加倍数的折减系数
公共开放空间	≤50%的部分	0.8
	≥50%的部分	0
公共设施	≤30%的部分	0.5
	≥30%的部分	0

资料来源：上海市规划和国土资源管理局. 上海市城市更新规划土地实施细则[EB/OL]. （2018-11-23）[2019-07-07]. http://www.shpt.gov.cn/guituju/zw-zcyj/20181123/355958.html

为了维护公共利益、实现公共目标、保障城市更新成效等，广州、深圳、上海在城市更新工作中采取的上述种种空间管控方法与举措，解决了各个城市面临的具体更新问题和更新难点，在一些更新"瓶颈"上实现了破冰，值得其他尚未开展相关工作的城市与地区学习和借鉴。

广州永庆坊

第 7 章

广州、深圳、上海城市更新实施路径

城市更新项目的具体实施,其路径一方面在于依照政府年度计划的规范化推进,以及遵循政策要求的程序化管理上;另一方面则是不同类型实践项目在落地建设过程中,从项目自身特点、面对的不同问题、所处的内外部环境、现状条件的制约与利用等出发,所采用的具体工作方法、运作机制和协商模式等。广州、深圳、上海的城市更新制度已经相对明确地设定了更新项目开展的实施要求,与香港、台北等地类似,基本都采用了通过地区评估或项目申报等来选择和确立城市更新项目、编制城市更新的年度或实施计划,借助过程性和实质性规定推进建设项目有序开展的做法。

7.1 广州城市更新实施路径

7.1.1 基于城市更新年度计划的总体推进

城市更新年度计划是广州推进城市更新实施的有效方式(表7.1)。2016年,广州开始编制并组织实施首个城市更新项目及资金年度计划,对城市更新的项目名称、行政区域、更新范围、改造主体、改造方式、资金来源、城市更新资金安排计划等内容进行了确定,为全年的城市更新活动提供管理依据。通过年度计划的制订,可以清楚设定全市该年份城市更新工作的重点和抓手,有效促进城市更新的总体推进。

表 7.1 广州市 2018 年城市更新年度计划表(第二批——花都区)

序号	项目名称	行政区域	更新范围	用地面积(公顷)	建筑面积(万m²)	改造主体	更新方式	更新类型	资金来源	2018年第二批计划市城市更新资金安排前期经费(万元)	2018年第二批计划市城市更新资金安排建设资金(万元)	2018年第二批计划市城市更新资金安排资金合计(万元)
总计				20.53	45.09					824	3489	4313
	15个项目,含老旧小区15个(其中新增老旧小区11个,续建老旧小区4个)											
	(正式项目—老旧小区)											

续表

序号	项目名称	行政区域	更新范围	用地面积（公顷）	建筑面积（万m²）	改造主体	更新方式	更新类型	资金来源	2018年第二批计划市城市更新资金安排前期经费（万元）	2018年第二批计划市城市更新资金安排建设资金（万元）	2018年第二批计划市城市更新资金安排资金合计（万元）
小计	11个项目			11.47	22.72					824	1921	2745
1	华南路6号一建大院小区微改造项目	花都区	北至华南路，南至新华村，东至华南路8号，西至华南路4号	0.72	1.54	花都区政府	微改造	老旧小区微改造	市财政、区统筹	78	179	257
2	竹苑街小区微改造项目	花都区	北至秀全路，南至商业大道，东至侨村东街，西至花城路	4.48	10.50	花都区政府	微改造	老旧小区微改造	市财政、区统筹	149	372	521
3	新花苑小区微改造项目	花都区	北至竹苑二街，南至竹苑一街，西至侨村东街，东至新花街	1.79	6.42	花都区政府	微改造	老旧小区微改造	市财政、区统筹	105	257	362
4	侨村东1~5号小区微改造项目	花都区	北至秀全大道，南至竹苑二街，西至侨村东街，东至新花街	1.39	4.26	花都区政府	微改造	老旧小区微改造	市财政、区统筹	114	281	395
5	二九三汇福楼小区微改造项目	花都区	北至天马河西岸小区，东至河滨苑，西至狮峰公馆	0.40		花都区政府	微改造	老旧小区微改造	市财政、区统筹	69	156	225

资料来源：广州市城市更新局.广州市2018年城市更新年度计划表（第二批——花都区）[EB/OL].(2018-06-14)[2018-10-22]. http://www.gzuro.gov.cn/csgxjxxgk/7.2/201806/72bc749c22704dc281115fdce0cdda5a/files/d5100d2b03174b62beb5cd54e50e12b2.pdf.

7.1.2 不同改造方式下的城市更新探索

与城市更新政策演进的阶段与趋势相契合，广州城市更新在实施路径上经历了三个不同的阶段[①]：① 第一阶段（2009—2012年），颁布"三旧"改造政策，成立"三旧办"，启动和推进"三旧"改造工作。在当时的市场主导下，更新改造以单个项目为主，更新类型以城中村、旧厂房为主，模式上以房地产开发为主。② 第二阶段（2012—2015年），进一步完善"三旧"改造政策，颁布20号文，强调政府主导下的城市更新。这阶段的更新开发形式以全面改造、成片连片为主，类型以旧厂为主，片区面积约2~4km²，包括金融城、广钢新城、广纸片区、大坦沙岛等。③ 第三阶段（自2015年以来），在成立"城市更新局"后，广州针对前

---

① 具体参见：建筑联盟.广州城市更新之"微改造"模式[OL].(2017-11-27) [2018-10-22]. https://www.sohu.com/a/207071699_188910.

期城市更新过程中呈现的改造目标相对局限、效益较为短期、方式基本趋同、主体以及效果相对单一等问题，创新改造方式，探索"微改造"模式，强调多元主体参与，有效提高改造综合效益。微改造成为广州城市更新的重要形式之一。

广州目前推行的"全面改造"和"微改造"（图7.1），表明广州城市更新在不同尺度、不同力度、不同主体下具有不同的运作实施途径。城市更新离不开两条腿走路，需要明确政府与市场的行为边界与互动互补方式，在可管控的范围内充分发挥市场积极性（表7.2）。通过几个阶段的尝试，广州的城市更新思路逐渐从"城市增长"转向"城市成长"，不仅关注土地出让收益，还关注土地承载的职能和责任，以及城市未来的长远发展。

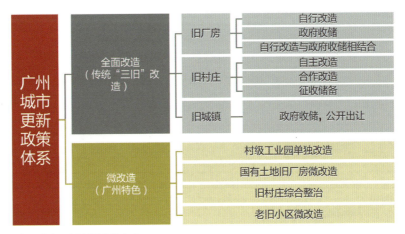

图 7.1 广州城市更新主要改造方式
资料来源：骆建云.广州城市更新的实践探索[Z].广东省"三旧"改造政策梳理及各地市实施办法解读会议，深圳，2018-07-20.

表 7.2 市场与政府在广州城市更新中的"互补互动"关系

主体	政府	市场
工作依据	相关法律法规和政策规定	政府管控要求、经济利益获取
责任内容	制定规则、制定程序、制定规划、监督落实	投资、实施、运营
主导更新类型	重点片区	一般零散低效地块
更新方式	成片统筹，全面改造	独立项目，单一地块
改造目标	城市空间结构、总体功能布局优化	多目标多主体共赢：开发盈利、产业升级、培育创新、活跃市场

资料来源：建筑联盟.广州城市更新之"微改造"模式 [OL]. (2017-11-27)[2018-10-22]. https://www.sohu.com/a/207071699_188910.

（1）全面改造。广州城市更新中的全面改造目前主要采取"政府主导、社会参与"的原则开展，立足城市与地区宏观发展需求，注重优化城市结构，落实城市战略。依据《广州市2017年城市更新项目和资金计划》，全面改造类更新项目主要包括旧城改造、旧村改造、旧厂房自主改造、村级工业园改造和土地整备五种。以城中村整体改造的实施途径为例，广州探索了多种运作实施模式（表7.3），例如横沙城中村，该村位于黄埔区发展最成熟的商圈大沙地内，在采取"先安置后拆迁，滚动开发"的模式进行整村改造后，在一定程度上实现了地区发展，补齐了教育、医疗等基础设施，并提出原产权人可以用住房面积换取商铺，以解决居民的收入问题。又如影响深远的"猎德模式"，猎德村曾是广州天河最穷的城中村，通过政府主导采取"售地筹钱，拆一补一"的模式进行整村改造，过程中成立了村集体公司，引入了市场主体，并借助法律途径解决"钉子户"问题[①]，初步实现了村集体经济的发展、地段的再开发和人居环境的改善。

表7.3 广州旧村改造典型案例

地区	改造前	改造后	措施
猎德村 （2007—2010年）	① 密度大，容积率高； ② 人居环境差； ③ 缺乏基础设施； ④ 治安复杂； ⑤ 村集体经济发展乏力	① 人居环境得到改善； ② 地区经济发展； ③ 村集体收益翻番； ④ 为珠江新城的发展提供空间资源	① 成立机构，统筹协调推进改造工作； ② 科学规划； ③ 售地筹钱，拆一补一； ④ 创新管理，成立村集体公司
横沙城中村 （2011年至今）	① 人居环境差； ② 缺乏基础设施； ③ 区域优势突出，但建设相对落后，阻碍城市发展	① 建成将居住、商业、文化功能融为一体的大型综合社区，以及商务办公楼； ② 引入中小学、幼儿园等教育基础设施； ③ 补齐基础设施（居民健身场所、文化站、消防站、超市等）； ④ 地区经济得到发展	① "先安置后拆迁，滚动开发"模式，设立安置区和融资区； ② 允许用住房面积换取商铺，解决收入问题； ③ 科学规划，稳步推进

根据相关资料整理：广州旧改成功案例[N].增城日报，2017-06-13.

---

① 2007年，猎德经济发展有限公司（村集体）将拒绝拆迁安置协议的钉子户起诉至天河区人民法院。年底，广州猎德"钉子户"案在天河区人民法院宣判，要求判决书下发3日内，4户钉子户需将涉诉房屋腾退，交付给原告广州猎德经济发展有限公司。钉子户遂提起上诉，是广州首个引用《物权法》的上诉案例。2008年1月，广州市中级人民法院对该案判决维持原判，认为："钉子户影响了村集体利益和其他村民的合法权益；土地归集体所有，村有权收回，由于土地上的房子和土地不可分割，房子也应该一并交付拆除；补偿按照村里股东大会通过的补偿方案规定的标准进行。

（2）微改造。微改造不同于全面改造，一般项目较小，从细部着手改善人居环境，实施见效较快，旧城、旧村、旧厂房均可采用微改造方式，相关配套政策有《广州市老旧小区微改造实施方案》《广州市城中村综合整治工作指引》《广州市老旧小区微改造"三线"整治实施方案和技术指引（试行）》等。广州微改造遵循"政府引导，社会主导"的原则，注重激发城市活力、提升人居环境、保护文化遗产，实施途径因项目而异，非常多元。2016年广州微改造项目计划38项、2017年计划97项、2018年计划828项，实施从"单点式"项目向"点、线、面的'多点联动型'"项目转变[1]。通过微改造，广州很多老旧小区的环境质量得到了极大提升，如荔湾区逢源街耀华社区、荔湾区白鹤洞街鹤建里社区、逢庆社区、新华路30号小区等，又如旧城永兴坊由私家别墅群改造成为增埗公园，通过景观改造提升街道环境等。经过几年的实践，广州市老旧小区更新的微改造实现了很多机制创新（表7.4），如荔湾区的"建管委"制度[2]，社区居民代表成立委员会，采取"居民自治"的方式组织社区环境微改造工作。该制度除了发动居民"自管自治"，补充老城区物业管理的不足，还有效降低了微改造的实施难度和成本。又如越秀区仰忠社区建立的"居民咨询委员会"制度，委员会由居民代表、社区热心人士、楼组长、社区党员等组成，共同参与宣传发动和意见征询工作，推动"三线"（电力线、通信线、有线电视线）、"三管"（供水管、燃气管、排水管）等的人居环境优化改造。与此同时，仰忠社区还建立起了社区的准物业管理模式，制定了《广州市越秀区珠光街仰忠社区微改造工作标准》。2017年底，广州作为唯一的一线城市入选住建部全国15个老旧小区改造试点城市。此外，诸如"骑楼活化利用、文创产业植入"的北京路225号骑楼改造、"关注弱势群体、众筹模式运作"的"拾房子"阅读空间改造计划、成立于1956年的广州纺织机械厂通过"政府搭台，企商合作"模式转型为T.I.T国际时尚中心等富有本地特色的微改造实践，都探索出了各自不同的更新实施路径。

表 7.4 广州多元化微改造的典型案例与模式

地　　区	特色模式	具体内容	成　　效
荔湾区	社区建设管理委员会	以居民自治方式开展社区微改造工作	居民"自管自治"，补充老城区物业管理的不足，减轻"微更新"的实施成本

---

[1] 具体参见：欧静竹. 广州市城市更新"微改造"的共治理念[J]. 智能城市，2018（11）：86-87.
[2] 荔湾区2016年颁布《荔湾区老旧社区微改造三年行动计划（2016—2018年）》（荔府办［2016］25号），建立"社区建设管理委员会"制度。

续表

地 区	特 色 模 式	具 体 内 容	成 效
仰忠社区	微改造居民咨询委员会（包括居民代表、社区热心人士、楼组长、社区党员等）	居民委员会共同参与宣传发动和意见征询工作，负责协调居民意愿	① 建立准物业管理模式；② 制定《广州市越秀区珠光街仰忠社区微改造工作标准》；③ 推动人居环境优化改造
北京路225号骑楼改造	骑楼活化利用、文创产业植入	保持建筑原型原貌；植入特色产业	① 保留"歌莉娅225"的骑楼特色风貌；② 植入更契合现代社会要求的产业，赋予不同的功能，实现建筑内生
"拾房子"阅读空间	关注弱势群体、众筹模式运作	将社会各方的资源力量和公益服务相结合，对10户由于罕见病、多动症、不同残障类型、癌症晚期等引发家庭问题的贫困家庭进行儿童阅读空间改造	① 改善贫困家庭和弱势群体的居住环境；② 给予弱势群体精神和心灵上的关怀；③ 建立众筹平台

根据相关资料整理：《广州市荔湾区人民政府办公室关于印发荔湾区老旧社区微改造三年行动计划（2016—2018年）的通知》（荔府办〔2016〕25号）；金羊网.微改造新范本：仰忠社区蝶变进行时[OL]. (2017-03-30)[2018-10-22]. http://news.ycwb.com/2017-03/30/content_24555454.htm；骑楼活化利用趋向：做体验骑楼文化的复合空间[N]. 新快报，2018-02-07；"拾房子"重塑的不仅是家庭空间，还有他们的亲子关系和整体尊严[N]. 新快报，2016-11-21.

7.1.3 广州城市更新的典型实践

（1）猎德村：政府主导下的城中村整体改造

猎德村处在广州市规划的珠江新城中央商务区的黄金地带（图7.2），是广州市首个进行整体改造的城中村项目。作为当时广州筹办亚运会、展示城市形象的重要工程之一，猎德村改造从2007年启动至今，通过拆除重建方式发生了翻天覆地的变化（图7.3，图7.4），其更新过程带来的综合影响体现在组织形式、改造办法、资金筹措和工作思路等诸多方面[57][58]。猎德村改造虽然因为政府、村集体与市场结成的"增长联盟"和高强度开发博取的经济利益而被诟病和反思，但其更新实施途径为广州后续城中村改造提供了重要的阶段性做法参考。

猎德村改造采用了"市/区政府主导+村为实施主体+土地拍卖引入市场资金"的实施组织形式，实现了"市—区—村"三个层面的协调分工（表7.5），能够在充分发挥政府对社会整体利益的综合考虑优势的前提下，激发村集体与村民的积极性。由村改制公司"猎德经济开发有限公司"在改造中负责拆迁、安置、报

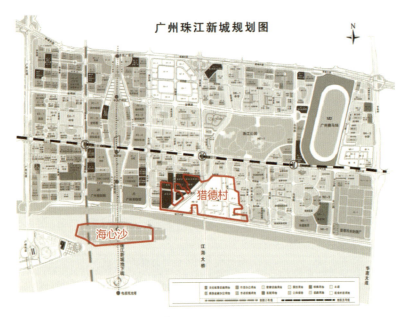

图7.2 猎德"城中村"在珠江新城的区位

图7.3 广州猎德村改造前后对比（左图：改造前，右图：改造后）
资料来源：广州旧改成功案例[N].增城日报，2017-06-13.

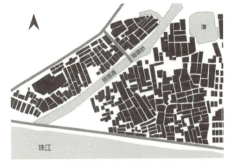 

图7.4 广州猎德村的原始肌理与改造方案（左图：改造前，右图：改造后）
资料来源：牛通，谢涤湘，范建红.城中村改造博弈中的历史文化保护研究——以猎德村为例[J].城市观察，2016(4)：132-140.

批、招标、发放临迁费等相关工作，减轻了来自村民的改造阻力[59]。契合广州市"政府不投入①、村集体不投资、开发商不直接介入"的改造资金筹措要求，猎德村改造实行了土地使用的"三分制"，即将土地分为三份：一份用于村民安置，一份用作商业开发，一份作为村集体经济预留地。三分之一商业地块的拍卖使得猎德村改造获得了开发商的"土地出让资金"②，由此盘活城中村土地资产。亚运会筹办契机以及更新过程中的城市多方让利，形成了政府、村集体、村民、开发商的多方共赢，由此保证了改造的顺利进行，例如拆迁过程给村民的违章建筑进行了补偿，且改造后的容积率在5.0以上（桥东安置区、桥西南酒店办公区），远高于之前制定的容积率控制在4.0以内的标准。在设法提升环境质量和改善环境面貌上，猎德村的工作思路为[57]：土地拍卖所得全部用于城中村改造；市政府对各项税费按"拆一免一"原则给予减免；市政道路建设、河涌整治工程结合猎德村整体改造同步进行，由市政府投入；整体改造工程纳入市政府重点建设项目和绿色通道中等。

表7.5 "市—区—村集体"组织形式

主体	职 责
市政府	城中村改造的指导，明确改造的总体要求并给予政策支持
区政府	统筹组织、指导编制城中村改造方案，协调解决城中村改造中遇到的各种难题
村集体	城中村改造的实施主体，负责做好土地调查确权，组织改造的征地拆迁、补偿、搬迁等活动，并按照基本建设程序的要求，全面实施城中村改造

根据相关资料整理：吴智刚，周素红.城中村改造——政府、城市与村民利益的统一[J].城市发展研究.2005（2）：48-53；吴智刚，符晓.广州猎德城中村改造模式对我国城市更新的借鉴与启示[C]//2008中国城市规划年会论文集，2008.

（2）恩宁路：历史街区从大拆大建走向微改造

广州第一个历史文化街区微改造项目——恩宁路旧城改造，是广州老城区微改造的代表案例。恩宁路位于广州西关老城的心脏地带，对广州而言具有特殊意义，是一条具有浓厚西关特色的道路，也是广州最长最完整的骑楼街，被称为"广州最美老街"。恩宁路旧城改造项目原本计划要全部拆平重建为高楼，2006—2013年，在媒体的曝光报道、社会的广泛关注、居民的联合呼吁，以及

---

① 不能开启政府投资改造的先例的原因有两方面：一是地方财政大幅支出筹备亚运会，政府财力有限；二是当时广州有138个"城中村"，全部改造大概需要投入高达2500亿元，政府无法提供如此庞大的财政支出。具体参见：王帅.城市更新中的增长联盟运作机制研究：基于广州的案例观察[J].城市，2017（12）：47-58.
② 拍卖地块93 928m²，共筹措资金46亿元。

图 7.5 原恩宁路片区控规（容积率 2.6～2.8）
资料来源：林冬阳，周可斌，王世福.由"恩宁路事件"看广州旧城更新与公众参与[C]//2012 中国城市规划年会论文集，2012.

图 7.6 2011 年恩宁路片区控规（容积率 1.2）
资料来源：广州市国土资源和规划委员会.荔湾分区 AL0126、AL0128、AL0129 规划管理单元（恩宁路旧城改造更新地块）控制性详细规划导则更改通告附图[EB/OL]. (2011-11-14)[2018-10-22]. http://www.gzlpc.gov.cn/ywpd/cxgh_1560/ghzdhxg/kzxxxgh/201111/t20111114_1068946.html.

"恩宁路事件"①形成的舆论压力之下，改造方向逐步转变为努力保留有价值的建筑物和空间形态，规划容积率从之前确定的 2.6～2.8 降到 1.2（图 7.5，图 7.6），并发展成为广州大规模公众参与城市更新的代表活动，有效提升了广州城市更新的公众参与水平。

恩宁路旧城改造始于 2006 年 2 月，当时荔湾区政府提出将恩宁路地块连片危破房改造作为旧城改造的试点，改造区域为恩宁路以北、宝华路以西、多宝路以南的街区。2007 年 5 月，荔湾区政府首次对外公布恩宁路的拆迁范围，引发新闻媒体对恩宁路的报道。2008 年广州市规划局审定通过《恩宁路危破房改造地段历史建筑保护与利用规划》，进一步确定了拆迁对象与工作范围，此举遭遇了居民发起的维权行动，居民上书全国人大，直指拆迁违反《物权法》[60]。居民的抗争和媒体的报道使得恩宁路更新改造项目受到社会的广泛关注，由青年学生组成的民间组织也开始自发地对该地区进行调研走访，并组织各种活动来吸引更多人关心恩宁路、思考恩宁路的未来。几经波折之后，政府为项目改造成立了专家顾问团，并不断改变先前经济优先的更新思路，确定以历史和传统风貌保护作为改造的出发点。恩宁路的定位由此也得到重新思考，从之前的居住街区重新定位为混合更多商业功能的精品文化社区。2011 年，《恩宁路旧城更新规划》《恩宁路旧城改造更新地块控制性详细规划导则更改》等获批，提出改造允许居民"自主更新"。

---

① 2007 年，荔湾区公布恩宁路拆迁范围，引发新闻媒体的报道。2009 年 12 月，名为《恩宁路改造规划不能偷偷摸摸进行》的报道质疑恩宁路改造规划不公开，公众知情权未得到足够的重视。这段时期，大量相关新闻报道先后涌现，形成了广州城市微更新中有关公众参与的著名的"恩宁路事件"。

在恩宁路更新改造的项目推进过程中（表7.6），居民、媒体、民间组织、专家学者逐渐介入，共同构成了影响项目进程的利益团体，起到了维护居民权益、促进公众参与的积极作用，使得更多的市民意识到历史文化的价值，进而改变了项目改造的官方规划理念与实施方案。具有影响力的多方利益团体与以政府、规划编制单位为代表的决策团体之间，逐渐形成了决策施加与反馈的新机制[61]。

表7.6 广州恩宁路改造的公众参与历程（2007—2011年）

阶段	决策方式	时间	参与主体	参 与 行 为	公众参与成果
规划讨论阶段	封闭决策	2007.3—2007.8	政府	公布恩宁路地块建设用地规划红线图，划定拆迁范围	① 政府宣布保留全部骑楼街；② 广州市文物考古研究所编制《恩宁路改造项目文物历史建筑保护方案》
			媒体	① 广州电视台《新闻日日睇》多次报道恩宁路保护，报道广州老居民的复杂心态和利益诉求；② 《新快报》等纸质媒体提出规划编制前应了解公众意见	
			居民	强烈反对恩宁路骑楼被列入拆迁范围	
规划制定阶段	被动公众参与	2008.4—2008.11	政府	敲定《恩宁路危破房改造地段历史建筑保护与利用规划》	① 政府组织"恩宁路危破房改造推进情况"专题调研，在原有货币补偿和异地安置基础上增加就近安置方式；② 恩宁路规划区内正式开始拆迁
			媒体	① 《羊城晚报》等报道了恩宁路的拆迁补偿标准；② 追踪恩宁拆迁报道	
			居民	恩宁路业主发起维权行动，上书全国人大直指拆迁违反《物权法》，应予撤销或者改变	
规划进入法定化阶段	主动开放公众参与	2009.7—2010.10	政府	① 组织成立首批旧城改造专家顾问团；② 公布《恩宁路历史文化街区保护开发规划方案》；③ 就《广州市旧城更新改造规划纲要》公示征求市民意见	① 2009年12月22日到2010年1月21日，广州市政府就恩宁路规划方案采用开放公示现场、电话、网络等渠道向公众征询意见；② 规划部门与设计单位通过居委会访谈和问卷调研搜集恩宁路居民意见；

续表

阶段	决策方式	时间	参与主体	参与行为	公众参与成果
规划进入法定化阶段	主动开放公众参与	2009.7—2010.10	媒体	① 质疑规划编制前未听取公众意见； ② 质疑恩宁路规划方案合理性； ③ 邀请各方人士提出意见和建议并报道	③ 广州市政府就《广州市旧城更新改造规划纲要》，公示征求市民意见； ④ 荔湾区正式聘请由大学教授、规划专家、人大代表、政协委员及居委会主任等15人组成的恩宁路改造项目顾问小组，恩宁路改造项目再次启动
			居民	① 恩宁路183位居民联名公开反对规划方案，与规划部门领导对话，提议组织召开座谈会，广泛听取意见修改规划； ② 恩宁路220户居民发公开信要求保护历史文化，制定合理补偿方案； ③ 民间人士关注恩宁路地块拆迁情况	
		2011.3—2011.6	政府	① 加大历史建筑保护力度，将100多间粤剧名伶故居等特色建筑纳入历史保护范围； ② 《恩宁路旧城改造规划》获得市规划委员会全票通过，恩宁路改造将采取允许居民"自主更新"的模式	政府加强恩宁路历史保护；居民要求业主自主更新获得支持，媒体与民间团体参与报道和研究
			媒体	① 宣传报道规划成果信息； ② 反映公众意见	
			居民	① 恩宁路130位居民联合签署《恩宁路居民给社会各界的公开信》表示支持自主更新模式，呼吁支持尽快出台"业主自主更新的详细规划导则"； ② 民间团体开展旧城自主更新模式研讨	

根据相关资料整理：林冬阳，周可斌，王世福. 由"恩宁路事件"看广州旧城更新与公众参与[C]//2012中国城市规划年会论文集，2012；吴凯晴. "过渡态"下的"自上而下"城市修补——以广州恩宁路永庆坊为例[J]. 城市规划学刊，2017（7）：56-64；刘垚，田银生，周可斌. 从一元决策到多元参与——广州恩宁旧城更新案例研究[J]. 城市规划，2015（8）：101-111.

"永庆片区"的改造活化作为恩宁路旧城改造中的一个缩影，尝试了"政府主导、企业承办、社会参与"模式，是对"微改造"理论的落地尝试[62]。2015

图7.7 广州恩宁路永庆片区建筑分类处理对策示意图
资料来源：朱志远，宋刚."微改造"落地之时——恩宁路永庆片区改造设计回顾[J]. 建筑技艺，2017(11)：66-75.

年，恩宁路永庆片区更新改造启动，由越秀区城市更新局主持、广州万科承建（图7.7），主要微改造做法包括[①]：① 以修缮提升为主要改造方式；② 以综合改造为目标，强调延续历史脉络，对近60栋建筑单体进行统一评分[②]，并根据评分结果给出"原样修复""立面改造""结构重做""拆除重建""完全新建"的处理建议（图7.8）；③ 强调社会力量参与，实行多元主体改造，丰富地区业态与功能——在万科研发的长租公寓、联合办公、儿童教育等业态之外，结合永庆片区的实际情况及社会资源提出本土设计师品牌店、旧城工作小组、西关体验民宿、文化交流活动等功能提升思路。根据2017年中国城市科学研究会城市更新专业委员会负责的《广州恩宁路永庆片区微改造实施评估研究》显示，永庆坊改造后于2016年10月开放运营，包括共享办公、教育营地、长租公寓、配套商业四大功能，改造投资6500万元，总建筑面积7000m^2，利用房屋49间，保留原住居民12户；片区改造产生了明显的环境和经济提升影响，遗憾之处则在于公众参与没有真正形成，部分新改造影响了原居民的权利。2018年10月习近平总书记考察广州时走访了永庆坊，肯定了城市规划和建设注重保护历史文化，突出地方特色，采用微改造这种"绣花"功夫的更新做法，认为城市文明传承和根脉延续十分重

---

① 具体参见：朱志远，宋刚."微改造"落地之时——恩宁路永庆片区改造设计回顾[J]. 建筑技艺，2017（11）：66-75.
② 评分内容包含建筑在街区的位置、建筑风貌、立面完整性、结构状况等。

要，传统和现代要融合发展，让城市留下记忆，让人们记住乡愁。

图7.8 广州恩宁路永庆片区改造前后对比
资料来源：朱志远，宋刚．"微改造"落地之时——恩宁路永庆片区改造设计回顾[J]．建筑技艺，2017（11）：66-75．

（3）棠下村旧厂房：从城中村旧厂房到长租公寓

长租公寓在近几年逐渐兴起，旨在通过现有建筑的改造为年青人提供优质的租住空间和一体化的社区服务。在广州棠下村6栋厂房改造中，万科将原有的厂房改造为集中式青年长租公寓，使之成为广州目前体量最大的长租公寓，提供了大约600套房间，入住率达到95%[1]，从而打破了城中村拆除重建的惯常做法（图7.9）。长租公寓设计采用"与旧为新"的策略，在保留原有厂房的前提下，通过功能转变而增加一部分新的东西，形成新与旧结合的"新"建筑。整体功能设置上包括：① 商铺，将地段最南侧的一栋楼临街部分用作商铺出租；② 公共空间，将第一、二栋之间和第二栋的底层当作公共空间，为年轻租客提供咨询、咖啡、健身、影音、会议等服务；③ 居住单元，考虑原有混凝土框架结构的模数，公寓单元改造成长宽高为5.1m×2.5m×4.5m的盒体空间，居住单元底层为客厅区，安装有集约化的厨卫储藏及阳台晾晒设施（图7.10）。

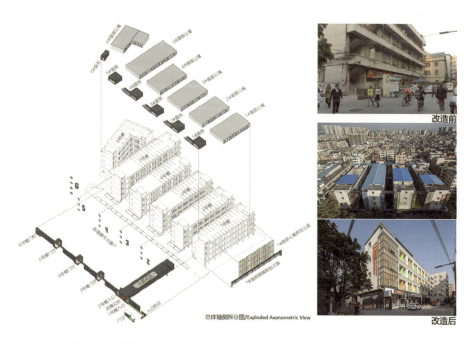

图7.9 棠下村旧厂房更新改造
资料来源：佰邦建筑，土木石. 万科广州塘下泊寓[OL]. (2017-03-28)[2018-10-22]. https://www.gooood.cn/tangxia-vanke-port-apartment-guangzhou-china-by-tumushi-architects-pba-architects.htm.

---

[1] 具体参见：佰邦建筑，土木石建筑. 万科广州棠下泊寓[OL]. (2017-03-28)[2018-10-22]. https://www.gooood.cn/tangxia-vanke-port-apartment-guangzhou-china-by-tumushi-architects-pba-architects.htm.

图 7.10 棠下村旧厂房单元内部设计
资料来源：佰邦建筑，土木石. 万科广州塘下泊寓[OL].(2017-03-28)[2018-10-22]. https://www.gooood.cn/tangxia-vanke-port-apartment-guangzhou-china-by-tumushi-architects-pba-architects.htm.

在广州和深圳等城市，万科[①]、龙湖、碧桂园、旭辉、康桥等房地产企业在鼓励发展租赁市场的政策倡导下，近期开展了诸多将城中村或老旧住房改造为长租公寓等的创新实践探索，改变了原来城中村更新推倒重建的老路子，由此而获得社会的广泛关注。但这种依托市场的更新改造总还是不可避免地会引起房屋的租金上涨，一方面，开发商投入资本用于改善居住环境与设施配套，需要从行动中获利；另一方面，项目带动的周边其他业主类似的自主改建同样推高了地区房屋租金。一批低收入阶层因无力承担租金水平而不得不离开此地，这种隐形"绅士化"进程也引发出社会新的担忧和思考，展现出事物具有的两面性和复杂性。

（4）开放式活动组织与制度建立：微改造设计竞赛与社区规划师

为吸引规划师、建筑师、艺术家、市民群众等群体的深度参与，加快推进广州老旧小区微改造工作，提升和保障老旧小区微改造的标准和质量，2017年广州启动了老旧小区微改造规划设计方案竞赛活动（图7.11，图7.12），活动选取5个老旧小区面向社会征集设计方案，共计收到参赛作品33件，居民参与投票约2200人，网络投票突破22万人次，从而丰富了老旧小区微改造实施途径[63]。得益于活动组织的影响与经验，2018年8月，广州又启动了第二届城市更新设计竞赛——"我是社区规划师"广州市老旧小区微改造规划设计方案竞赛。

---

① 万科旗下的长租公寓品牌叫泊寓，来自英文PORT，意在搭建属于年轻人的共享社区，为城市中的青年工作者们提供漂泊中的栖息港湾。万科推出"万村复苏"的城中村改造计划（万村计划），2017年7月成立深圳市万村发展有限公司，作为对城中村进行改造和运营的主体。万科通过城中村"综合治理＋专业化运营"模式进行城中村的功能升级和环境设施改造，在保留城中村原有街区肌理、场所风貌与低成本居住模式的基础上改善居住品质。

图7.11 广州老旧小区微改造规划设计方案竞赛主页
资料来源：广州市城市更新项目建设管理办公室. 广州市老旧小区微改造规划设计方案竞赛官网[OL]. [2018-10-22]. http://h5.oeeee.com/h5/v17/jqgz/.

图7.12 黄埔区黄埔街怡园小区微改造竞赛方案
资料来源：广州市喜城建筑设计顾问有限公司. 黄埔区黄埔街怡园小区微改造规划设计 [OL]. [2018-10-22]. http://h5.oeeee.com/h5/v17/jqgz/works-detail.html?id=18.

2018年4月，广州市城市规划编研中心与广州市城市规划协会合作推行社区规划师制度。社区规划师作为居民和政府沟通协调的枢纽，分区分片服务广州全市160余个街镇。截至2018年4月15日，已经有近180位规划师、热心居民报名成为广州社区规划师。广州首个引入社区规划师的微改造项目是"农林街竹丝岗社区微改造"。广州扉美术馆馆长、建筑师叶敏被聘为社区规划师之后，请了当代艺术家宋冬一起设计公共空间，提出用"无界博物馆项目"的创作概念来改造菜市场与扉美术馆之间的围墙（图7.13），把本来无用的厚墙隔断，改成由拆房子留下的木头窗户格子拼合而成的通透的"新围墙"[①]。"无界的墙"落成后，这里会定期举办活动，如放映电影、演话剧等，春节还请来书法家写挥春送给街坊。元宵节期间这里因为展出了700多盏灯，而成为一个大家都来此赏灯的吸引人的打卡点。

图 7.13 无界的墙——宋冬个展
资料来源：宋冬. 无界的墙[OL]. [2018-10-22]. http://artcm.cn/customer/exhibition_detail/?exhibition_id=4557.

---

① 具体参见：当菜市场变成美术馆，连买菜都是一种艺术[N]. 南方都市报，2018-06-05.

7.2 深圳城市更新实施路径

7.2.1 基于城市更新单元年度计划的总体推进

"城市更新单元年度计划"是深圳开展城市更新工作的有效执行工具,为城市更新工作开展提供了重要项目依据,确定了更新单元项目执行的时序和要求。在拆除重建、功能改变、综合整治三类城市更新中,拆除重建类更新要求需划定为城市更新单元,并纳入城市更新单元年度计划后方能开展实施。深圳城市更新单元年度计划的内容主要包括街道、单元名称、申报主体、拟拆除重建用地面积、备注(主要对拟更新功能和公益用地的面积进行说明)等,对于更新单元计划涉及的每一个城市更新项目,还会匹配有一张示意图以方便管理(图7.14)。在深圳施行"强区放权"改革后,自2017年起由各区制订城市更新单元年度计划(表7.7)。

表7.7 2018年龙岗区城市更新单元计划(第三批)

街道	单元名称	申报主体	拟拆除重建面积	备注
坂田	富豪山庄旧住宅区城市更新单元	深圳市龙岗区坂田街道办事处	19 228.6m²	① 拟更新方向为商业、居住功能; ② 拟拆除重建用地范围内应落实不少于6730m²的公共利益用地
横岗	四联社区贤合村更新单元	深圳市横岗四联股份合作公司	122 259.1m²	① 拟更新方向为居住、商业功能; ② 拟拆除重建用地范围内应落实不少于42 791m²的公共利益用地
宝龙	龙东石塘片区城市更新单元	深圳市龙东股份合作公司	64 003.2m²	① 拟更新方向为居住、商业功能; ② 拟拆除重建用地范围内应落实不少于22 401m²的公共利益用地

资料来源:深圳市龙岗区城市更新局. 关于《2018年龙岗区城市更新单元计划第三批计划》的公告[EB/OL].(2018-04-18)[2018-10-22]. http://www.lg.gov.cn/bmzz/csgxj/xxgk/qt/tzgg/201804/t20180418_12094268.htm.

图 7.14 2018 年龙岗区城市更新单元计划（第三批）拆除重建范围示意图
（从左到右依次为：富豪山庄旧住宅区城市更新单元、四联社区贤合村更新单元、龙东石塘片区城市更新单元）

资料来源：深圳市龙岗区城市更新局.关于《2018年龙岗区城市更新单元计划第三批计划》的公告[EB/OL]. (2018-04-18)[2018-10-22]. http://www.lg.gov.cn/bmzz/csgxj/xxgk/qt/tzgg/201804/t20180418_12094268.htm.

7.2.2 城市更新政策的阶段性调整与优化

深圳城市更新工作在《深圳市城市更新办法》出台后逐步进入规范有序的运行轨道，依据需要，深圳通过出台《关于加强和改进城市更新实施工作的暂行措施》（以下简称《暂行措施》）的方式，对深圳城市更新政策进行阶段性调整和优化，为推进城市更新实施提供灵活的政策支撑。这样做，一方面维持了核心政策的稳定性，另一方面可以针对社会与市场的变化与需求，适时出台或修正相关更新规定。深圳市政府至今先后出台了三版《暂行措施》（深府办〔2012〕45号、深府办〔2014〕8号、深府办〔2016〕38号），2016版《暂行措施》是继2012年、2014年后的第三版，是对近两年城市更新工作实践的经验总结（表7.8），也是深化落实"强区放权"体制改革，确保城市更新工作质量提升的重要政策保障[64]。

表 7.8 深圳 2012 版、2014 版、2016 版《暂行措施》比较一览表

政　策	出台背景	主要内容
2012版《暂行措施》	落实"十二五"期间城市更新各项工作目标	① 加快城市更新历史用地处置； ② 完善城市更新地价政策； ③ 强化城市更新实施管理
2014版《暂行措施》	进一步加强和改进城市更新工作	① 完善城市更新用地处置政策； ② 完善城市更新地价政策； ③ 鼓励旧工业区升级改造； ④ 试点开展小地块城市更新； ⑤ 强化城市更新实施管理

续表

政　策	出 台 背 景	主 要 内 容
2016版《暂行措施》	落实"十三五"期间城市更新各项工作目标	① 创新实施机制，试点重点更新单元开发； ② 简化城市更新地价体系； ③ 提升公共配套设施建设力度； ④ 推进旧工业区复合式更新、综合整治

根据相关资料整理：《关于加强和改进城市更新实施工作的暂行措施》（深府办〔2012〕45号）、《关于加强和改进城市更新实施工作的暂行措施》（深府办〔2014〕8号）、《关于加强和改进城市更新实施工作的暂行措施》（深府办〔2016〕38号）。

除定期颁布《暂行措施》外，城市更新回应国家社会经济五年规划的工作周期，积极出台关于深圳城市更新工作情况的报告，如2018年4月印发的《市规划国土委关于深圳市城市更新工作有关情况的报告》（深规土〔2018〕292号），定期总结深圳城市更新的基本情况、创新做法、工作成效、存在问题等。报告同时明确了下一步城市更新的重点，例如2018年报告指出深化城市更新工作的重点在于：① 推进成片连片开发（取消小地块城市更新单元、推进工业区连片改造、加快重点更新单元实施）；② 加大综合整治力度；③ 严格按照公开招标方式选择城中村更新项目的合作企业；④ 通过立法建立强制执行机制，促进拆迁难题的解决；⑤ 进一步规范城市更新工作等。

7.2.3　不同更新方式下的城市更新实践探索

深圳灵活运用不同更新方式对不同类型的地区开展城市更新工作，以实现有效的项目推进和多方共赢（表7.9），例如：通过拆除重建对城中村、旧工业厂房等进行升级改造，完善区域功能、改善人居环境、增加城市基础设施；通过功能改变对旧村、旧工业等进行功能结构调整，以实现更好的发展，满足城市发展过程中的功能需求；通过综合整治对旧城镇、旧工业、古建筑等进行提升和改造利用，盘活闲置资源。

表 7.9　深圳不同城市更新改造类型的典型案例

地区	项目	改造类型	特　点	改　造　前	改　造　后
福田区	岗厦河园片区	城中村	福田中心区唯一的城中村，通过更新完善中心区的功能和空间结构	① 建筑无序，密度高； ② 人居环境较差； ③ 基础设施配套不足； ④ 阻碍中心城区发展	① 完善中心区的功能和空间结构，建成CBD配套区、综合发展区； ② 引入教育、医疗等基础设施； ③ 人居环境改善

续表

地区	项目	改造类型	特　点	改　造　前	改　造　后
福田区	赛格日立	工改工	将高能耗、高污染的产业升级为总部经济产业	① 原有行业衰退，工厂停产，面临产业升级压力； ② 产业高污染、高能耗	① 建设制造业上市公司总部基地，形成总部经济产业（创新产业用房、商业服务设施、高级商务公寓等）； ② 改善周围交通环境
罗湖区	蔡屋围村	城中村	打造金融核心区	① 地处蔡屋围金融中心区，阻碍地区发展； ② 人居环境较差	① 实现企业利益、公共利益、集体利益、村民利益和政府利益五方共赢； ② 实现区域发展，居民收入增加
罗湖区	金威啤酒厂	旧工业区	产业升级与工业遗存保护结合	啤酒厂被收购，留下厂房待改造	① 深圳最大的黄金珠宝主题城市综合体； ② 保留旧工业区遗迹，打造工业遗产文化体验区
龙岗区	天安云谷	旧工业区、城中村	特区一体化建设、产业升级示范项目，落实创新型产业用房（7万m²）	① 由农房、旧厂房构成的低端制造工业区； ② 主要产业为五金、塑胶等劳动密集型传统产业	① "腾笼换鸟"，完成产业升级，形成智慧工业园区； ② 基础设施得到完善，移交大量公共配套用地
龙岗区	西埔新居	旧村	古建筑活化利用（综合整治）	① 客家围屋； ② 建筑亟待保护、修缮	① 西埔新居的房屋和用地权属在更新实施后维持现状不变； ② 作为深圳"双年展"分展场
南山区	大冲村	城中村	深圳目前最大规模的城中村改造项目	① 建筑密度大； ② 人居环境较差； ③ 基础设施薄弱； ④ 被高新科技园包围，位置得天独厚，阻碍区域发展	① 发展高新园区配套商业和服务业； ② 人居环境改善； ③ 基础设施增强（保障性住房、教育、医疗设施等）； ④ 区域得到发展； ⑤ 居民回迁，保存宗祠、古庙、老榕树等历史遗迹，将文化遗产保护与城市建设相结合
大鹏新区	鸿华印染厂	旧工业区	激活荒废旧工业区功能，转型为文化创意与国际艺术旅游区（综合整治）	鸿华印染厂的19栋废弃多年的厂房和宿舍	通过综合整治，将原有旧工业厂区提升为文化创意与国际艺术旅游区

续表

地区	项目	改造类型	特点	改造前	改造后
大鹏新区	较场尾	旧村	复合式城市更新,对自发形成的民宿特色旅游产业进行有效引导	① 生活配套设施匮乏; ② 给排水、消防存在隐患	① 采取"保护优先""边更新边保护"的思路; ② 遵从"自然生长、政府引导、民间组织、市场运作"模式; ③ 对片区的水、电、交通、环境、景观等进行综合整治

根据相关资料整理:

岗厦河园:城市更新"翻新"中心区唯一城中村[EB/OL].(2017-08-21)[2018-10-22]. http://www.sznews.com/photo/content/2017-08/21/content_17065116.htm;

赛格日立工业区:告别高能耗产业 拥抱总部经济[EB/OL].(2017-08-18)[2018-10-22]. http://www.sznews.com/photo/content/2017-08/18/content_17048154.htm;

蔡屋围村:深圳"华尔街"城市更新五方共赢典范[EB/OL].(2017-08-25)[2018-10-22]. http://www.sznews.com/photo/content/2017-08/25/content_17104783_2.htm;

金威啤酒厂布心厂区将崛起最大的黄金珠宝综合体[EB/OL].(2017-08-17)[2018-10-22]. http://www.sznews.com/photo/content/2017-08/17/content_17038672_2.htm;

天安云谷:城中村变华为身边的创新型产业基地[EB/OL].(2017-08-22)[2018-10-22]. http://www.sznews.com/photo/content/2017-08/22/content_17073823_3.htm;

西埔新居:城市更新下的深圳历史文脉如何重生[EB/OL].(2017-08-21)[2018-10-22]. http://www.sznews.com/photo/content/2017-08/21/content_17069868_2.htm;

大冲村:最大城中村改造项目破茧成蝶颜值超乎想象[EB/OL].(2017-08-18)[2018-10-22]. http://www.sznews.com/photo/content/2017-08/18/content_17052102_6.htm;

鸿华印染厂19栋旧厂房被激活 浑身"艺术范"[EB/OL].(2017-08-16)[2018-10-22]. http://www.sznews.com/photo/content/2017-08/16/content_17027945.htm;

较场尾:古时练兵场 今为深圳版"鼓浪屿"[EB/OL].(2017-08-15)[2018-10-22]. http://www.sznews.com/photo/content/2017-08/15/content_17015438.htm.

7.2.4　深圳城市更新的典型实践

(1) 盐田街道Y村城市更新单元规划:拆除重建类城市更新[①]

盐田街道Y村城市更新单元位于盐田区北山道与东部沿海高速交界处,被北山道分为南北三片,为"拆除重建"类的城中村改造。该更新单元由于村屋建设质量较差、配套设施缺乏、空间环境不佳且内部交通可达性弱等原因,导致无法适应新的居住要求而被列入《2014年深圳市城市更新单元规划制定计划》的第二批计划(申报单位为深圳市鸿泰实业股份有限公司,实施主体为深圳市鸿俊天居

---

① 本节内容来源于2016年深圳市城市规划设计研究院有限公司编制的《盐田区盐田街道Y村城市更新单元规划》,方案为未批复的过程性规划文件,仅以于展示深圳城市更新单元规划编制的概况,不具备任何数据和决策上的法定参照意义。

置业有限公司）[1]，当时计划拆除用地约3.6万m²，拟更新主导功能为居住，属于"村改居"的情况（图7.15，图7.16，图7.17）。

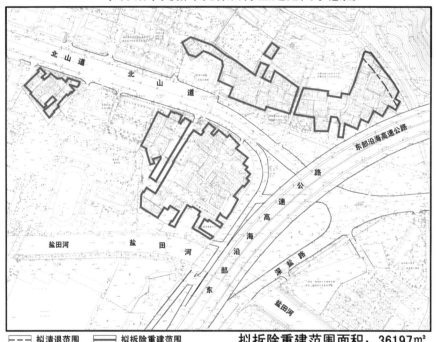

编号	辖区	街道	单元名称	申报主体	拟拆除重建用地面积(m²)	备注
6	盐田	盐田街道	Y村城市更新单元	深圳市鸿泰实业股份有限公司	36197	拟更新方向为居住等功能

图 7.15 盐田区盐田街道 Y 村城市更新单元拟拆除重建范围

资料来源：深圳市盐田区城市更新局.关于《盐田区沙头角街道东顺厂房宿舍与变电综合楼单元计划、盐田街道Y村城市更新单元（范围调整）》（草案）公示的公告[EB/OL].（2017-07-07）[2018-10-22]. http://www.yantian.gov.cn/cn/zwgk/tzgg/201707/t20170707_7770787.htm.

---

[1] 由于局部条件变更和更新进程变化，2018年，盐田区城市更新局经区政府批准发布《2018年深圳市城市更新单元计划盐田区第四批计划》，对该更新单元再次进行公告，局部调整了更新单元范围，更新了规划设计条件，并要求拆除重建用地范围内应落实不少于约6000m²的城市基础设施、公共服务设施或其他城市公共利益项目用地，提交政府的土地移交率为15%。

图 7.16 盐田区盐田街道 Y 村城市更新单元拟拆除重建范围现状用地性质
资料来源：深圳市城市规划设计研究院有限公司.盐田区盐田街道Y村城市更新单元规划[Z].2016.

  2014年10月，深圳市鸿泰实业股份有限公司委托深圳市城市规划设计研究院开展Y村城市更新单元规划编制工作，2016年4月方案上报城市更新局，得到的项目复函拒绝了该规划申请，原因在于：① 地段涉及的周边铁路和地铁的规划设定，需在相关部门完成可行性研究之后，方能进一步完善更新单元规划方案；② 单元规划与已批准的法定图则确定的北山道立交规划方案有冲突，应按照法定图则落实；③ 单元规划功能应与已批法定图则的规划功能进一步衔接。为此，设计单位在取得铁路及地铁部门正式复函、与法定图则深化衔接的前提下修改更新单元规划，并再次申请报文城市更新局。这里以其过程性规划成果为例（未批复），分析深圳城市更新单元规划编制的主要内容与做法。

  城市更新单元所在片区以城中村用地（R4）为主，有部分居住用地（R2）和商业用地（C1）。在拆除范围涉及的13宗用地中，权属清晰的用地8宗，面积共约2万m²，未征转用地共约1.4万m²，国有未出让用地约3000m²。

土地与建筑物信息核查结论一览表

地块编号	01	02	03	04	05	06	07	08	09	10	11
宗地号或用地方案图	J305-0313	预J305-0110	J305-0316	J305-0312\D86-42	J305-0003	J305-0056	J314-0006	-	-	-	-
用地面积（m²）	3173.0	1259.8	1304.0	8725.9	785.8	554.7	6496.6	304.6	2917.36	7538.4	6414.1
土地利用功能（现状）	黄必围村	黄必围村	商业	黄必围村	住宅	住宅	黄必围村	住宅	-	-	-
土地权属性质	村红线用地	村红线用地	村委红线用地	村红线用地	已按照历史遗留用地和建筑有关政策处理的用地	已按照历史遗留用地和建筑有关政策处理的用地	已办理产权证	村委红线用地	国有未出让用地	非农建设用地范围外形成的建成区域	非农建设用地范围外形成的建成区域
用地权属单位	深圳市鸿泰实业股份有限公司	深圳市鸿泰实业股份有限公司	深圳市裕民股份有限公司	深圳市鸿泰实业股份有限公司	东鹏油站住宅	钟新周	深圳市鸿泰实业股份有限公司	深圳市鸿泰实业股份有限公司	-	黄必围村村民私宅用地	杨梅新村村民私宅用地
建筑物竣工时间	1994年	1994年	1994年	1994年	1994年	1994年	1994年	1994年	-	1994年	1994年
建筑面积（m²）	5227.10	2461.91	5315.97	16577.78	1429.04	3328.14	9692.55	1089.49	5445.45	17266.90	10472.94

图7.17 盐田区盐田街道Y村城市更新单元土地核查信息

资料来源：深圳市城市规划设计研究院有限公司.盐田区盐田街道Y村城市更新单元规划[Z].2016.

规划首先依据城市更新用地处置政策，确定可用于开发建设用地面积及贡献用地面积。按照《关于加强和改进城市更新实施工作的暂行措施》（深府办〔2014〕8号）规定，应对未征未转用地按规定进行历史用地处置：其中政府将处置土地的80%交由继受单位进行城市更新，其余20%纳入政府土地储备。在交由继受单位进行城市更新的土地中，按照深圳城市更新的《办法》和《实施细则》要求，需将其中不少于15%的土地无偿移交给政府纳入土地储备，由此计算得出贡献用地约为5000m^2，可用于开发建设用地约为2.9万m^2（表7.10）。此外地段中共有零星用地约3000m^2，用地零散分布而无法独立开展建设，因此基于用地集约性考虑建议纳入建设用地范围，即建设用地面积从2.9万m^2增加为3.2万m^2。

表7.10 Y村可用于开发建设用地计算

序号	项目			面积（m^2）
1	拆除用地面积			36 197.0
	其中	权属清晰用地面积		22 604.4
		未见征转记录用地面积		13 952.5
		其中	20%纳入政府土地储备	2790.5
			80%交由继受单位进行城市更新	11 162.0
2	合法手续完善用地			33 766.4
	其中	不少于15%用于土地贡献		5065.0
		85%用于开发建设		28 701.4
3	零星用地			3000.0
4	开发建设用地			31 701.4

资料来源：深圳市城市规划设计研究院有限公司.盐田区盐田街道Y村城市更新单元规划[Z]. 2016.

由此单元用地被道路等因素隔离，计划已批的拆除范围非常零散，不利于实际开发建设，因此规划方案为了实现整体统筹，通过用地腾挪并应对北山道的划分，将项目分为南北3个独立完整的建设用地片区（图7.18）。自此确定更新单元用地（图7.19）面积约5万m^2，拆除用地面积约3.6万m^2，开发建设用地面积约3.2万m^2，土地移交率为21.7%（表7.11，表7.12）。

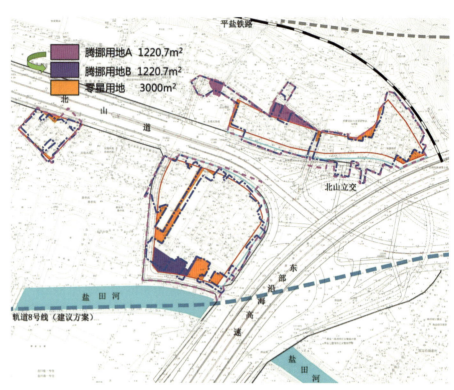

图 7.18 盐田区盐田街道 Y 村城市更新单元规划为整体统筹建设用地的零星用地及腾挪用地范围
资料来源：深圳市城市规划设计研究院有限公司.盐田区盐田街道Y村城市更新单元规划[Z]. 2016.

表 7.11 盐田区盐田街道 Y 村城市更新单元用地数据汇总表

项　　目		面　　积
更新单元面积（m^2）		46 470.7
拆除用地面积（m^2）		36 197.0
开发建设面积（m^2）		31 701.4
其中	划入零星用地面积（m^2）	3000.0
	清退土地面积（m^2）	9704.3

资料来源：深圳市盐田区城市更新局.关于《盐田区沙头角街道东顺厂房宿舍与变电综合楼单元计划、盐田街道Y村城市更新单元（范围调整）》（草案）公示的公告[EB/OL].（2017-07-07）[2018-10-22]. http://www.yantian.gov.cn/cn/zwgk/tzgg/201707/t20170707_7770787.htm.

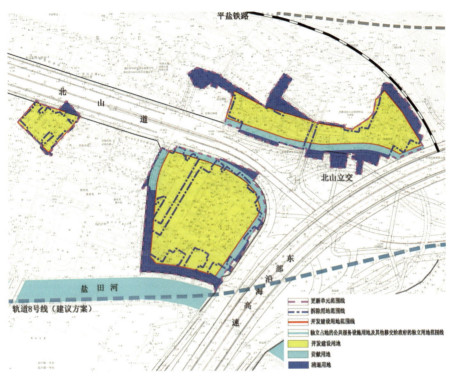

图7.19 盐田区盐田街道Y村城市更新单元规划各类用地范围
资料来源：深圳市城市规划设计研究院有限公司.盐田区盐田街道Y村城市更新单元规划[Z].2016.

表7.12 盐田区盐田街道Y村城市更新单元基准开发量计算

所在密度分区	计算密度分区	地块编号	用地面积(m²)	用地功能	基准容积率		所占比例%		用地规模核减系数		周边道路修正系数		地铁站点修正系数		计算容积率		地块容积率	分地块计容建面(平方米)	深标测算容积率	深标测算建筑面积
					居住	商业	居住	商业	居住	商业	居住	商业	居住	商业	居住	商业				
三区	商业二区、居住三区	01-01	10178.50	居住	2.80	4.20	0.70	0.30	1.00	1.00	1.30	1.30	1.00	1.15	3.64	6.29	4.43	45135.38	4.25	135926.68
三区	商业二区、居住三区	02-01	3158.70	居住	2.80	4.20	0.70	0.30	0.94	0.94	1.30	1.30	1.00	1.00	3.42	5.13	3.93	12428.98		
三区	商业二区、居住三区	03-01	18675.10	居住	2.80	4.20	0.70	0.30	1.00	1.00	1.30	1.30	1.00	1.01	3.64	5.49	4.20	78362.32		

资料来源：深圳市城市规划设计研究院有限公司.盐田区盐田街道Y村城市更新单元规划[Z].2016.

  规划继续依照《深圳市城市更新单元规划容积率审查技术指引》计算建筑量，基准开发量依据城市更新相关政策及《深圳市城市规划标准与准则》密度分区中的容积率指引相关修正，核算得出建筑面积。地块容积率按《深圳市城市规划标准与准则》核算，可得更新单元基准建筑面积为135 926.68m²，基准容积率为4.25。更新单元依照新版《深圳市城市规划标准与准则》及相关管理规定，叠加保障性住房、公共设施及公共开放空间奖励面积，在满足奖励开发量之和不得超出基准开发量的30%的基础上，综合计算可得奖励开发量约为4万m²。因此，更新单元通过政策计算可得最终建筑开发量为176 526.68 m^2，开发强度为5.51，因项目现状建筑量较多，难以实现经济平衡，结合甲方意见，最终建筑开发量确定为22万m^2，容积率为6.94（表7.13）。

整个项目规划过程中，"地"与"房"的综合测算与建筑空间布局是关键，同时还配套开展了功能策划与城市设计两项专题研究。从项目推进中，可以看出政府、开发商与规划技术人员之间的利益博弈与平衡过程，涉及规划必须满足的前置条件、对法定图则的突破与衔接、建筑开发量与容积率的确定等诸多方面（图7.20）。

表7.13 Y村城市更新单元开发建设用地经济技术指标

项目		面积
开发建设用地面积（m^2）		31 701.4
容积率		6.94
计容积率总建筑面积（m^2）		22 000
其中	住宅	163 000（含保障性住房9200）
	商业、办公及酒店合计	13 500
	商务公寓	41 300
	公共配套设施	2200
	其中 体育活动场地	1500（占地面积）
	其中 公交首末站	2200
地下商业建筑面积（m^2）		—
备注：物业管理用房按照《深圳经济特区物业管理条例》予以核定，不纳入公共配套设施。		

资料来源：深圳市城市规划设计研究院有限公司.盐田区盐田街道Y村城市更新单元规划[Z]. 2016.

（2）艺象"山城"：从废弃厂房到国际艺术社区

2003年鸿华印染厂倒闭，厂房废弃。2013年，深圳以"典型性、示范性、可实施性"作为标准选出首批8个旧工业区进行综合整治试点，鸿华印染厂成为试点之一，规划范围7.9公顷。项目通过环境综合整治提升，完善公共配套设施，促使旧工业区在保留历史印迹的基础上焕发新的生机。艺象"山城"的整体功能包括"创意办公区"和"自营配套区"两大板块，整合了"创意设计、国际艺术交流、大师工作坊、教育培训、时尚发布、休闲旅游"等复合的创意文化形式，通过文化创意产业与旅游产业的结合，实现了存量用地的产业升级与环境改善（图7.21）。

图7.20 盐田区盐田街道Y村城市更新单元规划总平面图
资料来源：深圳市城市规划设计研究院有限公司.盐田区盐田街道Y村城市更新单元规划[Z]. 2016.

图7.21 艺象"山城"功能分区图
资料来源：艺象iD TOWN. 地图[OL]. [2018-10-22]. http://idtown.szvi.com/main.html.

规划设计均以"不拆除或少拆除前提下实现城市更新、产业升级"为原则，保留鸿华印染厂的原有厂房，通过空间改造实现新功能的植入（图7.22），如满京华美术馆，其前身为鸿华印染厂的整装车间厂房；艺象"山城"设计酒店，通过对原有职工宿舍内部空间及建筑外立面的改造而变身为设计酒店（图7.23）。

图7.22 满京华美术馆（鸿华印染厂的整装车间厂房）改造前后对比图

资料来源：源计划建筑师事务所. 艺象满京华艺术馆[OL]. (2015-08-23)[2018-10-23]. https://www.gooood.cn/mjh-gallery-by-o-office.htm.

图 7.23 艺象 "山城"（原印染厂生活区）员工宿舍改造前后对比图
资料来源：源计划建筑师事务所. 艺象 iDTown 设计酒店[OL]. (2015-08-20)[2018-10-23]. https://www.gooood.cn/youth-hote-id-town-by-o-office.htm.

（3）福田水围柠盟人才公寓：城中村"握手楼"再利用为人才保障房社区

深圳福田水围柠盟人才公寓是深圳首个城中村人才保障房（图7.24）。深圳自改革开放以来在经济特区城市化建设与本土村落的二元发展轨迹中，形成了很多被现代城市空间包围的"城中村"①。这些城中村虽然存在各种卫生、安全和社会问题，但也为低收入人群和创业者们提供了低廉的居住场所和较低的生活门槛，为服务深圳城市化发展发挥着作用。当前，快速攀升的房价和生活成本导致深圳的大量产业人才流失，为此城市通过设立人才保障性住房来加以应对，但受土地

---

① 过去的城中村改造基本都意味着彻底的推翻重建以及大规模拆迁，更新之后几乎都是建起千篇一律的高层商住区。

资源及旧区改造难度的限制，城市中心区难以在短时间内提供足够的廉价保障性住房满足社会所需，而利用现有城中村，将"握手楼"改造为人才保障房社区则成为一种新的探索路径。

水围村改造前

水围村改造后

图7.24 深圳福田水围柠盟人才公寓改造前后对比

资料来源：DOFFICE. 水围柠盟人才公寓[OL].（2017-12-15）[2018-10-22]. https://www.gooood.cn/lm-youth-community-china-by-doffice.htm.

福田水围柠盟人才公寓采用"政企合作"模式实现城中村的升级改造

（图7.25）①：福田区住建局为牵头单位，深业集团作为项目承建方先统一向水围股份公司承租村民楼，之后结合青年人才的需求制定村民楼的改造和运营方案，并在村宅改造完成后出租给福田区政府作为人才公寓使用。改造片区总规划用地面积约8000m²，通过对29栋村民楼的更新提供504间人才公寓②。项目不仅同步升级了村民楼的内部和外部环境，保持了城中村原有的村楼肌理、建筑结构及特色空间尺度，还创新性地增配了电梯及空中连廊，营造出适合青年人才的满足现代标准的宜居生活社区。

图 7.25 水围柠盟人才公寓改造的多方合作模式
资料来源：http://shenzhen.news.163.com/17/1219/12/D613UF4A04178D6R.html.

改造通过搭建立体交通流线（电梯+连廊）形成四通八达的网络，解决整个保障性住房的交通流线问题，以促进人才保障房内住户之间的交流。根据青年人的生活需求，公寓区设置了社区厨房、社区餐厅、多功能厅、阅读室、茶室、健身房和天井庭院等多元化的公共空间来满足不同类型青年的生活喜好，还充分利用屋顶这个"第五立面"来安排和布置屋顶花园（图7.26）、洗衣房、菜园、休憩花园等休闲空间和功能性用房。居住单元改造则充分尊重原有业主的户型特点，调整归纳出18种面积从15m²到55m²不等的不同户型，设置不同的风格和布局，满足不同的住户需求（表7.14，图7.27）。

---

① 具体参见：http://shenzhen.news.163.com/17/1219/12/D613UF4A04178D6R.html.
② 具体参见：http://shenzhen.news.163.com/17/1219/12/D613UF4A04178D6R.html.

图 7.26 深圳福田水围柠盟人才公寓屋顶花园

资料来源：DOFFICE. 水围柠盟人才公寓[OL]. （2017-12-15）[2018-10-22]. https://www.gooood.cn/lm-youth-community-china-by-doffice.htm.

表 7.14 深圳福田水围柠盟人才公寓改造特色内容

项 目	内 容
更新模式	"城中村综合治理＋专业化运营"模式
交通流线	在楼缝中植入立体交通系统连接所有楼栋形成立体社区
屋顶花园	建设第五立面，即屋顶花园。29个屋顶根据各自所在的色系形成色彩缤纷的屋顶空间，这些屋顶包含了洗衣房、菜园和休憩花园等
青年之家	青年之家是社区重要的公共空间之一，布置了7种不同的功能，包括阅读室、茶室、多功能厅、社区厨房、社区餐厅、健身房及天井庭院等
户型改造	通过设计简化及调整，归纳出18种不同户型，面积由15~55m²不等，分为多种风格和布局，满足不同住户需求

资料来源：DOFFICE. 水围柠盟人才公寓[OL]. （2017-12-15）[2018-10-22]. https://www.gooood.cn/lm-youth-community-china-by-doffice.htm.

图 7.27 深圳福田水围柠盟人才公寓 18 种户型图
资料来源：DOFFICE. 水围柠盟人才公寓[OL].（2017-12-15）[2018-10-22]. https://www.gooood.cn/lm-youth-community-china-by-doffice.htm.

（4）"小美赛·城市微设计"竞赛

在吸收香港、广州、上海等地开展城市更新设计竞赛的经验基础上，深圳市城市设计促进中心先后在深圳南山区南头城社区、罗湖区立新社区、罗湖区新秀社区及龙岗区龙岭社区发起了名为"小美赛"的城市微设计竞赛[①]，以吸引设计师深入社区建设。"小美赛"到目前为止已开展了四期探索，参与的设计师们除了提出设计方案外，更是面临着诸如如何与社区各方沟通、平衡需求、建立信任等额外挑战，其间也经历了"偷偷摸摸"开工、因村民抵触和拒绝导致方案"流产"、建成作品因各种原因被拆除的波折过程。但在大量尝试和摸索之后，自下而上的项目运作方向逐步变得清晰，"小美赛"通过选取具有较好居民自治体系或社区营造机构的社区、具有相对清晰对话主体的项目来开展活动，推行"针灸式"的调研和解决方案提供，从而使得设计竞赛的组织与建设越来越成熟，项目影响力也在逐步形成。

---

① 具体参见：https://mp.weixin.qq.com/s/iiBHkYhomdGzhLXqjlZnxg.

(5) 趣城计划

由深圳市规划和国土资源委员会、深圳盐田区政府与中国建筑中心等联合发起的"深圳趣城计划",旨在打破自上而下的传统城市规划思维,从城市局部空间入手,使用城市设计手段对缺乏特色与活力的城市区域施展"城市针灸"以打造精品化的人本公共空间。计划自2013年开展至今,形成了包括"趣城社区微更新、趣城地图、趣城美丽都市计划、趣城盐田"在内的多元化城市更新与城市设计创新活动[①]:"趣城社区微更新"在全市六百余个社区中挑选出自身有改造意愿的社区,采取工作坊的模式,让城市设计师、建筑师与社区代表、基层社会工作者共同工作开展社区微更新;"趣城地图"借助创意手绘和认知地图,为读者描绘出直观而又富有吸引力的城市图景;"趣城美丽都市计划"通过向规划设计等相关领域的专业人士以及社会各界征集特定场所的设计方案,来对尺度不大的节点片区进行设计,并将入选方案作为试点加以实施;"趣城盐田"聚焦更加微观的公共艺术领域,对深圳市盐田区开展包括艺术装置、小品构筑、景观场所在内的三类方案征集。深圳"趣城计划"体现了深圳城市更新运作思路的转变,从过去的计划性走向自发性,从单一政府管理走向社会共治。

7.3
上海城市更新实施路径

7.3.1 "区域评估—实施计划"管控与更新试点行动

"区域评估、实施计划"相结合的工作方式是上海开展城市更新的主要管控方式,以此对城市更新项目进行立项,确定城市更新项目的工作方向和重点。因此,在城市更新项目实施之前,需要通过全面系统的区域评估对城市更新区域进行详细摸底(表7.15,图7.28),划定城市更新单元,明确公共要素清单。之后在区域评估的基础上编制城市更新单元规划方案,形成城市更新实施计划,以此作为城市更新实施的依据。

---

① 具体参见:https://wenku.baidu.com/view/743da39bf80f76c66137ee06eff9aef8951e4801.html。

续表

表7.15 上海静安区不夜城地区城市更新评估工作流程

时　　间	工　作　内　容
2015年2月	静安区规划和土地管理局启动不夜城地区城市更新规划研究工作
2015年5月20日	静安区规划和土地管理局组织召开不夜城地区城市更新规划专家评审会
2015年7月	形成区域评估工作方案
2015年7月30日	市规土局到区里调研城市更新工作推进情况，对城市更新工作提出指导意见
2015年9月9日	静安区区委听取不夜城城市更新工作推进情况报告，提出指导意见
2015年10月	静安区规划和土地管理局在城市设计整体研究工作基础上组织编制区域评估报告
2015年11月	开展相关部门的访谈以及天目西路街道居民的公众参与问卷调查工作
2015年11月19日	组织召开评估报告的专家评审会
2016年2月26日	报请审批《上海市不夜城地区城市更新评估报告》

资料来源：上海市静安区规划和土地管理局. 关于报请审批《上海市不夜城地区城市更新评估报告》的请示[EB/OL].（2016-02-26）[2018-10-22]. http://www.jingan.gov.cn/xxgk/016021/016021003/20160229/89a6b0f0-d744-4afa-aa2e-c60ffd8a2f0b.html.

图7.28 上海"12+X"四大行动计划项目分布图（2016年）

资料来源：房天下. 上海市规划和国土资源管理局. 沪启动城市更新"四大行动计划"推进12大重点项目[OL]. (2016-05-25)[2018-10-22]. http://sh.newhouse.fang.com/2016-05-25/21271004.htm.

多种方式的城市更新试点是上海开展城市更新实施最直接的路径，例如2016年上海针对共享社区、产业园区、风貌保护区、休闲空间分别提出的"12+X"四大行动计划（表7.16），通过不同的目标设定和更新对象选择，有目的地开展城市更新实践探索工作。

表7.16 上海城市更新四大行动计划（"12+X"）项目（2016—2017年）

更新维度	区域	项目名称	行动主题
共享社区计划	普陀	曹杨新村	乐活社区、幸福朝阳
	普陀	万里社区	魅力社区、悦行万里
	浦东	塘桥社区微更新	用思想创造空间，用文化点亮社区
	长宁	长宁区天山社区更新	—
	闵行	上海戏剧学院改造	—
创新园区计划	浦东	张江科学城科创社区更新	活力张江，科创之城
	静安	环上大影视产业社区建设	四区联动，融合共生
	闵行	紫竹高新区双创环境营造	双创紫竹，活力小镇
魅力风貌计划	黄浦	外滩社区197街坊等	回眸外滩历史，重现街坊风貌
	徐汇	衡复风貌区整治	—
	杨浦	长白社区228街坊	延续历史文脉，留存上海乡愁
	静安	安康苑改造	—
	长宁	上海生物制品研究所改造	—
	虹口	虹口区多伦路1号地块项目	—
休闲网络计划	浦东、黄浦	黄浦江两岸慢行休闲系统	漫步滨江，畅游黄浦 滨江漫步，悦动上海
	静安、长宁	苏州河岸线休闲系统	三轴三区，能级提升
	徐汇	万体馆开放健身休闲空间	顶级赛事万体，休闲网络社区

整理自：房天下. 上海市规划和国土资源管理局. 沪启动城市更新"四大行动计划"推进12大重点项目[OL]. (2016-05-25)[2018-10-22]. http://sh.newhouse.fang.com/2016-05-25/21271004.htm.

7.3.2 多渠道的社区微更新

（1）行走上海——社区空间"微更新"计划。"多方参与、共建共享"是《上海市城市更新实施办法》提出的工作原则。2016年上海市规划和国土资源管理局组织开展了"行走上海——社区空间微更新计划"，通过激发公众参与社区更新的积极性，实现社区治理的"共建、共治、共享"[65]。社区空间微更新计划每年选取11个试点进行实践①，以志愿设计师和公益活动的形式推进，并适当给予设计师一定的补贴和奖励。计划涉及的更新对象包括小区的方方面面，如小区广场、街角小公园、修车摊、街道环境等，其中2016年选取的11个项目的主要对象为小区绿地、广场、活动空间、垃圾房等，2017年选取的11个项目主要为风貌保护街坊、公共活动广场、公共艺术品、街道沿线（图7.29，图7.30）、入口广场及小区内部空间（表7.17）。计划搭建起了社区居民、专业人士与师生（规划师、建筑师、艺术家、高校学生等）等参与微更新的工作平台，吸纳社会各方共同探索社区微更新的新路径。通过两年实践形成了一套稳定的工作路径：试点筛选—任务书发布—征集方案—方案评审—方案实施—试点改造实施。

表7.17 行走上海——社区空间微更新计划（2016年、2017年）

2016年		2017年	
区县	项目	区县	项目
长宁区	华阳街道大西别墅	黄浦区	南京东路爱民弄
	华阳街道金谷苑		南京东路街道天津路500号里弄
	仙霞街道虹旭小区	徐汇区	徐家汇街道西亚宾馆底层空间
	仙霞街道水霞小区		虹梅路街道桂林苑公共空间
浦东新区	塘桥街道金浦小区入口广场	虹口区	曲阳路街道东体小区中心绿地
青浦区	盈浦街道复兴社区航运新村活动室外部空间		曲阳路街道虹口区民政局婚姻登记中心入口
静安区	大宁街道上工新村	杨浦区	五角场街道政通路沿线
	大宁街道宁和小区		五角场镇翔殷路491弄集中绿地
	彭浦新村艺康苑	普陀区	万里街道大华愉景华庭入口广场
徐汇区	康健街道茶花园		万里街道万里城四街坊中心绿地
普陀区	石泉街道	长宁区	北新泾街道平塘路金钟路口街角绿地

根据相关资料整理：上海启动"行走上海2016——社区空间微更新计划"[OL]. (2016-05-08)[2018-10-22]. http://www.shanghai.gov.cn/nw2/nw2314/nw2315/nw4411/u21aw1128103.html.

---

① "'行走上海微更新计划'是由市规土局推进的，但这些项目又不是规土局指定的，而是各个区、街道甚至居民上报的，基层干部和公众的意识、能力和积极性直接影响到项目实施。"来源："行走上海"空间微更新计划实施两年 项目从社区内部走向街区[OL]. (2017-05-09)[2018-10-22]. http://sh.eastday.com/m/2017ddh/u1a10562876.html.

图 7.29 "行走上海 2016——社区空间微更新计划"启动仪式现场活动

资料来源：陈成. 行走上海2016——社区空间微更新计划[J]. 公共艺术，2016（4）：5-9.

图 7.30 2017 年"行走上海"中政通路的绿化带和店招改造设计

资料来源：http://www.wenming.cn/syjj/dfcz/sh/201704/t20170417_4185499.shtml。

(2)"缤纷社区"行动计划。

2016年年底以来,上海市浦东新区开展了"浦东新区缤纷社区更新规划和试点行动计划"(以下简称"缤纷社区计划")。"缤纷社区计划"采取"1+9+1"工作框架,即一个社区规划、九项微更新(运动场所、口袋公园、活力街巷、艺术空间、慢行网络、林荫道、破墙行动、公共活动)、一个互动平台[①],由浦东区政府组织实施,搭建多主体的协作更新平台。纳入计划的项目一般为与居民生活息息相关的小尺度公共空间改造、公共服务设施建设、增加公共绿化、优化交通网络等,如南泉路通过微更新打造居民

图7.31 塘桥南泉路休闲广场

图7.32 福山路上普通道路变身彩色跑道
资料来源:李继成,刘思弘."缤纷社区"进行时[N/OL].浦东时报,2017-07-04(6).

休闲广场(图7.31)、福山路通过微更新将普通道路变成彩色跑道花园(图7.32)、各社区住宅山墙绘制彩色巨型墙体画(图7.33)等。设计师、居民、媒体、高校师生等群体纷纷参与到缤纷社区的建设中,如在塘桥南泉路休闲广场的改造过程中,同济大学师生深入社区全面听取居民的意愿,解决居民的痛点,在8个投标方案中以高分中标。南泉路休闲广场更新活动作为社区自治的一种形式,通过自下而上的参与式设计让群众共享成果:广场上原有的升旗台改为社区的表演场地和市民休憩地;报刊栏深入花架折廊中而深受居民欢迎;广场入口处增设码头工人雕塑以注入文化元素等。截至2017年6月,"缤纷社区计划"推进的约50个更新行动项目中,三分之一的项目已基本竣工,三分之一的项目已完成设计并进入施工阶段,其余项目也已进入设计阶段。[②]截至2018年9月,浦东新区"缤纷社区计划"已有84个项目完成[③],形成了可推广复制的实践经验。

---

① "1"个社区:一个社区规划对应一个街道,打造更加便捷、更加人性化的15分钟社区生活圈,完成"一张蓝图"的工作安排;"9"项微更新:运动场所、口袋公园、活力街巷、艺术空间、慢行网络、林荫道、破墙行动、公共活动等微更新活动;"1"个互动平台:即"缤纷内城漫步浦东"的微信公众号,为提高公众参与度提供支撑。
② 王志彦.浦东内城启动"缤纷社区"建设试点,50个更新项目打造"有温度"的社区[EB/OL].(2017-06-29)[2018-10-22]. https://www.jfdaily.com/news/detail?id=57817.
③ http://k.sina.com.cn/article_1737737970_6793c6f2020006hct.html?cre=tianyi&mod=pcpager_news&loc=38&r=9&doct=0&rfunc=73&tj=none&tr=9.

图 7.33 彩色墙绘

资料来源:李继成,刘思弘."缤纷社区"进行时[N/OL].浦东时报,2017-07-04(6).

（3）社区规划师制度。2018年1月，上海杨浦区首创"社区规划师制度"，将同济大学城市规划、建筑、景观专业的12位专家正式聘任为杨浦区社区规划师（图7.34）。2018年4月，上海普陀区签约11名"社区规划师"。2018年6月，上海虹口区人民政府发布《虹口区人民政府办公室关于印发虹口区社区规划师制度实施办法（试行）的通知》（虹府办发〔2018〕17号），规范社区规划师的职责、遴选、培训、评价以及试点安排等内容，为社区规划师制度提供政策支持。上海浦东新区启动"缤纷社区"建设后，也于2018年1月聘请36位业内资深专家担任社区规划导师，2018年4月聘请72名社区规划师，为提升社区空间品质出谋划策，形成全区"36+72"，每个街镇"1+2"的技术指导模式，确保一对一全过程指导"缤纷社区"建设，以专业技术力量引领社区微更新①。社区规划师制度的重要意义在于：通过社区与专业规划师的合作提高公共空间建设水平；组织居民参与规划设计，形成"自上而下"与"自下而上"紧密结合的社区设计模式。

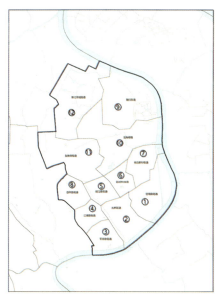

聘用社区规划师名单

序号	姓名	职务	结对街道镇
1	王红军	同济大学建筑与城市规划学院 建筑系副教授	定海
2	陈泳	同济大学建筑与城市规划学院 建筑系教授	大桥
3	徐磊青	同济大学建筑与城市规划学院 建筑系教授	平凉
4	匡晓明	同济大学建筑与城市规划学院 城市规划系教师 高级规划师	江浦
5	黄怡	同济大学建筑与城市规划学院 城市规划系教授	控江
6	梁洁	上海同济城市规划设计研究院 主任总工 高工	延吉
7	王伟强	同济大学建筑与城市规划学院 城市规划系教授	长白
8	张尚武	同济大学建筑与城市规划学院副院长 城市规划系教授	四平
9	王兰	同济大学建筑与城市规划学院院长助理 城市规划系教授	殷行
10	刘悦来	同济大学建筑与城市规划学院 景观学系教师 高级规划师	五角场
11	董楠楠	同济大学建筑与城市规划学院 景观学系副教授	五角场镇
12	杨贵庆	同济大学建筑与城市规划学院 城市规划系 系主任 教授	新江湾城

图7.34 杨浦区社区规划师名单
资料来源：黄尖尖. 杨浦首创"社区规划师制度"，本土社区微更新项目，有了专业设计力量就是不一样[OL]. (2018-01-11)[2018-10-22]. https://www.shobserver.com/news/detail?id=76634.

---

① 具体参见：http://pdxq.sh.gov.cn/shpd/news/20180315/006001_641ea09d-03e6-447c-9fa6-a8051440c660.htm。

7.3.3 上海城市更新的典型实践

（1）杨浦区228街坊：历史建筑街坊的保留利用

上海市杨浦区长白社区228街坊内的12栋"两万户"建筑始建于20世纪50年代初，是上海历史上成规模的"两万户"新村，也是目前上海仅存的完整成片的此类街坊，历史价值不言而喻。这里的建筑经历几十年时代变迁，其破败的房屋和老化的环境设施已无法满足人们对居住品质的需求。过去，对这里的规划采用了拆除重建为住宅和商业区的传统旧区改造思想，但近年来上海城市更新理念和认识的转变则给予了228街坊保留重生的机会。

2015年，杨浦区政府主动提出将228街坊内的"两万户"建筑进行整体保留，根据《上海市城市更新实施办法》及其细则开展更新试点，通过功能置换等加以改造和利用。上海市规土局在2016年5月将该项目选为全市城市更新（"12+X"）示范项目，列入四大行动计划中的"魅力风貌计划"之中。"两万户"城市更新由区规土局、区旧改办、区文化局、区房管局以及相关街道等各方成立的城市更新工作领导小组组织工作，负责更新工作涉及的重大事项决策。按照上海城市更新的相关政策要求，228街坊"两万户"城市更新项目实践了区域评估和实施计划相结合的工作制度，成为通过区域评估有针对性地补充各类公益设施，打造开放式的低密度、高品质慢行街区和小型公共活动中心，以激发地区活力的典型案例。该项目同时探索了城市更新项目联动开发的利益平衡机制，即通过开发量异地转移统筹平衡地实现地区发展共建共赢（图7.35，图7.36）。

228街坊城市更新区域评估工作通过现场调研、公众访谈、问卷调研获取基层信息，并结合地区发展诉求梳理现状问题，明确更新导向。工作注重对公共要

图 7.35 长白社区 228 街坊规划总平面图　　图 7.36 长白社区 228 街坊规划功能分区
资料来源：上海营邑城市规划设计股份有限公司.杨浦区长白社区228街坊"两万户"城市更新[OL].[2018-10-22].http://www.shyygh.com/index.php?a=lists&catid=18.

素，特别是公共服务设施和公共开放空间的评估[①]：① 在公共服务设施方面，对控规编制单元内的社区级公共服务设施开展规模和服务范围评价，并更进一步依据《上海市15分钟社区生活圈导则（试行）》的相关要求，对更新地块周边300m、500m范围内的社区级以下设施进行现状调研和评估，然后结合公众参与结果，有针对性地要求补充与居民生活关系最为密切的公益性设施，以及公厕、公共停车场等市政基础设施体系；② 在公共空间方面，评估方案提出"质量做加法、总量做减法"的调整思路，通过开发量异地转移、降低开发强度、增补公共空间等手段，缓解老旧社区的空间局促问题；③ 在历史保护方面，评估要求对街坊内12栋"两万户"建筑进行整体保留，并在规划中设立"两万户"陈列馆、"两万户"体验型旅馆。

之后项目在城市更新区域评估的基础上，开展控制性详细规划的局部调整工作，"形成控规优化清单以及城市更新单元公共要素清单（表7.18，表7.19），明确各系统更新要素及其急迫程度，并制订出项目实施计划，以便日后分步推进"[②]。规划在草案的公示阶段，市区两级政府规划部门还组织了"忆时光、话当年、寄展望、谈未来"的对话活动，促进和加深了市民对更新项目的认识。

表7.18 控规优化清单内容一览表（基础控制指标）

内容	沿用的既有规划控制要求	评估建议控制要求
功能定位	部分沿用	保留现状"两万户"建筑；引入特色商业、创业办公、文化展示等复合功能；打造杨浦区中部地区开放式的特色众创街坊；考虑周边居民的实际需求，配设亟需的社区配套服务设施及公共开放空间
土地使用	局部调整，保留部分现有住宅、变电站	调整N1-01地块用地性质，由商住混合用地（R3C2）调整为商办混合用地（C2C8）；调整N1-04地块用地性质，由住宅（R2）调整为公共绿地（G1）；N1-01地块综合设置净菜超市一处，建筑面积不小于2000m^2；设置一条东西向内部通道，宽度不小于8m；综合设置儿童游乐场、室内健身点各一处；综合设置公共停车场（库）一处，车位不少于50个；综合设置公共厕所一处

---

① 具体参见：周舜珏.从旧城改造迈向城市更新——以杨浦区228街坊为例[C]//2017中国城市规划年会论文集，2017.
② 同上。

续表

内容	沿用的既有规划控制要求	评估建议控制要求
建设规模	沿用	总量不突破；通过保留的"两万户"建筑和新建建筑来满足控规中原有的商业建筑量；既有规划中的住宅量和拆除需补的住宅量进行全区转移平衡
人口规模	沿用	由于功能的改变及用地性质的改变，人口数量减少
开发强度	沿用	"两万户"建筑保留区域以优化和提高空间品质为主；结合周边居住社区日照分析，降低N1地块开发强度；建筑总量减少
建筑高度	沿用	新建建筑高度控制在60m，并通过日照分析最终确定

资料来源：周舜珏. 从旧城改造迈向城市更新——以杨浦区228街坊为例[C]//2017中国城市规划年会论文集，2017.

表7.19 城市更新单元公共要素清单

内容	类型		控制要求	急迫程度
功能定位	—		填补社区配套设施缺口，营造特色商业、创业办公、文化展示等复合功能，增加社区公共服务设施和公共开放空间	急迫
公共设施	社区级	文化设施	—	—
		体育设施	有缺口，建议在社区级公共服务设施储备用地内增加该类设施，有条件情况下开放学校内体育设施作为社区级体育设施使用	一般
		养老设施		
		行政设施	有缺口，建议在社区级公共服务设施储备用地内增加该类设施	一般
		商业设施	有缺口，建议在228街坊内设置社区级配套设施，设置一处净菜超市，其建筑面积不小于2000m²	急迫
	邻里级	文化活动站	有缺口，建议结合社区级文化设施或邻里中心综合设置	一般
		游泳馆	有缺口，在周边社区级服务设施备用地增设	一般
		养育托管中心	有缺口，在周边社区级服务设施备用地增设	一般
	街坊级	儿童游乐场	有缺口，增设	一般
		室内健身点	有缺口，增设	一般

续表

内容	类型	控制要求	急迫程度
历史风貌	"两万户"建筑	对"两万户"建筑整体保留，进行修缮和功能置换	—
生态环境	—	改善街区内整体的空间环境品质	—
慢行系统	—	营造开放式街区；优化长白路、安图路等周边道路的断面形式	—
公共开放空间	—	保留"两万户"中心花园，以及西南侧多层住宅拆除后形成的开放空间，为该地区塑造一个开放性的社区活动中心	急迫
城市基础设施和城市安全	—	保留现状变电站；综合设置公共停车场（库）一处，车位数不少于50个；综合设置公共厕所一处；在街坊内设置一条东西向公共通道，加强内外的连通性和可达性，具体位置和形式由城市设计方案确定	急迫

资料来源：周舜珏. 从旧城改造迈向城市更新——以杨浦区228街坊为例[C]//2017中国城市规划年会论文集，2017.

对历史建筑的整体保留使得原来规划的地块开发量无法完全实施，区有关部门研究决定对"两万户"项目进行开发量的异地转移来实现统筹平衡，通过"开放量捆绑"，街坊的剩余开发量分别被转移至杨浦滨江地区的5个开发地块内（表7.20），以用于提升滨江地区的功能与活力。2016年12月，上海市人民政府正式批复了长白社区N1街坊（228街坊）的控规局部调整，目前该项目已完成土地出让前评估工作，处在建筑方案深化研究的新阶段（图7.37）。

表7.20 城市更新区内跨社区开发量异地转移统筹平衡内容

社区	统筹平衡内容
长白社区N1街坊	① N1街坊保留原规划中一半的建筑开发量，其余开发量转移至平凉社区； ② 保留12栋"两万户"建筑，在不影响整体风貌的前提下允许对保留建筑进行适当改扩建； ③ 在N1街坊内引入商业、办公、文化等复合功能，营造开放式有活力的街区； ④ 综合设置社会停车场、儿童游乐场、净菜超市、公厕等公共配套服务设施，提升地区公共服务设施； ⑤ 在街坊内增加公共绿地及内部通道，形成良好的公共空间体系，提升空间环境品质

续表

社　区	统筹平衡内容
平凉社区03B1、01E4、01F2、01C5、01B4街坊	将长白社区N1街坊中减少的住宅开发量调整至平凉社区03B1、01E4、01F2、01C5、01B4街坊，相应调整各地块的容积率及建筑高度，并增加相应的公共服务设施

资料来源：上海杨浦区规划和国土管理局. 杨浦区长白街道N090702单元（长白社区）控制性详细规划N1街坊、平凉街道C090101单元（平凉社区）控制性详细规划01B4、01E4、01C5、01F2、平凉街道C090103单元（平凉社区）控制性详细规划03B1街坊局部调整（公众参与草案）[EB/OL]. (2016-08-22)[2018-10-22]. http://gtj.shyp.gov.cn/gtj/ghgs/20160802/70062.html.

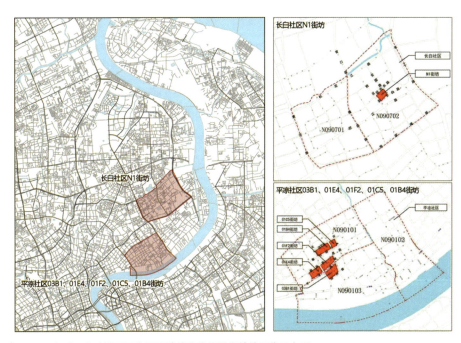

图 7.37 杨浦区内跨社区开发量异地转移统筹平衡地块区位示意图

资料来源：上海杨浦区规划和国土管理局. 杨浦区长白街道N090702单元（长白社区）控制性详细规划N1街坊、平凉街道C090101单元（平凉社区）控制性详细规划01B4、01E4、01C5、01F2、平凉街道C090103单元（平凉社区）控制性详细规划03B1街坊局部调整（公众参与草案）[EB/OL]. (2016-08-22)[2018-10-22]. http://gtj.shyp.gov.cn/gtj/ghgs/20160802/70062.html.

（2）上海西岸：成立国有开发集团开展滨江地区城市更新

上海西岸（West Bund）位于徐汇区东部黄浦江畔（图7.38），是后世博时代起徐汇滨江地区的全新称谓和城区品牌，岸线长11.4km，面积9.4km^2，开发总量950万m^2。上海西岸所在的徐汇滨江地区曾是中国近代民族工业的摇篮之一，曾集聚了包括龙华机场、上海铁路南浦站、北票煤炭码头、上海水泥厂等众多重要的

图 7.38 上海西岸区位图

资料来源：上海西岸集团. 地理位置[OL]. [2018-10-22]. http://www.westbund.com/cn/index/VISITORSS-GUIDE/Location/Location.html.

民族企业（表7.21），是当时上海最主要的交通运输、物流仓储和生产加工基地，承载了中华百年民族工业历史[①]。

表 7.21 上海西岸近代主要民族企业

企业名称	时间段	简　介
铁路南浦站	1907—2009年	始建于清光绪三十三年（1907年），是当时全国3个可以进行水陆转运的站场之一。 "九一八"事变后开始由货运转为客运，更名为日晖港站。在淞沪抗战的硝烟下承担着上海客、货运的重任。 20世纪50年代定名为上海南站，于20世纪80年代被改造成码头，成为当时上海铁路地区唯一拥有自备专用码头的车站
龙华机场	1917—2008年	1917年建设成大型机场。作为中国民航的发源地，是我国最早建成的大型机场，也是世界上运营时间最长的机场。 1922年被称为"龙华飞行港"，龙华机场在20世纪40年代曾为东亚最大的国际机场。 1952年军委民航局上海站（亦称上海航站）在龙华机场成立，龙华机场一度成为新中国的航空门户
上海水泥厂	1920—2009年	中国第一家湿法水泥厂，是国内现代大型企业之一，拥有完整的生产流线。上海海关楼和国际饭店等都用该厂的象牌水泥建造

① 具体信息可参见上海西岸官方网站：http://www.westbund.com/cn/。

续表

企业名称	时间段	简　介
北票煤炭码头	1929—2009年	1949年以后华东地区的能源中心
上海合成剂厂	1948—2009年	生产的"白猫"牌洗涤用品曾是每家每户的生活必备品
上海飞机制造厂	1950—2009年	我国首次自行研制、自行制造的大型喷气式客机运-10的诞生地

根据相关资料整理：上海西岸集团. 历史变迁 [OL]. [2018-10-22]. http://www.westbund.com/cn/index/ABOUT-WEST-BUND/History/West-Bund-History.html.

　　参考巴黎左岸和伦敦南岸，上海西岸以棕地复兴为目标、以上海世博会举办为契机，遵循"规划引领、文化先导、生态优先、科创主导"的发展策略，开启从生产性岸线向生活性岸线的全面转型。上海西岸的更新建设与管理经历了不同阶段：① 徐汇滨江地区借由上海世博会契机启动城市更新，一期工程开发从2007年到2010年世博会结束；② 2010年上海市启动包括世博会场在内的"黄浦江两岸综合开发计划"，徐汇滨江区成为上海市"十二五"规划六大重点建设功能区之一；③ 2012年上海徐汇区委、区政府决定成立上海西岸开发（集团）有限公司（以下简称"西岸集团"），深化实施一期项目，并建设开发二期工程（表7.22）。自此，逐步拥有上海徐汇土地发展有限公司、上海光启文化产业投资发展有限公司、上海徐汇滨江开发建设投资有限公司、上海西岸传媒港开发建设有限公司等9家一级子公司及17家二级子公司的西岸集团，成为负责徐汇滨江地区综合开发建设的重要国有独资企业集团。

表 7.22　上海西岸发展历程中的主要事件（2008－2016年）

时　间	主　要　事　件
2008年	上海市启动"黄浦江两岸综合开发计划"，该计划成为徐汇滨江综合开发的契机
2008年	徐汇滨江公共开放空间项目启动
2010年5月1日	公共开放空间建成并对外开放
2010年12月29日	上海国际航空服务中心及适航审定中心奠基仪式成功举办
2011年12月21日	中国共产党上海市徐汇区第九次代表大会召开，提出实施"西岸文化走廊"品牌工程，确立"文化先导、产业主导"的开发思路

续表

时间	主要事件
2012年7月7日	龙美术馆、余德耀美术馆签署落户西岸协议
2012年9月30日	首届西岸音乐节成功举办,成为西岸一年一届的品牌活动之一
2012年12月28日	上海徐汇滨江地区综合开发建设管理委员会、上海西岸开发(集团)有限公司成立暨管委会第一次会议
2013年4月9日	上海西岸艺术品保税发展有限公司成立
2013年9月4日	上海西岸传媒港开发建设有限公司成立
2013年10月20日	首届西岸建筑与当代艺术双年展盛大开幕,成为西岸两年一届的品牌活动之一
2014年3月20日	西岸传媒港旗舰项目"上海梦中心"正式启动
2014年7月28日	上海西岸华券企业发展有限公司成立
2014年9月25日	首届西岸艺术与设计博览会在西岸艺术中心开幕,成为西岸一年一届的品牌活动之一
2014年12月30日	滨江城开中心项目签约及启动仪式成功举办
2015年1月	《黄浦江两岸地区公共空间建设三年行动计划(2015年—2017年)》出台,为加快徐汇滨江综合开发进程提供实施纲领
2015年3月27日	西岸艺术专家委员会第一次正式会议召开,宣布委员会成立
2015年9月8日	西岸文化艺术示范区落成开放
2015年11月	斜土街道和龙华街道与徐汇滨江地区共同组成徐汇滨江文化金融功能集聚区,徐汇滨江经济发展有限公司企业服务中心成立
2016年1月30日	西岸规划建设专家委员会成立

根据相关资料整理:上海西岸集团. 历史变迁[OL]. [2018-10-22]. http://www.westbund.com/cn/index/ABOUT-WEST-BUND/History/West-Bund-History.html.

西岸集团成立之后逐步通过规划与土地等政策引入各类资源共同建设文化设施,西岸文化艺术功能随着画廊、艺术机构、艺术资源等的进入而逐步完善,如龙美术馆、西岸艺术保税仓库等。与此同时,上海西岸的音乐节、双年展、艺术博览会等一系列活动的组织,也在不断扩大西岸地区的社会影响[66]。文化既强化了"西岸"品牌,也帮助推进着西岸地区三个片区的产业发展:① 西岸传媒港。以影视服务、数字传媒、文化会展等功能为主,打造国际知名的文化传媒总部基地;② 西岸智慧谷。以人工智能、航空服务、生命健康、信息科技服务等功能为主,布局西岸智慧谷和西岸国际人工智能中心;③ 西岸金融城。是提前规划和科学布局的金融功能区,助力发展文化金融合作示范区(表7.23)。

表7.23 上海西岸产业布局情况

片区	规模	入驻企业	产业业态
西岸传媒港	占地面积：19万m² 建筑面积：100万m²	上海梦中心、腾讯、湖南卫视、游族、国盛集团、大众滨江、诺布	影视服务、数字传媒、文化会展等
西岸智慧谷	占地面积：63.8万m² 建筑面积：112万m²	小米、商汤、特斯联、联影、思必驰、东方网力、眼控科技	人工智能、航空服务、生命健康、信息科技服务等
西岸金融城	占地面积：89万m² 建筑面积：170万m²	上海文化产业双创母基金、华人文化投资基金、东方明珠文化投资基金等	创新金融

根据相关资料整理：上海西岸集团. 重点项目[OL]. [2018-10-22]. http://www.westbund.com/cn/index/KEY-PROJECTS/All-Projects/show_list.html.

上海西岸的城市更新实践得益于系统化的城市规划支撑。2003年上海编制《黄浦江南延伸段结构规划》，明确了徐汇滨江各个功能区块的结构性划分，之后于2008年编制相关地区的控制性详细规划，确定了徐汇滨江的空间结构、功能定位、开发规模等核心内容，逐步形成了土地开发和再开发的法定依据（图7.39，图7.40）[66]。接下来，国际方案征集、配套专项规划、相关节点设计等更为丰富的规划形式和成果，为西岸的发展提供了重要技术支持，如2012年的《徐汇西岸传媒港城市设计暨整体建设》，根据《黄浦江两岸地区公共空间建设三年行动计划（2015年—2017年）》编制的涵盖交通、市政、基础设施、智慧设施等各个方面的专项规划等①。

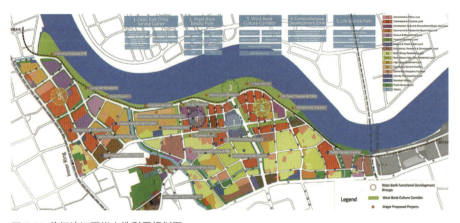

图7.39 徐汇滨江西岸土地利用规划图
资料来源：Aedas. 徐汇西岸传媒港城市设计暨整体建设[Z]. 2012-08.

---

① 主要涉及6项专项规划，分别为：交通组织专项规划，市政公共和城市管理设施专项规划，岸线利用专项规划，地下空间、管线综合及竖向系统规划，灯光夜景和广告标识专项规划，智慧西岸专项规划。

图 7.40 徐汇西岸传媒港城市设计总平面图

资料来源：Aedas. 徐汇西岸传媒港城市设计暨整体建设[Z]. 2012-08.

（3）静安区彭浦镇美丽家园社区：依托社区自治模式的公共参与[①]

为探索通过社区自治、共治来提升社区环境与改善居住水平，原闸北区（现合并为静安区）于2015年7月启动"美丽家园建设"工作。受区里委托开展的彭浦镇美丽家园社区规划探索提出了社区P＋P（Planning+Participating）模式，即动态规划和自治共治相结合的社区规划理念。在美丽家园建设进程中，规划师深入社区，依托居委会搭建的"三会一代理""1＋5＋X"等交流平台，充分听取居民反映的问题和需求，多次与居委会、业委会、物业、居民等就规划方案交换意见，通过规划引导居民共同参与住区的自治与共治（图7.41）。"三会一代理"即社区居委会负责搭建的决策听证会、矛盾协调会、政务评议会、群众事务代理制度（以下简称"三会一代理"）[②]，对居民相关事务发挥"事前听证""事中协调"与"事后评议"的作用。"1＋5＋X"平台中，"1"为居民区党总支，"5"为社区

[①] 具体参见：http://blog.sina.com.cn/s/blog_15b1064ef0102y0bg.html。

[②] "三会一代理"的主要功能在于：（1）"事前"听证，区、社区（街道）和居民区在实施涉及群众性、社会性、公益性的实事项目前，召开听证会征求各方意见，力求民主、科学决策；（2）"事中"协调，对公益性、社会性事务和利益矛盾，召开协调会进行协商解决，或由党组织、自治组织等出面代理，帮助群众向有关部门、机构反映正当诉求，维护合法权益；（3）"事后"评议，对听证会、协调会实施项目的成效和部门履职情况进行评估，高效解决群众问题。

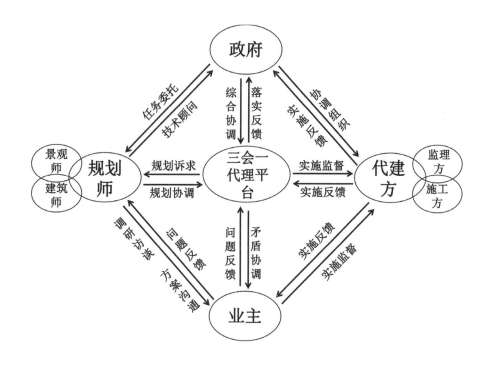

图 7.41 社区规划 P+P 模式框图
资料来源：TJUPDI.社区规划——上海市静安区彭浦镇美丽家园社区更新实践[OL].(2016-04-22)
[2018-10-22]. https://mp.weixin.qq.com/s/n2s-YdP7dsStARzdyTRyKA.

民警、居委会主任、业委会主任、物业公司负责人、群众团队和相关社会组织骨干队伍等，"X"为社区在职党员、驻区单位负责人等，平台建设旨在提升社区动员效果，做实全民参与，引导社会组织实现自我管理。彭浦镇美丽家园社区规划的主要内容包括安全维护、交通组织、环境提升、建筑修缮四个方面，项目进程分为策划、调研与方案编制、公众决策、施工、管理维护五个阶段：在策划阶段，规划师配合政府开展意愿筛查；在调研与方案编制阶段，规划师充分听取居民意见，利用社区自治模式开展方案的意见征集和反馈，搭建起规划师、政府、业主、代建方沟通的平台；在方案决策阶段，全体居民进行投票表决，2/3以上人数同意即可生效；在施工阶段，规划师协调实施，业主负责监督；在管理维护阶段，建成后的环境设施交由居委会、物业、业主进行管理维护。彭浦镇美丽家园社区规划不仅改造提升了社区环境，还从社会关系建构、基层自治机制等方面实现了社区更为长远的发展（图7.42）。

图 7.42 美丽家园建设过程照片

资料来源：TJUPDI. 社区规划——上海市静安区彭浦镇美丽家园社区更新实践[OL]. (2016-4-22) [2018-10-22]. https://mp.weixin.qq.com/s/n2s-YdP7dsStARzdyTRyKA.

（4）"创智农园"与"百草园"：社区花园系列空间微更新实验[①]

"社区花园是社区民众以共建共享的方式进行园艺活动的场地，其特点是在不改变现有绿地空间属性的前提下，提升社区公众的参与性，进而促进社区营造"[②]。2014年以来，同济大学景观系师生通过在上海开展多种类别绿地空间的微更新与运营维护活动，不仅有效提升了上海高强度开发地区的开放空间品质，并借由这个民众共建花园的过程实现了公众参与与社区凝聚。截至2018年下半年，同济团队已经在上海市开展了约40个"社区花园"的更新实践，探索出了相对成熟的"参与型"园艺建设与微空间改造的方法与路径。团队针对住区型、街区型、校园型等不同类型用地中绿地的产权特征、使用主体、参与主体的不同而采取差异化的更新策略[③]，向上善用政府政策与改造资金来源，向下以使用者的关切作为设计出发点，形成了"居委主导、居民参与""完全居民自组织"等多元化的改造模式。社区花园建设强调不同年龄、行为习惯、职业群体的全天候共同使用，并以"事件"和"活动"策划为导向，深入考虑建设全过程的运营维护。由于这种微更新从细微处深刻影响着社区居民的日常生活行为习惯，使得曾经少有

---

① 根据相关资料整理：刘悦来，尹科娈，葛佳佳.公众参与 协同共享 日臻完善——上海社区花园系列空间微更新实验[J]. 西部人居环境学刊, 2018, 33(4): 8-12; 刘悦来，尹科娈，魏闽，王莹.高密度城市社区花园实施机制探索——以上海创智农园为例[J]. 上海城市规划, 2017(4):29-33; 刘悦来，尹科娈，魏闽，等. 高密度中心城区社区花园实践探索——以上海创智农园和百草园为例[J]. 风景园林, 2017(9): 16-22; 刘悦来, 范浩阳, 魏闽，等. 从可食景观到活力社区——四叶草堂上海社区花园系列实践[J]. 景观设计学, 2017(6): 73-83; 刘悦来. 社区园艺——城市空间微更新的有效途径[J]. 公共艺术, 2016(7):10-15.

② 刘悦来，尹科娈，葛佳佳.公众参与 协同共享 日臻完善——上海社区花园系列空间微更新实验[J]. 西部人居环境学刊, 2018, 33(4): 9.

③ 在不涉及产权变更、开发容量改变、功能转换的前提下，对原有绿化用地开展基于公众参与的深耕细作。

问津的公共空间转化成激活社区活力的催化剂，经典的案例包括杨浦区的"创智农园"和"百草园"等。创智农园的空间设计突出日常服务、社区互动、自然教育三大类功能，农园总体布局分为设施服务区、公共活动区、朴门菜园区、一米菜园区、互动园艺区等[①]，小小场地中的不同区域可以承载多达如公益讲座、跳蚤市场等二十余类具体活动，其日常运营突出社会组织的作用，使之成为联系居民与政、企、校的平台（图7.43）。占地面积仅200m²的百草园一期项目，由街道提供初始建设资金，居委会组织引导，同济大学景观学系指引设计，社会公益组织四叶草堂提供培力支持，以居民参与主导、共建共享形式进行营造和管理[②]，极大地促进了周边区域的社会关系织补（图7.44）。

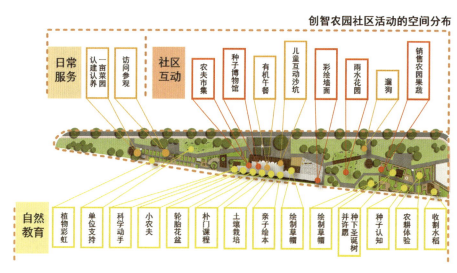

图 7.43 创智农园社区活动的空间分布
资料来源：刘悦来，尹科娈，魏闽，范浩阳. 高密度中心城区社区花园实践探索——以上海创智农园和百草园为例[J]. 风景园林，2017(9)：16-22.

---

① 集装箱改造的室内区域（面积约100m²）及公共区域（面积约290m²）位于农园的中部，两侧为大面积的公共农事区（总面积达1531m²），其中北部朴门菜园区（面积约150m²）有贯通南北的小路和休息座椅。在全园范围内，设置有垃圾分类箱、蚯蚓塔、各类堆肥设施、雨水收集、小温室等可持续能量循环设施。
② 具体参见：刘悦来，尹科娈，葛佳佳. 公众参与 协同共享 日臻完善——上海社区花园系列空间微更新实验[J]. 西部人居环境学刊，2018, 33(4)：8-12.

图 7.44 百草园营造过程
资料来源：刘悦来，尹科娈，葛佳佳.公众参与 协同共享 日臻完善——上海社区花园系列空间微更新实验[J].西部人居环境学刊，2018，33(4)：8-12.

（5）城市设计挑战赛[①]

自2016年起，上海市采用城市设计挑战赛的形式向全球征集指定城市地段的城市设计方案，集社会各界众智为与民生息息相关、广受关注的公共项目群策群力，这同时也是推广城市宣传、引导公众参与、促进城市更新的创新渠道。赛事由上海市规划和国土资源管理局及各区政府主办，由上海市城市规划设计研究院、同济大学建筑与城市规划学院等高校和专业机构承办，参赛对象分为专业组和公众组：专业组面向建筑学、城乡规划、景观园林等专业的高校学生、教师和其他从业者；公众组针对非专业但对上海城市建设具有热情的一般民众。赛事至今已举办三届，从选址到选题目标都在积极探寻城市更新的新方案与新思路，如2016年的衡复风貌区和苏州河两岸地区、2017年的长宁区番禺路沿线地区、2018年的嘉定"南四块"地区和浦东新区民生码头8万吨筒仓周边地区等。城市设计挑战赛每年收获了来自全世界产、学、研单位和一般民众群体的大量参与，这种小成本、大收获的方案咨询手段已经成为上海城市更新实践的有益补充，例如2017年哈佛大学团队的宝山区滨江区域城市设计作品《魅力滨江：事件驱动下的

[①] 根据相关资料整理：http://www.sohu.com/a/146492440_649686；
http://www.sohu.com/a/134167194_295623；
https://sudc.qxqy.sh.cn/#block2；
http://www.shgtj.gov.cn/xxbs/shij/201607/t20160715_689365.html；
https://www.sohu.com/a/138463545_733020。

滨水绿色空间复兴》（Binjiang Attractive: Event-driven Waterfront Public Green Space Revitalization）提出了在空间更新之外，通过建立智能移动终端的空间事件辅助工具，增强人与场地的互动联系（图7.45）。

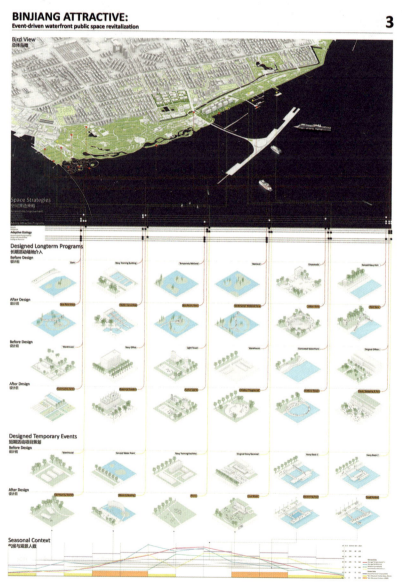

图7.45 2017年二等奖获奖作品《魅力滨江：事件驱动下的滨水绿色空间复兴》（Binjiang Attractive: Event-driven Waterfront Public Green Space Revitalization）节选
资料来源：吴龙峰，陈永辉，陈如一. Binjiang Attractive：Event-driven Waterfront Public Green Space Revitalization[OL].[2018-10-28]. https://sudc.qxqy.sh.cn/achievement/detail/28.

在上述广州、深圳、上海的相关实施路径之外,其他市场和行业力量对城市更新的持续关注和集体推动,也有利于更新实践业务的交流学习和相互促进。例如,2014年深圳成立国内首家城市更新协会,由18家从事城市更新的知名房地产企业发起设立[67],2017年深圳市房地产业协会成立城市更新专业委员会,通过凝聚各方专业力量持续服务房地产行业[68];2017年,广州市城市更新局成立广州市城市更新协会,协会由珠江实业集团、广州市城市更新规划研究院、广州地铁集团等16家企业共同发起,拥有涵盖地产、评估、中介、设计、研究、金融、法律等各行业的113家会员单位[69]。

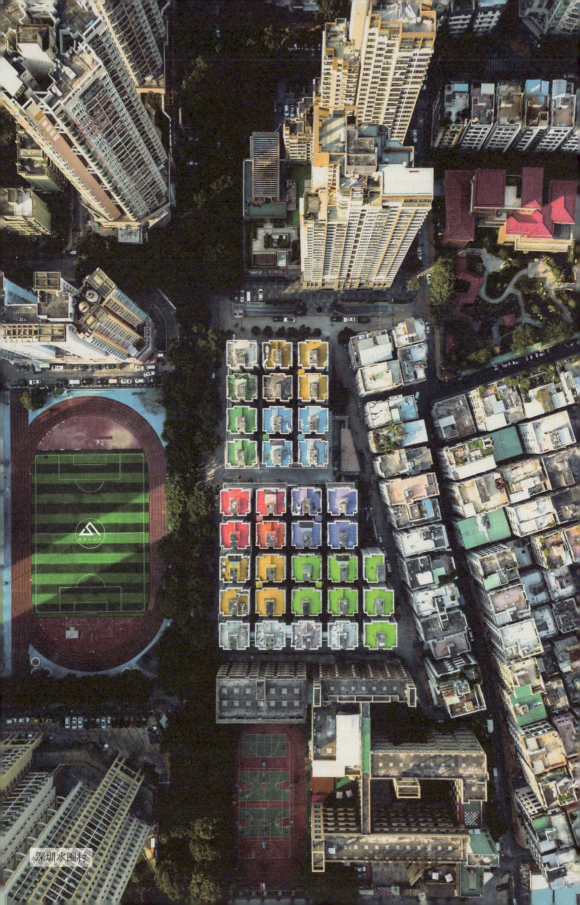
深圳水围村

第 8 章

广州、深圳、上海城市更新执行与经验得失

广州、深圳、上海的城市更新工作先后通过系统化的制度建设，改变了过去零星、分散式的城市更新实践探索状况，将城市更新活动纳入到一个稳定的规范化运作框架中加以管理和实施，从而使得城市更新工作迈上新台阶。2009年至今已近十年，阶段性地回顾与检讨广州、深圳、上海三地近期城市更新活动的目标达成与整体执行情况，有助于发现并总结三地城市更新制度探索中的经验得失，为城市更新制度的优化改进与未来发展提供依据。

8.1 广州、深圳、上海的城市更新目标及执行情况

8.1.1 广州城市更新目标及执行情况

广州最初推进城市青山绿水、蓝天工程和广州亚运工程[①]，充分调动了市场参与"三旧"改造的积极性，实施了一批改造主体意愿强烈、对城市环境和形象改善明显的"三旧"项目。广州亚运会对城市更新的发展产生了两方面影响：一是为了提升城市形象，满足大事件的运作需求，在亚运会前推进的一些向亚运会献礼的更新工程项目，必须依据要求按时实施完成，也带来了高成本和部分改造不合理等问题；二是亚运会筹办的资金投入和城市支出压力，使得政府在赛后重新审视城市更新的土地增值收益分配机制。加之城市更新项目存在分散进行的碎片化问题，需要通过收回部分权限来抑制开发商在城市更新中的过分逐利，因此2012年之后广州更加注重"政府主导"，加大推进"成片连片"改造的力度，如金融城、同德围、广钢新城、民间金融街、万博城等。2012年后广州的"三旧"改造进度明显放缓[②]，城市更新更加注重城市基础设施的配套和完善、历史建筑和文化的保护和传承，以及促进公共利益和城市的可持续发展。

在城市更新局成立之前的"三旧"改造阶段中（表8.1），截至2014年12月，

[①] 广州2010亚运城市行动计划分为城市基础设施与环境建设、亚运服务与城市保障、亚运文化与城市人文、亚运遗产与城市发展4个部分共76个专项计划、739个具体项目，重点通过城市基础设施与环境建设中的八大工程打造新广州，即亚运场馆、重点建设、交通畅通、青山绿地、蓝天碧水、市容改善、人文景观、设施配套。

[②] 根据政府总结，也有认为"三旧"改造并非止步不前，只是体量和方式不同，改造面积和规模实际更大，参见：广州市城市更新局. 积极推动城市更新工作的科学化、规范化、廉洁化水平[EB/OL]. (2016-10-17) [2018-03-22]. http://www.gz.gov.cn/gzgov/s7527/201610/35c9c233e92245008ddfb6bf717c1fb9.shtml.

广州已批的310个"三旧"项目中,旧城占22个、旧村占37个、旧厂占251个,可见改造收益可观的旧厂成为为数最多的更新改造对象。从施工建设的总面积来看,旧城为50.8公顷、旧村为577.7公顷、旧厂为294.8公顷,旧村改造涉及的用地影响面最大,而三者验收完工的面积依次为61.5公顷、100公顷、108.5公顷,旧村与旧厂数量接近,旧城因为产权关系复杂、更新成本投入高等原因,改造面积数相比之下明显偏少。表8.2按照2010年、2012年前、2015年前的时间段落,简要总结了广州城市更新的主要目标及其完成情况。

表 8.1 城市更新局成立前的广州"三旧"改造项目汇总(截至 2014 年 12 月)

类别	项目汇总		前期报建		施工建设		验收完工	
	个数	总面积(公顷)	个数	总面积(公顷)	个数	总面积(公顷)	个数	总面积(公顷)
旧城	22	148.0	9	35.6	9	50.8	4	61.5
旧村	37	1718.8	18	1041.1	16	577.7	3	100.0
旧厂	251	1294.8	173	891.5	59	294.8	19	108.5
合计	310	3161.6	200	1968.3	84	923.3	26	270.0

资料来源:广州市城市更新局. 广州市已批"三旧"改造项目汇总 [EB/OL]. (2015-04-16)[2018-10-22]. http://www.gzuro.gov.cn/csgxjxxgk/7.2/201504/8c8c840fbc814da68d47f57611dbb024.shtml.

表 8.2 广州"三旧"改造完成情况(2009—2014 年)

阶段划分	阶段目标	具体工作	实施效果
2010年	启动44km²"三旧"改造工作	2010—2014年,累计推进城市更新项目101.7km²,平均每年20.34km²	完成50%
	重点完成琶洲、猎德、冼村、林和、杨箕、小新塘、棠下、萧岗、三元里9个"城中村"的清拆工作	完成15条村改造方案审批工作。其中猎德村复建安置房已完工;林和、琶洲村已清拆完毕;杨箕、小新塘村一期已基本拆平;文冲、冼村已着手清拆;三元里等村已开始签订拆迁安置补偿协议;黄埔古村、裕安围村已进行保护性改造	完成三分之二
	开展10个旧城片区整治改造	截至2014年年底,仅批复1项旧城改造项目	完成情况相对滞后

续表

阶段划分	阶段目标	具 体 工 作	实 施 效 果
2010年	开展30个旧厂房改造	全市批复旧厂房改造项目26个，涉及用地面积144.46公顷。其中公益征收4宗、面积13.92公顷；自行改造13宗、面积38.44公顷；公开出让9宗、面积82.80公顷	基本完成
2012年前	基本完成"三旧"改造项目中符合政策的各类历史用地完善手续的办理工作	全市十个区二个县级市共上报申请完善各类历史用地手续的用地为156.17km^2，已于2012年年底在市相关部门的配合下全部完成审核上报省市政府工作	基本完成
	每年按计划有序推进不少于30km^2的"三旧"改造工作	2010—2014年，累计推进城市更新项目101.7km^2，平均每年20.34km^2	完成三分之二
	重点是每年推进10个旧村庄、10个旧城片区和30个旧厂房的改造工作	三年来，共批复199个项目，其中包括174个旧厂、25个旧村，平均每年批复58个旧厂、8个旧村	旧厂改造目标超额完成，旧村改造基本能达到目标，旧城改造相对滞后
	计划拆建房屋1000万m^2	截至2011年，全市已批复23个城中村全面改造方案，涉及用地约14km^2，城中村改造完成后，将拆除有消防安全隐患的房屋1488万m^2以及乱搭乱建的违法建筑884万m^2	预期可完成
	拉动投资1000亿元	2010—2012年，促使220个投资项目落户我市，其中先进制造业项目3个、现代服务业项目217个；直接拉动固定资产投资超过4000亿元，平均每年拉动投资超过1300亿元	超额完成
2015年前	基本完成城市重点区域成片改造重建工作，使旧城区城市面貌和人居环境、土地利用结构和效率得到显著改善	完成了广州国际金融城、广钢新城、大坦沙改造等重点片区改造规划	部分完成
	力争完成52条全面改造的"城中村"改造	52个全面改造的村名单中22条村改造项目已获批复，占总数的42.3%	部分完成

续表

阶段划分	阶段目标	具体工作	实施效果
	基本完成"退二"企业和与城中村改造相关的集体旧厂房土地处置工作，使"三旧"改造工作初见成效	全市城区内工业用地减少8.58km²，商服用地增加5.13km²，共引进250个现代产业投资项目落户	部分完成

资料来源：广州市城市更新局，广州市城市规划勘测设计研究院. 广州市"三旧"改造规划（2010—2020年）评估报告[Z]. 2015.

2015年广州市城市更新局成立后，城市更新工作迈入新的制度化阶段，当年的工作重点为完善政策、理顺机构职责、健全制度与机制等，具体包括：制定城市更新"1+3"配套政策文件、编制城市更新机构"三旧"方案、开展《广州市"三旧"改造规划（2010—2020年）》修编、制定《广州市城市更新2015年度计划（第一批）》、起草《城市更新项目实施方案报批管理规定》《广州市旧村庄改造成本核算指引》等23个配套措施和技术指引。《广州市城市更新2015年度计划（第一批）》包括城市更新改造片区、城中村改造项目、旧厂房改造项目、社区局部改造计划等内容，44个片区改造列入计划，其中正在实施的片区改造项目13个，用地面积约101km²；组织策划的片区改造项目11个，用地面积约18km²；前期研究的片区改造项目20个，用地面积约17km²（表8.3）[①]。

表 8.3 广州城市更新 2015—2018 年度计划汇总（截至 2018 年第一批）[②]

年份	片区策划（面积：km²）		实施计划（面积：km²）							
			合计		全面改造		微更新		土地整备或政府收储	
	数量	面积	数量	面积	数量	面积	数量	面积	数量	面积
2015年（计划）	11	18	13	101	—	—	—	—	—	—
2016年（计划）	6	4.6589	52	19.8842	12	2.4346	38	17.3547	2	0.0931
2016年（完成）	—	—	58	24.54						
2017年（计划）	22	65.4059	111	14.1629	12	0.8593	97	13.0312	2	0.2364

① 具体参见：http://gz.bendibao.com/news/201578/content192358.shtml。
② 2017年政府收储项目为旧厂自主改造与政府收储相结合的改造方式，面积为4.14公顷，项目为中国铁建港航技术总部科技研发基地项目。

续表

年份		片区策划（面积：km²）		实施计划（面积：km²）							
				合计		全面改造		微更新		土地整备或政府收储	
		数量	面积	数量	面积	数量	面积	数量	面积	数量	面积
2017年（完成）		32	75.05	122	16.46	21	—	101	—		
2018年（计划）	第一批	1	6.191	223	42.9527	26	17.8869	174	23.1181	23	1.9477
	第二批	1	123	658	38.5111	3	0.0647	654	38.4278	1	0.0186

注：2015（计划）数据来源于2015年广州市城市更新局近期主要工作；2016年、2017年、2018年（计划）数据来源于城市更新年度计划；2016年、2017年（完成）数据来源于年度工作总结。2017年实施计划中"中国铁建港航技术总部科技研发基地项目"为"旧厂自主改造与政府收储相结合"，本表统计为政府收储项目。

2016年广州编制并组织实施首个"城市更新项目及资金年度计划"，最初计划安排52个项目，用地面积约19.88km²，其中全面改造12个，用地面积约2.44km²，微更新项目38个，用地面积约17.35km²（表8.3）。2016年正式计划更新类项目58个，用地面积约24.54km²，其中改造3个、实施动工8个、完成审批19个、编制方案26个，项目计划实施率96%，累计划拨资金2.61亿元，占计划资金的99%[70]。这一年，广州选取多个老旧小区开展试点，探索微改造模式创新，共计统筹推进老旧小区微改造项目48个，用地面积约10.5km²①。

"2017年城市更新项目和资金计划"②计划安排111个项目，用地面积约14.16km²，其中全面改造项目12个，用地面积约0.96km²，微更新项目97个，用地面积约13.03km²（表8.3），微更新改造数量增长迅速。计划主要以越秀、海珠、荔湾3个老城区为主，其安排财政资金占全市总资金量的45%。2017年城市更新项目突出了两大重点③：① 重点选取能优化城市战略发展的项目④，安排了占计划总用地面积35%的项目在"一江两岸三带"范围内，安排了占计划用地面积47%的项目在城市发展的重点地区内；② 重点选取促进城市功能完善的项目，加强老城区升级改造和文化保护，老城区（越秀、荔湾、海珠区）的更新项目占总量的1/3以上，且主要为老旧小区改造类⑤、历史文化保护类项目。2017年城市更新项目正式

---

① 具体参见：https://711810.kuaizhan.com/44/21/p444341163863e6。
② 具体参见：http://news.ycwb.com/2017-02/08/content_24169140.htm。
③ 具体参见：http://news.ycwb.com/2017-02/08/content_24169140.htm。
④ 项目主要围绕提升"一江两岸三带"、建设"三中心一体系"、打造"三大战略枢纽"等。"一江两岸三带"是指以珠江为纽带，集中沿岸的优势资源、创新要素，构筑两岸经济带、创新带和景观带。
⑤ 全市总计安排老旧小区更新项目93个，用地面积约5.25km²。

计划实施更新类项目122个（全面改造类项目21个，微改造类项目101个），用地面积16.46km²；片区策划类项目32个，用地面积75.05km²，安排城市更新资金4.64亿元。该年，广州共推进老旧小区改造项目90个，安排更新资金2.02亿元[71]。

2018年，广州城市更新年度计划（第一批）①共涉及223个项目，总用地面积约42.95km²。其中，全面改造项目26个，用地面积约17.89km²；微改造项目174个，用地面积约23.11km²；土地整备或政府收储项目23个，用地面积约1.95km²（表8.3）。计划引导城市更新发展的趋势和特点如下②：① 积极推进老旧小区改造工作③，计划安排老旧小区改造项目165个，用地面积约22.32km²；城市慢行系统项目2个，用地面积约0.08km²。投入老旧小区改造项目的资金共计2.31亿元，占安排资金总量的66%④。② 促进城乡统筹发展，大力推进旧村改造，推进城镇化发展，提升城市面貌品质。共计安排旧村庄全面改造项目17个，用地面积约17.74km²；旧村庄综合整治项目3个，用地面积约20.59km²；③ 加大城市土地战略储备，促进存量土地有计划地开发利用，保障城市发展的土地需求。计划安排土地整备或政府收储项目23个，用地面积约1.95km²；④ 促进产业升级，引导产业向高端化、低碳化、集群化、国际化发展。安排国有土地旧厂房自行改造项目9个，用地面积约0.14km²；国有土地旧厂房产业转型升级项目4个，用地面积约0.13km²。

从"三旧改造"到"城市更新"，从"运动式"转向"常态化"发展，城市更新在广州城市发展中的地位日益凸显。从改造的方式和主体来看，广州的城中村主要由原权利人或市场主体推进改造；旧住宅区与旧商业区的改造主要由政府收储后公开出让；旧工业区改为居住用途的由政府收储后公开出让，"工改居"以外的可由原权利人自行改造⑤。依据广州市城市更新局在2018年广东省"三旧"改造项目推介会上做所的"广州市城市更新（'三旧'改造）主要政策简介"报告显示，截至2018年6月，广州城市更新工作主要取得以下成效⑥：

（1）**促进产业转型升级，拉动经济增长**。已批旧厂改造项目293个、15km²；

---

① 广州市2018年城市更新年度计划, http://www.gzuro.gov.cn/csgxjxxgk/7.2/201802/9f74d734dea048c8a04e2ffb81487308.shtml.
② 广州市城市更新局. 市城市更新局近日发布《广州市2018年城市更新年度计划（第一批）》[EB/OL]. (2018-02-28) [2018-10-22]. http://www.gz.gov.cn/550590033/5.0/201802/9f17b5509cca465fa758181703c6f503.shtml.
③ 根据《广州市老旧小区微改造实施方案》和《关于加快推进2017年度老旧小区微改造项目的工作方案》，明确到2020年，重点推进全市779个老旧小区微改造项目。以区为实施主体，将全市基础设施老化、环境较差的老旧小区分成四类（即按1949年前、1949—1980年、1980—1990年、1990—2000年划分为四个时期），分类分期实施微改造，以提升老城区居民人居环境和生活品质。
④ 按项目所属行政区统计，老城区（越秀、海珠、荔湾区）共安排资金1.66亿元，占资金总量的47.5%。
⑤ 具体参见：深圳市规划国土委员会. 市规划国土委员会关于深圳市城市更新工作有关情况的报告[Z]. 2018.
⑥ 具体参见：广州市城市更新局. 广州市城市更新（"三旧"改造）主要政策简介. 2018年广东省"三旧"改造项目推介会, 广州, 2018-06-28.

建成科技孵化器5个，通过对46个旧园区旧厂房旧楼宇的改造，引进企业、上市公司62家，实现年产值1330亿元、年税收160亿元，提供就业岗位12万个。

（2）**改善人居环境，保障城市居住安全**。已整治"三线"121km，维修消防设施933项，维修更换排水管道11km，规范垃圾清运点设置50个，拆除违章建筑（防盗网）9151m²，新增绿化16 558m²，修缮历史建筑901m²。

（3）**盘活低效存量用地，提升节约集约用地水平**。广东省历年下达的改造任务为26.38km²，实际完成改造34.53km²，完成率为130.9%。节地面积为7.87km²，平均节地率为23%。已完成改造旧村的绿地率由改造前的5%提高到30%；建筑密度由原来的60%以上降低到30%以下，拆除违章建筑103万m²；平均节地率达48%。

（4）**促进城乡、新旧城区之间协调发展**。在旧城镇、旧村庄的更新改造中，落实先安置后拆迁，加强公建配套和公共服务设施建设，解决农村土地无序利用、土地收益低等问题，促进城乡之间和新旧城区之间统筹发展、实现农村农民增收。配建公共服务设施（场所）438个，建筑面积207万m²。新增城市更新安置房建筑面积114万m²、学校（含幼儿园）134所、养老机构设施166个。

（5）**传承岭南历史文脉，打造城市文化品牌**。保护修缮文物古迹、工业遗产、历史建筑207宗，建筑面积14万m²，投入财政资金约6亿元。

8.1.2 深圳城市更新目标及执行情况

深圳自开展城市更新工作以来，通过城市更新撬动仅占全市建设用地1.6%（991km²）的存量用地再开发，完成固定资产投资3585亿元（占同期全市固定资产投资的14%）[1]，在落实大批公共配套的同时，有效促进了土地节约集约利用和城市功能的完善。深圳"十二五"期间的城市更新工作成效显著，主要体现在：经济增长得到保障、用地效益不断提高、城市功能逐步完善、生态空间维持总量平衡、历史遗留问题得到部分解决[45]。深圳《市规划国土委员会关于深圳市城市更新工作有关情况的报告》（深规土〔2018〕292号）等相关总结显示：

（1）**拆除重建类**。截至2017年年底，深圳全市已列入拆除重建类城市更新项目共计644项，拆除用地面积约50.15km²。已审批通过的城市更新单元规划方案404项，拆除用地面积约31.32km²，规划批准总建筑面积约1.13亿m²，其中人才住房和保障性住房420万m²（表8.4）、创新型产业用房81万m²、公共配套设施用房262万m²[72]。在公共服务设施方面，截至2016年年底，累计建成保障性住房建筑面积约325万m²，

---

① 具体参见：深圳市规划国土委员会.市规划国土委员会关于深圳市城市更新工作有关情况的报告[Z].2018.

超额完成原订计划（表8.5），建成各类中小学102所、幼儿园210所、医院3家、社康中心189个、公交首末站130个[52]。在土地供应方面，截至2017年年底，供应土地面积约16.27km²（其中移交政府土地约5km²），收取约1168亿元地价。

表 8.4 深圳拆除重建类城市更新单元规划审批情况一览表（截至 2017 年年底）

项　目		合　计	其中移交政府部分	
			面积	具体内容
规划涉及用地面积		31.32km²	9.92km²	中小学118所、医院3家、养老院5家
规划批准总建筑面积		1.13亿m²	766万m²	—
其中	住宅	5628万m²	420万m²	人才住房和保障性住房
	产业用房	1844万m²	81万m²	创新型产业用房
其中	商业	2665万m²	3万m²	人才公寓
	公共配套用房	262万m²	262万m²	幼儿园239所、社康中心216个、公交首末站161个等

注：按照《深圳市城市规划标准与准则》的服务标准，239所幼儿园建成后可为约160万人口提供便利的幼儿教育服务，216个社康中心建成后可为约330万人口提供便利的就近医疗服务。
资料来源：深圳市规划国土委员会.市规划国土委员会关于深圳市城市更新工作有关情况的报告[Z]. 2018.

表 8.5 深圳保障性住房供应情况（2010—2018 年）

年度	供应（万套）	完成率	基本建成（万套）	完成率
2018年（计划）	4.6	—	—	—
2017年	4.6	103%	4.1	217%
2016年	4.2	105%	5.1	102%
2015年	2.14	118.98%	2.12	141%
2014年	3.11	110.7%	5.81	116.20%
2013年	2.76	110.40%	4.27	141.40%
2012年	2.39	120%	1.8	180%
2011年	—	—	1.05	105%
2010年	8.26	—	12.93	—

资料来源：整理自深圳市住房和建设局网站发布的历年工作总结和工作思路，http://www.szjs.gov.cn/。

（2）**综合整治类**[①]。2009年，深圳完成了一轮全市城中村的综合整治，涉及城中村333个，投入资金近24亿元，改变了城中村的脏、乱、差情况，消除消防安全隐患，提升了人居环境。2014年，深圳试点开展旧工业区综合整治，出台允许加建扩建、功能改变和土地延期等激励政策，将罗湖艺展中心、大鹏鸿华印染厂等9个旧工业区列入试点。2016年、2017年，深圳完成旧工业区综合整治建筑面积分别为79万m^2、116万m^2，完善了旧工业区的配套设施，拓展了产业空间。

深圳自2016年10月开始全面施行"强区放权"之前，按照年度计划的方式开展全市城市更新工作（表8.6），实施之后，各区根据自己情况陆续强化城市更新工作，颁布各区的城市更新办法、城市更新计划（表8.7）。2016年11月，深圳印发《深圳市城市更新"十三五"规划》，要求"十三五"期间城市更新单元规模控制在35～50km^2，并对各区的城市更新规模进行了分配（表8.8），同时也对保障性住房、教育、医疗、文体等公共服务设施等更新任务进行了分配。此外，针对在城市更新实施过程中长期无法推进、实施困难的更新单元，2017年4月，深圳市规划国土委颁布《关于规范城市更新实施工作若干问题的处理意见（一）》（深规土〔2017〕214号）梳理出70个历史遗留项目，并要求在2017年6月底移出城市更新计划。2018年12月，龙岗区发出公告，区内52个项目或将清理出城市更新计划。[②]

表8.6 深圳城市更新单元年度计划（2010—2017年，单位：个）

年度	第一批	第二批	第三批	第四批	第五批	第六批	总数
2010年	89	22	—	—	—	—	111
2011年	18	13	11	11	4	—	57
2012年	5	13	15	13	18	—	64
2013年	18	13	—	—	—	—	31
2014年	18	11	7	20	—	—	56
2015年	10	22	31	12	—	—	60
2016年	20	12	11	19	10	19	91
2017年	14	3	2	—	—	—	19

资料来源：整理自深圳规划与国土资源委员会网站发布的历年深圳市城市更新单元年度计划，http://www.szpl.gov.cn/。

[①] 具体参见：深圳市规划国土委员会.市规划国土委员会关于深圳市城市更新工作有关情况的报告[Z]. 2018.
[②] 具体参见：龙岗52个项目或将清理出城市更新计划，http://www.lg.gov.cn/xxgk/xwzx/zwdt/201812/t20181204_14773002.htm。

表 8.7 深圳各区城市更新单元计划数量（2017.01—2018.12，单位：个）

区域	2017年 第一批	第二批	第三批	第四批	第五批	2018年 第一批	第二批	第三批	第四批	第五批	第六批	第七批	第八批	第九批	合计
福田	1	4	—	—	—	1	1	2	1	—	—	—	—	—	10
罗湖	1	1	—	—	—	1	1	1	1	1	—	—	—	—	7
南山	1	2	2	2	2	4	1	1	1	3	4	1	1	—	25
盐田	5	3	2	—	—	3	1	3	—	—	—	—	—	—	17
宝安	2	—	—	—	—	4	1	—	3	—	1	1	3	2	20
龙岗	2	1	3	1	1	4	4	3	1	2	3	4	1	5	35
光明	—	1	2	—	—	4	1	—	—	—	1	1	—	—	10
坪山	1	—	—	—	—	2	1	—	—	—	—	—	—	—	4
龙华	4	2	1	2	1	2	3	2	4	1	—	—	1	—	23
大鹏	—	—	—	—	—	—	—	—	—	—	—	—	—	—	—
合计	18	14	10	5	4	25	14	13	9	12	9	6	5	7	151

资料来源：整理自深圳市各区城市更新局网站发布的城市更新单元计划。

表 8.8 深圳"十三五"期间各区城市更新单元计划规模分配方案

区域	各区城市更新单元计划规模区间（公顷）	占比
福田	140～200	4.0%
罗湖	335～480	9.6%
南山	210～300	6.0%
盐田	110～160	3.2%
宝安	740～1060	21.2%
龙岗	1170～1560	33.6%
光明	185～300	5.2%
坪山	185～300	5.2%
龙华	370～520	10.4%
大鹏	55～120	1.6%
合计	3500～5000	100%

资料来源：深圳市规划和国土资源委员会. 深圳市城市更新"十三五"规划[EB/OL].（2016-11-21）[2018-10-22]. http://www.szpl.gov.cn/xxgk/ztzl/rdzt/csgx135/201611/t20161121_456427.html.

总的来说，经过近十年的城市更新实践，以城市更新为主要内容的存量土地二次开发已经成为深圳新一轮城市发展的重要抓手。城市更新在深圳城市发展中的作用明显，主要体现在以下两个方面①：

（1）推动特区一体化，拉动经济增长。城市更新项目投资额逐年增长，城市更新项目投资占全社会固定资产投资总额的比例也逐年增长，此前比例只有8%，2016年占比达到16.7%。截至2016年年底，深圳城市更新供应的商品房总规模占全市商品房总供应规模比例逐年增长，其中2016年达到了约50%，即商品房的一半是通过城市更新供应的；累计有92个拆除重建的产业升级项目获得规划审批，更新改造后将提供约100万m^2的产业用房（表8.9）。

表8.9 近年来深圳城市更新与新增用地供给对比（单位：公顷）

类型	2010年	2011年	2012年	2013年	2014年	2015年
更新供给用地面积	96	105	205	183	209	266
新增经营性用地出让面积	512	270	154	162	152	150

资料来源：作者整理。

（2）用地效益不断提高，促进城市功能升级，提升公共服务水平。深圳通过城市更新处理了历史用地的遗留问题，增强了土地的集约与节约利用，并在这个过程中逐步完善城市功能，推进产业升级。深圳城市更新始终坚持"公益优先"的原则，要求在城市更新单元内配建一定数量的政策性用房（保障性住房、创新产业用房等），2010—2017年基本每年都超额完成预定计划（表8.5）。此外，在城市更新单元内划定"公益用地"无偿交给政府用于建设城市的基础设施、公共服务设施等符合城市公共利益的项目，也取得了较大成果[73]。

8.1.3 上海城市更新目标及执行情况

上海在《城市更新实施办法》颁布后，目标明确地推进城市更新试点工作，中心城区的10个区共推出17个城市更新项目（表8.10），覆盖了城市中的各种用地类型，包括：① 老旧小区更新，如杨浦区"两万户"改造、曹阳新村改造；② 历史

---

① 具体参见：邹兵.存量发展模式的实践、成效与挑战——深圳城市更新实施的评估及延伸思考[J].城市规划，2017，41（1）：89-94。

保护区更新，如四川北路沿线地区更新研究；③ 商业区改造，如陆家嘴与世纪大道沿线地区研究；④ 产业园建设，如环同济战略研究；⑤ 交通枢纽地区提升，如共和新路沿线城市综合体、不夜城地区更新研究等。城市更新通过对更新类型与更新目标的整体统筹，推进工作开展：更新类型主要有区域整体更新、局部地区更新两种；更新目标重在从提升品质、政策创新、创新路径方面进行尝试，如探索学校、社区、企业的联动机制，区域整体更新的工作方法，创新社区治理、公众参与、城市更新基金建设等。

为了整合已有的城市更新试点项目，上海在2015年的工作基础上，将城市更新积极融入规划管理、土地管理之中。到2016年，上海之前开展的城市更新试点项目升级为四大城市更新行动计划，采用"12＋X"的弹性管理方式，计划将持续3年时间。

表 8.10 上海城市更新试点工作情况汇总表（2015 年 9 月）

更新类型	试 点 项 目	区域	创 新 机 制
区域整体更新（6个）	环同济战略研究	杨浦区	学校、社区、企业联动机制探索；总规划师制度
	四川北路沿线地区更新研究	虹口区	区域整体更新的工作方法；社区治理
	陆家嘴与世纪大道沿线地区研究	浦东新区	区域整体更新的工作方法；公众参与
	徐家汇商圈地区更新研究	徐汇区	区域整体更新的工作方法
	南京西路地区更新研究	静安区	社区治理；设立城市更新基金
	不夜城地区更新研究	静安区	区域整体更新的工作方法；公众参与
局部地区更新（13个）	杨浦区"两万户"改造	杨浦区	建筑面积捆绑机制
	曹杨新村改造	普陀区	社区治理
	长征社区中环百联项目	普陀区	激发地区商业活力
	大柏树邯郸路沿线改造	虹口区	探索科创中心建设的政策机制
	上海戏剧学院改造	闵行区	学校、社区联动
	莘闵大酒店改造	闵行区	探索城市更新实施计划编制
	张江传奇广场	浦东新区	社区治理
	共和新路沿线城市综合体	宝山区	探索多方（政府、投资人、物权人、租户）合作的城市更新工作机制

续表

更新类型	试点项目	区域	创新机制
局部地区更新（13个）	徐家汇第六百货商店	徐汇区	增加公共开放空间，奖励建筑高度
	港汇恒隆广场	徐汇区	增加公共开放空间，奖励建筑高度
	风貌区联动机制	徐汇区	历史街区保护机制；建筑面积捆绑机制
	长江计算机厂、航站楼等	静安区	社区治理
	淮海社区123、124、132街坊	黄浦区	公共空间、绿地与开发量的补偿机制

资料来源：匡晓明.上海城市更新面临的难点与对策[J].科学发展，2017（3）：32-39.

从改造的方式和主体来看，上海的城中村和旧住宅区由政府主导以棚户区改造方式进行改造；旧商业区由物业权利人或市场主体进行改造；旧工业区可由政府收储后公开出让，也可由原权利人自行改造①。相较于广州和深圳，《上海市城市更新实施办法》适用的对象比较窄，市政府认定的旧区改造、工业用地转型、城中村改造的地区不在办法管控范围内，因此目前的实践主要聚焦在这些类型之外的一些老旧商业区、商办区、小区环境等的改造更新与重要公共空间提升活动上——本书对这些内容的执行目标和情况的总结，并不能反映上海所有城市更新活动的全貌。上海通过政府选择和确定试点，来努力调动业主和市场力量的参与，推进城市更新实施。目前来看，这些试点中的一些进展并非一帆风顺或者效果尚未达到预期，另一些试点"一事一议"的项目特殊性比较多，经验推广的潜力空间小。如张江西北片区更新，意图实现整个片区从产业园区向综合城区的转变，但由于权属制约，最终只能进行小范围的公共空间改造和公共设施提升[48]。因此，如何逐步实现城市更新活动的全面展开，推广试点探索的相关经验，这是上海目前的挑战所在。

---

① 具体参见：深圳市规划和国土资源委员会2018年4月24日印发的《市规划国土委关于深圳市城市更新工作有关情况的报告》（深规土〔2018〕292号）。报告同时指出：广州的旧商业区改造、"工改居"，上海的城中村改造政府主导力度更强；而旧住宅区改造、综合整治三个城市均由政府主导，其他类型均可由市场参与。

8.2
三地城市更新制度建设的经验与反思

8.2.1 广州

广州城市更新从"三旧"改造的试行探索到政策调整，再到"三旧"改造向综合城市更新的转型与发展，可以说制度建设的每个阶段都伴随着一些政策方向的根本性调整。在这个过程中，广州的城市更新制度不断稳定和日趋完善，其取得的主要经验如下：

（1）创新管理机构。广州市城市更新局的成立具有特殊意义，专设独立机构统一管理城市更新工作意味着城市建设管理在分工上的深化与细化，是应对存量时代城市建设的一个创新尝试，这与深圳、上海等地将城市更新主管机构置于规划与国土部门之下的做法截然不同。受制于传统城市建设项目审查和审批的归口与相关权限分配等影响，这种机构创新面临着如何对接固有体制机制、如何持续理清与规土等部门之间的权限边界等挑战。总体上，广州城市更新局与规土部门的责权分工与互动机制已基本形成，双方的良性对接在不断加强。从"三旧改造办公室"转化而来的城市更新局继承了"三旧办"的制度经验、人员经验和具体做法经验，逐步形成了一支经验相对丰富、专业水平相对高且熟悉本地实践的管理队伍。城市更新局集政策研究、监管、运作等职能于一身——从城市更新的政策法规制定、资金安排、土地整备到项目实施与监督管理等，这种全流程体系有利于强化专责专权统一管理的优势。

（2）政府主导下的利益平衡。广州推行更新改造的利益共享以激发城市更新的内在动力——特别是在"三旧"改造初期，政府、市场主体、产权主体及原农村集体经济组织等之间可以实现增值收益分配的共享与共赢[50]；但另一方面，广州也通过不断加强政府管控，来强化对更新利益分配关系与比例等的调控，防止市场逐利导致的城市贡献不足与公共收益流失。政府在长时间的城市更新制度建设与实践中逐步抓住了平衡各方利益的关键要素，如收益、用途和容量等，并将这些要素细化为诸如无偿转让面积、公益贡献比、土地出让金补缴标准、容积率分段拆迁补偿标准等要求来实现"政府主导"下的更新收益管理，以适应不同时期的城市发展环境、更新需求和目标导向等。从早期猎德村等项目中增值收益的政府、开发商和村民均等分配，发展到后期政府对重要土地的"应储尽储"和择机出让，充分体现了政府在利益平衡中的主导权[①]。

（3）**相互对接的政策与规划体系**。广州出台了一系列城市更新政策与相关配套文件，逐步建立起以"1+3"为核心的城市更新制度体系，并基于此形成与更新政策、传统法定规划相对接的"1+3+N"的城市更新规划体系。政策与规划在周期和内容上互相衔接、层层递进，既有助于明确各更新规划的管控层级和要点，还便于通过各层级规划与项目的审批程序等来保障更新活动契合预定目标，实现城市更新运作与传统城乡规划管理的融合发展。其中，城市更新总体规划遵照《城市更新办法》编制，同时以城市总体规划为依据，形成中长期宏观引导；旧城保护更新规划纲要、旧厂房改造专项规划和城中村改造规划指引对应着三类用地的更新实施办法，衔接控规单元图则以分类指导片区的更新工作开展；为具体更新项目制定的地段更新规划适用于不同情况的规范性文件，对接控规的地块管理图则。

（4）**针对"三旧"的专项制度安排**。广州的城市更新制度体系由"三旧"改造体系发展而来，尽管当前城市更新工作的内涵和范畴越发广泛和综合，但旧城、旧厂、旧村这三类用地仍是城市更新制度管理的核心所在。现行针对"三旧"的城市更新管理经历了多年的探索与调整后，逐步构建起目标、对象、方法和路径等都更加清晰和完善的差异化子体系。三类专项制度安排之间也具有了更多的联系与统筹，例如针对广州工业用途集体用地多的特点，旧厂房和旧村庄两类更新管理办法之间实现的相互间协调。在"三旧"改造的长期实践中，广州市对于全市范围内的"三旧"用地分布、容量和权属等关键信息做到了存量摸底，有利于更加深化的存量挖潜、政策调整和专项制度供给。

（5）**微改造与全面改造并举**。广州自2016年开始逐步探索"微改造"模式，并在制度安排上与"全面改造"相区别，为局部更新改造和整治修缮且产权变更相对简单的项目建立起快速、精简的实施路径。微改造注重空间活化利用，重在建成区保留、保护基础上的人居环境改善与历史文化传承，如历史文化街区、老旧小区、人居环境较差的城中村、国企旧厂房等地区的"微小"更新动作。《广州市城市更新办法》明确了将微改造中符合控制性详细规划的整治修缮项目纳入年度城市更新项目计划，旧城镇和旧村庄的两类更新实施办法进一步提出更为具体的相关规定。政策上，广州的城市更新资金要求优先安排微改造项目，并鼓励相关权利人的主动参与。2018年广州颁布《广州市老旧小区微改造"三线"整治实施方案和技术指引（试行）》，有效加快了居住区微改造的速度，2018年5月

---

① 对于关键指标的管控与合理调整，有利于平衡各方利益诉求，并调动城市更新的参与积极性，但在政府财政紧张等特殊情况下，可能成为影响其他市场主体收益的工具。

《广州市城市更新年度计划（第二批）》发布的428个项目中，微改造项目占到了422个之多。广州最近还出台了《广州市老旧小区微改造设计导则》，未来微改造工作将继续提速、扩容，成为需求导向型城市更新的主要实现途径。

（6）创新投融资机制。在政府支持下，广州通过国有银行、国有企业、社会资本等创新城市更新投融资机制，摆脱了单一的政府专项资金安排投入的模式（图8.1）[①]。2017年，广州越秀集团、广州地铁集团等大型市属国资企业共同发起成了规模2000亿元的城市更新基金，多家民营地产类基金也瞄准存量更新市场，正在积极寻求合作。在PPP融资模式中，社会资本主要提供资金而不参与实施操作，如万科对永庆坊的更新改造；与此同时，广州也在积极探索引入企业直接参与的BOT更新模式。为帮助更新主体拓展资金来源，以政府信用和项目土地价值为担保的信托模式也是选择之一。通过创新投融资模式，在引入外部资本为政府财政减压的同时，多元参与的市场化融资渠道也对城市更新项目的经济可持续性提出了要求，未来政府仍需合理平衡外部资本收益与公共利益保护之间的关系。

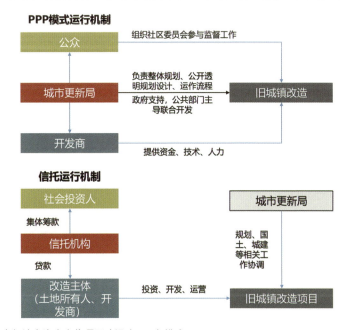

图8.1 政府与社会资本合作项目建设（PPP）模式

资料来源：江苏省城乡发展研究中心. 广州城市更新实践路径与模式[OL]. (2018-04-10)[2018-10-23]. https://gz.focus.cn/zixun/06986f93ace1958d.html.

[①] 全面改造通常以引入市场资金为主，如珠海区琶洲村"城中村"全面改造项目引入央企进行运营改造。在微改造中，鼓励多方资金投入：有居民自筹资金模式，如广州市民提取个人住房公积金用于旧楼加装电梯，天河区德欣小区成立社区共建共治共享基金并建立资金管委会；有产权单位出资模式，如越秀区梅花路小区由产权单位投入300万元支持改造；以及引入市场资金模式，如荔湾区永庆坊项目引入企业投入改造资金建设运营。

（7）**基于"标图建库"的综合电子数据平台**。始于"三旧"改造时期的广州城市更新"标图建库"工作，逐步发展成为城市更新动态化管理的基础数据库。广州严格执行"标图建库"的相关规定，"入库"成为开展城市更新工作的必要条件，方便了主管部门对市域内所有潜在更新项目的统筹、统计与分析。当前广州的标图建库工作正在不断拓展其内在职能，人口、经济、产业、历史遗存等更多的数据信息被纳入收集范围。未来，数据库有望进一步推动广州城市更新的智慧化管理，在承担数据集成功能的基础上，发展成为支持政府开展城市更新规划编制、计划制订的决策平台，以及社会各界主体的参与平台。

随着城市更新工作的深入开展，广州面临的情况越来越复杂，当前城市更新中仍存在以下四点较为突出的问题尚待解决：

（1）**项目总体进展迟缓**。在政府收权并全方位主导城市更新进程之后，2012年以来广州的城市更新进展缓慢，市场和业主参与动力减退（表8.11）。到2016年、2017年，城市更新项目计划实施较慢的态势依然没有发生根本性变化[71]，如2016年广州城市更新正式计划了58个项目、面积24.54km²，实际仅完成3个改造项目、8个实施动工①[70]。广州标图建库中的更新用地规模为590km²，截至2018年6月，全市已批城市更新（含计划下达）项目1070个，改造面积102km²。但从实施进度看，已完工项目144个，面积11.08km²，仅占标图建库总量的1.88%；已批政府安置房114万m²，其中建成11万m²，仅占10%；建成村民安置房和复建商业1061万m²，在建村民安置房和复建商业3147万m²，也都处于相对较低的水平（图8.2）[74]。

表8.11 2000—2017年广州城市更新正式批复的改造项目数量（单位：宗）

阶段	政府的危房改造和产业置换阶段	"三旧"改造试行阶段	"三旧"改造政策调整阶段	常态化更新阶段
时间	2000—2008年	2009—2012年	2012—2015年	2016—2017年
实施效率	计划性	快速推进	停滞	政府出资项目较快，业主与市场出资项目较慢
旧村	7条城中村，109万m²危旧破房改造	27	—	8

---

① 另外19个完成审批、26个编制方案。

续表

阶段	政府的危房改造和产业置换阶段	"三旧"改造试行阶段	"三旧"改造政策调整阶段	常态化更新阶段
国有土地旧厂	—	222	30多宗市属国资旧厂	14
旧城	—	1	0	3
污染性企业退二进三	123	100	87	—
村级工业园				6
旧社区微改造				117
特色小镇、产业升级、历史保护项目				15
片区策划				28

资料来源：姚之浩，田莉.21世纪以来广州城市更新模式的变迁及管治转型研究[J].上海城市规划，2017(5)：29-34.

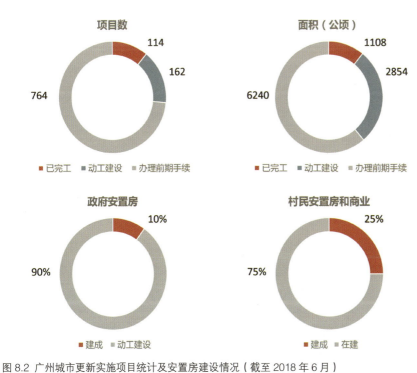

图8.2 广州城市更新实施项目统计及安置房建设情况（截至2018年6月）
资料来源：骆建云.广州城市更新的实践探索[Z].广东省"三旧"改造政策梳理及各地市实施办法解读会议，深圳，2018-07-20.

（2）逐利导向下的更新失衡。广州当前的城市更新工作秉持"政府主导、市场运作"原则，但市场逐利对于更新项目的功能用途、城市区位、改造难易等的挑拣，造成了更新项目开展的失衡[①]，导致部分亟待更新的地区因为潜在收益不足而难以启动。功能上，市场主体偏好产权关系简单明晰、土地用途可以变更为居住的地块；区位上，中心城区的荔湾、越秀等区受到追捧，而花都、增城、番禺等外围地区则更新动力不足；模式上，很多地产企业偏好大投入、快回报的更新项目以便加快资金周转率，而无意于长期持有运营。为了扭转上述趋势，政府出台了诸如限制"工改居"等政策措施，但又陷入城市更新速度放缓的两难困境。政府对所有项目"一把尺子量到底"，更加剧了这种放缓现象，市场主体偏好外的更新项目更是不断积攒成为"老大难"。针对不同类型更新项目的个体化特点，政府需要进一步加强差异化的制度供给以调动市场积极性，打破"一统就死"的管理局面，从经济性分析和利益分配入手，平衡、调配或缩小各区位、各功能的市场介入的城市更新项目的收益差距。

（3）重指标轻质量。广州城市更新中，无论是政府还是市场为主体的项目均存在不同程度的重指标、轻质量现象，主要原因来自于质量的难以量化，以及长期收益的不确定性。政府主管部门以推进执行年度更新计划为目标，市场主体以获得可预期的楼面价格和最大收益为目标，二者均强调数量而非质量。这导致一些地块区域过于强调盘活存量土地，选点布局草率，制定过重的改造任务，致使规划区域过大，在强有力的行政推动下，规划实施、产权确定和利益分配等环节出现较多问题[75]。城市更新实施方案在与控制性详细规划的对接中，较好地保证了指标性要求的落实，但缺少对整体环境质量提升、后续运营的深度思考。为破解这种现象，可尝试建立起城市更新的质量评估体系，包括使用者满意度、后续单位土地经济产出等。对于市场实施主体，一方面应当加强以城市规划和城市设计为依据的方案审查，另一方面可以将更多引导性要求纳入土地出让条件，施行契约化管理。

（4）更新项目缺乏整体统筹。虽然"城市更新总体规划"从中长期和全市宏观层面对更新工作的推进进行了原则性指导，但从实施情况来看，广州依然缺乏综合全面的城市更新统筹，更新项目侧重个体作用的发挥，而非系统作用。"城、厂、村"三类旧空间的分布相对分散和破碎，分开管理虽便于操作，但若缺乏基于城市功能整合的统合考虑与三者的宏观协调，会使更新项目的效益发挥受到限制，造成更新改造良莠不齐，改造方向与周边需求不匹配等问题[70]。另一

---

① 广州城市更新项目很多是通过拆除重建进行的房地产开发，且改造对象主要为旧厂和旧村。

方面，用于具体执行的城市更新年度计划主要通报项目基础信息，欠缺对同一段时间内、同一区域内的更新项目的整合管理。此外，更新项目与周边地区常常缺乏统筹，仅以地块的控制性详细规划为依据，而忽略了片区级别的环境协调、基础设施增补或共用等。未来，在城市重点片区应以更新项目对区域的影响为出发点开展规划和城市设计工作，统一零散分布的项目地块的更新目标与共识，为区域发展形成合力；对各行政区或各城市功能组团中的城市更新项目进行综合影响评估，包括社会、经济、环境等方面，也有助于实现不同层面的更新统筹。

2018年11月2日，广州市城市更新局研究制定的《关于深入推进城市更新工作的实施细则（征求意见稿）》（共三十三条）面向社会公开征求意见。细则针对广州现行城市更新政策进行了优化完善，在创新旧村改造区域内平衡、优化旧村改造成本核算、降低土地出让金缴纳标准、提高旧厂收储补偿标准等方面提出新举措，以提升城市更新的吸引力以及社会和市场参与城市更新的积极性[1]。实施细则的主要措施涵盖六方面：① "三旧"改造地块数据库动态调整；② 推进旧村庄全面改造；③ 加大国有土地上旧厂改造收益支持；④ 推进成片连片改造；⑤ 加大城市更新项目支持力度；⑥ 加快完善历史用地手续。细则正式施行后可能会深刻影响广州城市更新活动的开展。

8.2.2 深圳

深圳的系统化城市更新制度建设较广州、上海更早，《深圳市城市更新办法》是全国首个城市更新的地方政府专项政策法规。在制度建设过程中，深圳高度重视市场化、规则化运作，坚持"政府引导、市场参与"，制度发展稳步推进、政策连续性好，其主要经验如下：

（1）政策体系持续完善。 制度创新根植于深圳独特的政治基因，深圳市作为经济特区，自主立法的权限相较广州、上海等地更大。深圳城市更新在制度建设导向上不同于广州的政策反复，而是坚持不断推动市场放权，同时完善各类法规政策的持续供给，从而有效管理和实施城市更新运作的各个领域。深圳目前已经形成了以《更新办法》和《实施细则》两部核心文件为中心，政策引导、技术标准、操作指引相结合的制度体系。与此同时，深圳强调对政策建设的定期检讨和更新，如《关于加强和改进城市更新实施工作的暂行措施》每两年进行一次修

---

[1] 具体参见：广州市城市更新局. 广州市城市更新局关于《关于深入推进城市更新工作的实施细则（征求意见稿）》主要内容的说明 [EB/OL]. (2018-11-06) [2018-11-20]. https://wenku.baidu.com/view/b8b10b7852d380eb63946d40.html.

订，为适时调节城市更新的具体流程、操作方法，以及持续提升公共服务水平等提供了支撑。

（2）强化规划的系统管控。深圳重视城市更新规划对空间管控的引领作用，且更新规划与计划的编制与城乡规划体系深度融合，通过宏观的城市更新专项规划、微观的城市更新单元规划等，共同促进城市更新活动的有序开展。在全市层面，深圳依据城市总体规划和土地利用总体规划、相关专项规划、国民经济和社会发展规划，以及《深圳市城市规划标准与准则》中确定的各区开发要求，制定中长期的"城市更新五年规划"（城市更新专项规划），"对各阶段更新目标、结构、规模、公共配套设施建设等进行统筹，并提出刚性要求"[76]。在分区层面，深圳根据分区城市总体规划制定区级城市更新专项规划，并明确"更新统筹地区规划"的相关要求。在微观层面，"城市更新突破了以单一宗地为改造对象的传统做法，以'城市更新单元'为基本管理单位，建立了城市更新单元规划制度"[76]，通过编制对接法定图则和详细蓝图的更新单元规划，以此作为行政许可的依据进行开发控制①。

（3）多元化改造模式。深圳市对于城市更新的多元模式探索较早，2009年颁布的《城市更新办法》中就明确了综合整治、功能改变和拆除重建三种更新模式。综合整治类更新不涉及产权、功能和容量的变更，仅对消防、公共服务设施、空间外观等进行提升，较少牵扯利益分配，更新流程较为简单；功能变更类涉及功能和容量的改变，实施难度相对较大；拆除重建类通常涉及产权与功能等的根本变更，在运作流程和实施进展等方面的要求复杂。深圳市根据实际需求和模式特点，抓住三类更新中相关利益主体的核心关切，适度增减审批、管理环节，以实现差异化的制度供给。从客观实践来看，"拆除重建类城市更新是深圳目前主要采用的城市更新方式，能够在政府与市场之间更有效地实现利益平衡；综合整治类城市更新起步较晚，正在不断完善、加紧推进，其中城中村综合整治由政府主导，政府组织实施，旧工业区以政府主导为主，也鼓励企业参与；功能改变类城市更新则由于投资回报率低，市场积极性不高"[76]。

（4）尊重权益与市场需求。深圳市城市更新市场化程度高，政府作为"守夜人"仅作为引导者和监督者，打通了需求端自下而上的城市更新项目申报、审批、实施途径。"城市更新在计划立项时充分尊重权利人的合法权益，每个项目均需进行意愿征集。城中村改造项目须经原农村集体经济组织继受单位的股东大

---

① 城市更新单元规划根据上层次法定图则的各项控制要求，与交通、市政等专项规划相衔接，按照全市统一的技术规范编制，确定开发建设用地范围、用地功能和容积率等相关指标，经政府审批后作为行政许可依据。

会表决同意，其他项目须经三分之二以上的权利人同意"[76]。市场主体可以全流程参与城市更新：在项目申报阶段，由开发商或者有能力的私人业主准备申报材料，围绕产权和经济补偿等关键要素达成可行方案；在立项阶段，根据相关法规和规范委托专业规划设计机构进行方案编制；在实施阶段，政府在保证诸如安置房、公共开放空间等公共利益外，将经济利益分配的谈判与协调权限交给市场，避免行政命令对市场的扭曲，使得更新项目在实施前和实施中虽然谈判艰难，但实施后很少出现因利益分配产生的纠纷。

（5）公益优先与保障①。深圳城市更新强调公益优先，通过无偿移交用地、配建公共设施与政策性用房等途径来保障公共利益。2016年年底，深圳又提出推行政府主导的"重点更新单元"开发②，意在借助政府力量加大一些市场难以实现的大型公共设施③的落实力度。深圳全市目前的实际土地无偿移交率平均约30%，按照政策规定配建的人才住房、保障性住房、创新型产业用房等由实施主体建成后以成本价移交给政府[76]。在公共配套设施配套上，城市更新不仅要落实法定图则的相关要求，还需结合具体情况增配一定的幼儿园、垃圾转运站、社康中心等，这些设施也由实施主体负责建设，建成后将产权无偿移交给政府。

（6）市区联动推进。在推进"强区放权"改革中，深圳建立了城市更新的市区两级联动推进机制：市一级城市更新主管部门制定政策法规和宏观规划；区政府和区级城市更新主管部门制定差异化的审批与管理细则、编制分区城市更新五年规划、落实上级要求，并主导更新的立项和具体实施。从各区实际情况的不同出发，尊重各区在功能定位、发展阶段、土地供给等方面的差异性，强化区级行政主体的更新管理有利于促使更新工作更加符合城市功能片区的发展需要，在长远上逐步提高更新工作效率。

在市场化运作取得积极成效的同时，深圳城市更新工作也存在以下一些问题：

（1）市场逐利导致的更新方式与功能单一④。近年来深圳房价持续上涨，市场逐利使得城市更新项目集中在整体拆除重建的新住宅区开发上，而且市场偏好区位条件好的改造项目，对区位较差、难度大的更新项目以及城市公共设施的配套升级等缺少主动投入。统计表明，深圳90%的城市更新项目采取了拆除重建方式，更新后功能为居住类的占到近50%，商业类占到近15%，仅有约12%的用地

---

① 具体参见：深圳市规划和国土资源委员会于2018年4月24日印发的《市规划国土委关于深圳市城市更新工作有关情况的报告》（深规土〔2018〕292号）。
② 重点更新单元进一步强化政府主导，由政府组织申报立项，编制城市更新单元规划，在拆除用地面积上要求原特区内不小于15万m^2、原特区外不小于30万m^2。深圳要求"十三五"期间全市试点实施10个左右的重点更新单元。
③ 如污水处理厂占地5万m^2以上、寄宿制高中占地4万m^2以上、综合医院占地4万m^2以上。
④ 具体参见：缪春胜，邹兵，张艳. 城市更新中的市场主导与政府调控——深圳市城市更新"十三五"规划编制的新思路[J]. 城市规划学刊，2018（4）：81-87.

改造后作为工业用途（表8.12）[56]。居住和商业功能由此挤占了大量其他性质用地在城市更新中所释放出的指标。近年来，以华为研发总部因高房价外迁①为代表的多起事件，更是加剧了社会各界对于深圳用地功能结构的担忧。由于支撑深圳发展的内在基础仍是繁荣的实体经济，因此城市更新作为当前深圳市土地供给的主要渠道，需要守住用地管控底线，平衡好短期收益和长期可持续发展之间的关系。

表 8.12 全市已批更新单元计划项目规划功能占比分析

用地性质	居住用地	商业服务业设施用地	公共管理与服务设施用地	工业用地	新型产业用地	仓储用地	绿地与广场用地	交通用地	公共设施用地	特殊用地	其他用地	其他（路）
占比	48.3%	13.7%	6.4%	12.6%	0.9%	1.0%	6.5%	0.8%	1.1%	0.1%	1.5%	7.1%

资料来源：缪春胜，邹兵，张艳.城市更新中的市场主导与政府调控——深圳市城市更新"十三五"规划编制的新思路[J].城市规划学刊，2018（4）：81-87.

（2）**政府统筹主导不足与更新碎片化**。市场主导的更新活动更多聚焦于自身建设，缺少与周边及更大区域的协调与统筹，因此呈现出"碎片化"状态[77] [78]，导致集中连片的规模化产业空间无法提供、公共服务设施配套完善的城市片区难以实现等，城市的整体完善升级与综合战略目标也因此难以达成。深圳缺少政府统筹下的"连片成区"的规模化改造，特别是工业用地更新规模偏小，不利于产业聚集和空间连续发展。过多的小地块城市更新②，也让部分区域在零散的拆除重建中更加趋于破碎，公共服务配套难以落位。市场主导的部分项目存在"吃肉吐骨头"，对区域和城市发展紧缺的大型公共设施落实能力有限。因此，深圳试图加强"片区统筹"的规划引导与管控，限制小地块更新，从而更好地实现统分有序、"整体入手、局部建设"的城市更新管理。

（3）**更新带来建设规模过度增长**。由于缺少多元化的利益调节机制，市场参与主体的更新收益主要来自于容积率上浮和功能变更等，由此造成更新过程中城市建设规模的大幅度上升。截至2017年，深圳市已批立项的城市更新项目达500多

---

① 具体详见：https://www.chinatimes.com/cn/newspapers/20181016000096-260309。
② 深圳更新项目的平均规模为8万m²。2014年针对原特区内零散地块改造需求，深圳补充出台小地块政策，其拆除范围用地面积可以小于1万m²，但不小于3000m²。到2018年上半年，已列入城市更新单元计划的小地块项目37个，占全市计划总数的比例达6%，相对比较零碎。

个，未来将产生的开发建筑规模约1.5亿m²，这意味着深圳的建筑规模将在2014年10.2亿m²的基础上再增加10%左右[56]，反映出深圳当前的城市更新仍高度依赖于容积率增加带来的刺激作用。深圳未来需不断探索引导市场主体通过提升空间质量获得收益的多元途径，如效仿日本的"种子基地"模式①，优化对原业主的安置以减少拆迁补偿成本；对开发商等通过财税优惠、政府补贴等方式，调控增量开发收益在综合收益中所占比例等。

（4）综合整治类更新不足。 深圳的综合整治类更新开展有限，且主要聚焦于旧建筑立面美化、消防改善和拆违等基本工作，综合性的治理提升和设施完善鲜有实现。工业区的升级改造由于违法建筑处理、消防、质检等环节相互制约，办理流程不畅，造成市场积极性不高；城中村的整治则以"穿衣戴帽"的外立面改善和消防安全隐患消除为主[76]。原则上，综合整治要求不改变建筑主体结构和使用功能、不加建附属设施，但完善公共服务和市政设施配套的部分目标在现有规定下难以达成，对建筑和用途进行局部变更在一些情况下也十分必要。因此突出综合整治的"综合"性，打通城市更新规定与消防、人防、采光等建设规范和标准间的横向联系，适时出台适应综合整治类城市更新特点的补充政策和条款，是切实促进综合整治成效，加强综合整治类项目实施力度的关键。

（5）更新补偿缺乏相应的限制与标准。 深圳市城市更新工作相对市场化，将更新项目中的安置与补偿交给参与主体自行协商，在货币或实物安置等方面都缺乏相应的限制与标准。这虽然能促使开发商与原业主等在充分博弈后就补偿标准达成共识，避免了后续矛盾纠纷，但部分业主坐地起价的现象并不鲜见，而开发商考虑到时间成本进行妥协，从而推高了拆迁成本和更新后的物业售价。其不利影响表现在：一方面开发商可能因为成本的不确定性而导致参与更新的积极性降低；另一方面，相应成本会以多种形式转嫁给公众，例如房价上涨或是开发强度的突破。故而，在补偿标准上设定一定的限制措施，可能更加有助于更新成本的控制与收益的合理分配。

（6）权力下沉过程中的治理水平不足。 "强区放权"虽然有利于市区两级联动，强化了区政府和区级城市更新主管机构的职权②，但各区之间的工作也因此呈现出政出多头、管理程序和标准缺乏统一与规范、为本区利益放宽用地功能和容积率管控，以及人手不足和业务技能不熟等治理问题。各区在强区放权之始便纷纷制定自己的规则，截至2017年9月，深圳各区已经颁布21份城市更新相关政策文

---

① 具体详见本书第2章2.3.3 "都市再生的模式创新"。
② 原由市里承担的除地名、测绘、房产预售、房产登记及档案管理事项外的审批事项调整至各区。

件^①。个别区还在法定规划之外制定区层面的更新规划，并将其作为审查审批的依据。各区之间的管理差异和规划编制差异增加了市场主体参与更新项目的难度。从市场主体的实际感受来看，尽管强区放权在审批上精简了流程，但是目前申报由于政策不确定、管理技能局限等而没有明显的效率提升，各区主管部门调整审批环节变相延长办理时限的情况也偶有发生。各区对政策的差异化执行会造成项目审批不公平和对违规审批的相互效仿，破坏规划和用地管理工作的严肃性与整体性。

2018年11月5日，深圳市规划和国土资源委员会针对城市更新方式单一、综合整治不足等问题，发布了《深圳市城中村（旧村）总体规划（2018—2025）》（征求意见稿），以落实城市政府"保留城中村的战略安排"，"有序引导各区开展以综合整治为主，融合辅助性设施加建、功能改变、局部拆建等方式的城中村更新"，"将城中村建设成安全、有序、和谐的特色城市空间"。依据该规划（图8.3，图8.4），深圳城中村纳入综合整治分区的对象总规模约 99 km²，其中规划期内综合整治分区用地规模为 55 km²，占比56%，并要求福田区、罗湖区和南山区综合整治分区划定比例不低于 75%，其余各区不低于54%。这项总体规划征求意见稿的出台，是深圳城中村更新从"拆除重建"主导向"综合整治"转变的标志性节点，明确了综合整治分区内的用地不得纳入拆除重建类城市更新单元计划、土地整备计划及棚户区改造计划^②。规划要求城中村综合整治分区建立地理信息数据库并纳入规划"一张图"系统进行管理，在分区内有序推进城中村住房规模化统租改造，满足条件的可纳入政策性住房保障体系。征求意见稿发布后，出现了整治中的笋岗村村民反对综合整治、要求城市更新的举条幅呼吁行为^③，折射出部分村民认为整治过程沟通不足、对整治的必要性及整治成效持有怀疑、期待更优城市更新收益等意见不一的复杂状况，也直接揭示出总体规划实施面临的困境和挑战。

---

① 由于要学习各区的政策和规划，导致城市更新的成本和实施难度无形之中加大。
② 法定规划确定的城市基础设施、公共服务设施或城市公共利益项目的用地、清退用地及法律法规要求予以拆除的用地除外。具体参见：深圳市规划和国土资源委员会．《深圳市城中村（旧村）总体规划（2018—2025）》（征求意见稿）[EB/OL]．(2018-11-05)[2018-11-19]．http://www.szpl.gov.cn/xxgk/gggs/201811/t20181105_479731.html．
③ 具体参见相关新闻报道：https://mp.weixin.qq.com/s/qMfh2HnTHQ-vhNSJJP99-A，http://www.sohu.com/a/273987984_440566等。

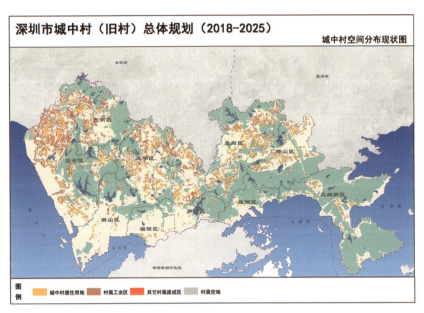

图 8.3 深圳城中村空间分布现状图

资料来源：深圳市规划和国土资源委员会.《深圳市城中村（旧村）总体规划（2018—2025）》（征求意见稿）[EB/OL]. (2018-11-05)[2018-11-19]. http://www.szpl.gov.cn/xxgk/gggs/201811/t20181105_479731.html.

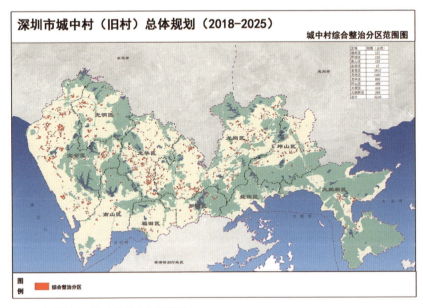

图 8.4 深圳城中村综合整治分区范围图

资料来源：深圳市规划和国土资源委员会.《深圳市城中村（旧村）总体规划（2018—2025）》（征求意见稿）[EB/OL]. (2018-11-05)[2018-11-19]. http://www.szpl.gov.cn/xxgk/gggs/201811/t20181105_479731.html.

8.2.3 上海

上海城市更新采取了制度建设与试点行动相结合的路径。城市更新实施办法的适用范围较广州、深圳窄，主要针对物业权利人自发申请和政府倡导的更新项目，其他形式的更新改造未包含在内。概括来讲，上海近期在城市更新工作上取得了如下进展：

（1）**转型更新思路，建立城市更新政策体系**。上海早在《城市更新实施办法》出台前，就在反思20世纪90年代旧改工作大拆大建的不足，并逐步转变对城市更新的认识与实施思路。这期间城市规划对城市更新的引导作用也趋于强化，突出城市更新对空间综合品质提升的重要性。以2009年《关于进一步推进本市旧区改造工作的若干意见》为代表的多项政策文件转变更新方向，主张"拆、改、留、修"多措并举，探索政府与市场双管齐下的更新方式。《上海市城市更新实施办法》颁布后，为建立更为系统的城市更新制度体系，上海市规土局对城市更新相关政策规定进行了细化与完善，出台了《上海市城市更新规划土地实施细则（试行）》以及《上海市城市更新规划管理操作规程》《上海市城市更新区域评估报告成果规范》等配套文件，以全面保障城市更新实践的开展。

（2）**基于区域评估和实施计划的参与协商过程**。上海市城市更新具有较好的公共利益保障机制，主要通过区域评估机制、公共要素清单、更新单元规划的"三步走"来实现。区域评估从城市功能、公共服务设施、历史风貌、生态环境、慢行系统、公共空间等方面入手，对更新地区明确提出"缺什么"和"补什么"的相关要求[1]。评估过程高度重视项目所在区域的公众意见，并制定有常态化的参与保障制度。在"区域评估—实施计划"的整体进程中[2]：区域评估阶段就地区发展目标、发展需求和民生诉求等广泛征询公众意见，以问卷调查、访谈、网上征询等方式开展公众参与；实施计划阶段力图搭建沟通协作的平台，通过项目意向性方案和更新单元建设方案的编制，实现物业相关权利人和政府相关部门的深度协作，逐步提高市民社区自治的能力。

（3）**主题化的城市更新试点与微更新活动**。上海市采用了试点试行的更新方式，由政府组织制订的试点计划具有很强的主题策划性，例如2016年上海提出开展的"共享社区计划、创新园区计划、魅力风貌计划、休闲网络计划"四大更新

---

[1] 具体详见：http://www.huangpuqu.sh.cn/xw/001009/20180102/03930d6e-a469-4e4d-b243-1b07290be116.html。
[2] 具体参见：葛岩,关烨,聂梦遥.上海城市更新的政策演进特征与创新探讨[J].上海城市规划,2017（10）：23-28.

行动计划，每项行动计划都有着广泛的目标体系，12个试点项目也都具备各具特色的行动主题。这种一事一例的试点创新探索，成为更新政策与一般城市更新的有益补充。近年来，上海积极倡导城市微更新，各区开展了诸如"行走上海—社区微更新计划"、社区花园等诸多行动，以较小的成本实现了城市局部空间的激活与较大的社会影响与成效，其经验值得借鉴与推广。

（4）公共要素清单与容积率奖励和转移。 上海城市更新在区域评估基础上明确的公共要素清单，涉及基础设施、生态保护、历史文化、公共空间等内容，体现了城市更新对公众利益的保障与维护，相关要素要求会进一步落实到城市更新单元规划的编制中，从而直接对接到更新项目的落地实施。为了鼓励产权主体提供更多的公共设施或公共空间，上海城市更新在用地性质转变、高度增加、容量提升、地价补缴等方面设定了相应的奖励措施，允许容积率转移和捆绑开发，且制度安排相对灵活①。更新单元内因特色风貌和历史文化传承而被保护、保留的建构筑物，可全部或部分不计入容积率。同时，为激发多元化改造主体的参与热情，上海目前还在既有政策基础上适度放宽了物业持有比例、市区收入分成等要求[48]。

从试点和其他更新实践的开展情况来看，上海城市更新制度建设与实施过程中出现的一些问题也值得反思，主要表现在：

（1）城市更新制度适用对象窄。 如前所述，三地中上海市的《城市更新实施办法》适用范围最窄，仅适用于"本市建成区中按照市政府规定程序认定的城市更新地区，已经市政府认定的旧区改造、工业用地转型、城中村改造地区，按照相关规定执行"。这种体系分割会造成广义上的城市更新在制度安排中的碎片化和缺乏统筹，不利于参与主体学习和理解相关政策，从而简便快捷地开展实践探索。因此，上海需要充分发挥城市更新主管部门对于更多类别更新工作的全面管理与整体统筹，逐渐将目前《城市更新实施办法》之外的改造情形逐步整合在一起，纳入形成更为综合的城市更新制度框架，完善城市更新的系统平台。

（2）城市更新周期偏长。 在实际运作中，上海的城市更新周期相对偏长、工作比较烦琐，尤其是在评估、立项、规划编制和调整等流程中耗时更是以年计，影响了城市更新的总体效率和参与积极性。城市更新的协商过程同样耗时，议事过程需要在具体实践中摸索形成，缺少政府、组织实施机构、更新主体、相关利

---

① 容积率奖励与转移保证了上海城市更新优先实现"公共利益"的重要价值取向，但在实际实施中仍存在奖励力度不足，对市场缺乏吸引力的情况。

益人等之间的高效沟通机制。由于更新主体难以承担这种时间成本[47]，因此目前试点较为成功的更新项目一般仅限于国企背景为主的实践，民间资本介入困难，使得更新活动很难大范围推广展开[48]。未来，城市更新逐步实现更好的跨部门对接与行政简政十分必要，通过跨部门协作整合不必要的更新流程、出台相关的审批与回复时限等细则规定，可以更好地提升城市更新成效和服务社会。对于涉及部门交接、协调的事项要明确责权边界，避免相互扯皮。

（3）奖励措施力度有限，市场吸引不足。 上海的实施办法细则（第三十一条）提出了"建筑容量奖励"，但其中可予以建筑容量奖励的公共要素类型比较少，试点下来较难操作，对更新主体缺乏吸引力[47]。因此，尽管上海的城市更新政策十分关注城市品质、公共利益和社会公平等，规定可以通过补充公益性设施、提供开放空间等举措来换取一定比例的空间增容奖励，但事实上容量的调整非常谨慎，调整的幅度也是严加控制①，政府对此严格把关。这类规划奖励政策由于实现难度大，利益空间较少，对市场的激励作用没有完全发挥。

（4）制度体系有待完善。 上海城市更新的现有制度体系在政策配套、技术标准和操作指引层面，实现更加精细化的制度供给还存在空间。例如，由于缺乏与相关规范的协调对接，城市更新项目时常会因为消防、配建标准、绿化等不符合法规而难以落地，特别是历史街区中的更新项目受现状客观条件制约大，这种情况更为常见。上海以试点推进城市更新已有一段时间，当务之急是要将试点中的成功经验进一步有效转变为法规政策与制度保障。

综合上述分析可以看出，广州、深圳、上海三地通过制度建设推动城市更新的实践开展与项目落地都取得了一定的成效，特别是在增值收益明显的拆除重建抑或全面改造类项目，以及政府积极投入和引导的微更新项目上。项目实施不仅实现了土地高效集约利用、优化了人居环境、提升了城市功能，在社会关系塑造、历史文化保护等维度也发挥着不同程度的作用。但总体上，三地项目完成的实际情况与更新计划的构想还存在一定差距，客观操作中经常会遇到不同类型的阻力和困境，导致项目周期加长甚至难以推进。因而总结这些项目建设过程中的得失，对于推进三地城市更新制度建设的进一步优化和完善具有重要的"检验"和"反馈"意义。虽然三地在更新制度建设中遇到了一些类似

---

① 调整幅度的设置体现以下四个方面差别：提供公共开放空间优于提供公共设施，提供产权优于不提供产权，按规划标准配置的优于超出规划要求的配置及中心城优于郊区城镇。参见：葛岩，关烨，聂梦遥.上海城市更新的政策演进特征与创新探讨[J].上海城市规划，2017（10）：23-28.

的问题，但广州、深圳和上海的更新制度体系表现出不太一样的建构思路和运作模式，也因为三地外部环境和内在需求的不同，使得制度实施难点和未来变革方向亦有所不同：广州和深圳需要设法提高改造整治类等更新实践的推进力度，上海则需思考如何进一步提升市场和业主参与更新的积极性，从而使城市更新实践不仅仅停留在试点上。

广州

第9章

城市更新制度创新的关键要素与未来走向

广州、深圳、上海的城市更新制度探索表明，尽管城市更新是一个综合议题，涉及的相关因素多方多面，但其中三个要素的影响力和制约力却最为根本和至关重要，这便是产权、用途与容量。可以说，目前我国城市更新制度创新的诸多突破点和争议点正好聚焦于此，每一个或大或小的新制度变革都不可避免地触及这三大关键领域，其背后折射的则是权力和利益等在不同利益相关者之间的再分配（图9.1）。

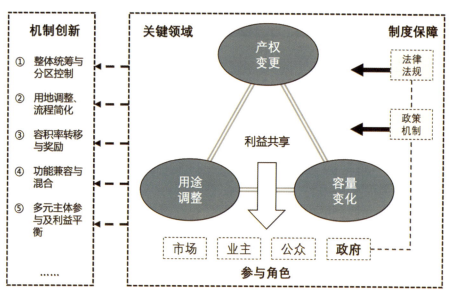

图9.1 城市更新制度创新的三个关键领域
资料来源：作者自绘。

9.1
城市更新中的产权、用途与容量要素

9.1.1 产权

城市更新项目开展首先要面对的是如何处理已经存在的城市开发，以及这些现存建筑物、构筑物、景观环境和相关设施等建成环境实体的权利归属问题，亦即产权问题。城市更新讨论的产权通常是指财产所有权，即所有权人依法对自己的财产享有的占有、使用、收益和处分的权力。作为经济所有制关系的法律表现形式，产权又可细分为财产的所有权、占有权、支配权、使用权、收益权、处置权等。在客观现实中，城市更新活动处置任何一片土地、一组建筑物或是一栋建筑单体时，难免都会遇到因经年累月的物业流转、股权转移、历史变化和政策革新等所导致的复杂产权归属和产权期限情况——这极大限度地制约乃至决定了更新进程中拆除、改造或整治等行动能否得以开展的可能。

城市更新对象的产权复杂性既表现在"土地产权"和"建筑产权"的区别上，也表现在"单一产权"和"复合产权"的不同上，还存在于"公共产权""私人产权"与"产权不明"等多种情况中，以及40年、50年、70年等差异化的产权年限规定上。除产权人自主更新及类似情况之外，其他介入城市更新的项目实施主体只有在设法与各产权相关人达成一致同意的产权共享、让渡或补偿等处置协议之后，方能获得对现存物产进行盘活处理的权限。"产权"由此成为决定城市更新实践可否推进的首要因素之一：对于老旧住区和旧村来说，产权难点往往在于如何获取数量众多、需求不一的"个体"产权人的共同同意；对大部分商业与办公区来说，其产权主体相对清晰和单一，处理的难点在于产权转移的议价空间上；对于工业区来说，产权问题则主要聚焦在工业用地产权地块是否可以分割、产权年限是否可以调整[①]、土地是否可以协议出让等方面。

9.1.2 用途

城市更新过程对已有建设在"用途（或功能）"上的变更会直接导致再开发进程中的收益增值等变化。土地用途，亦即法定规划管控的用地性质在改变后，如工改居、居改商等，更新主体通常可因此获得更多的经济收益，合理分配这些增值收益或涉及向政府补交地价，或需通过土地上市"招拍挂"来重新定价，又或者需要在不同利益相关方中达成利益分享协议。在我国目前的土地管理体系下，基本上变更规划用地性质就意味着地块变成一块"新地"，要开发必须重新上市。普遍地，一些原本有实力和有意愿的业主可能会选择不对自己的用地进行更新升级，这是担心一旦土地性质变更，则可能无法确保在这块土地新的招拍挂过程中再次取回使用权，因此宁愿通过简单出租地产或房产的方式来确保经济收益。广州和深圳的城市更新通过允许土地协议出让的土地制度改革设法解决这个难题。

---

① 依照已有相关规定，工业用地取得后的使用年限一般是50年，但在产业转型和产业更新换代日益频繁的当前，10—15年等更具弹性的工业用地产权年限管理往往成为政策变革的新趋势。

按照传统城市规划建设管理程序，改变土地用途首先需对土地的控制性详细规划进行依据法定流程的修订，这对于一些不拆除重建而是弹性改做他用的已有建筑的再开发来说，如工业建筑的保护型更新利用，带来了很高的制度门槛和实现困境。控规管理的固化和调整的复杂性等，使得类似北京798这种享誉国内外的文化创意厂区，从法律角度来看依然是不满足规划管理要求的"非正式"更新行为，也加剧形成房东套房东、租户换来换去等不稳定状况。工业（制造业）用地出现的文创业态显然与原用途规定并不吻合，调整控规一方面会涉及产权和利益界定上的纠缠，以及用途改变基础上的土地重新上市；另一方面则也可能因难以预测文创产业的发展需求和特征等，造成用地性质调整的方向难以确定。对此，通过尝试一些更新制度的创新变革，如放宽"用地兼容性"、推行"弹性用地"、设定部分用途可相互转化、给予工业"转型期"优惠等，可在避免频繁调整控规的同时，借助城市更新实现城市新用途和新功能的植入与升级，以降低原有用地性质转变的复杂度和程序挑战，强化城市建设法制化管理的权威性，减少不必要的行政干预和调控。

9.1.3 容量

就容量而言，"容积率"是地块开发容量的表征指标，也是城市更新过程平衡成本—收益、决定开发增值等的重要指标，是城市更新进程中最为敏感的要素之一。许多城市更新项目看似在做存量或减量规划，实质上却是减量上的"增量"——通过提升容积率来产生更多的收益以平衡成本和增加开发吸引力，从而推进方案实施。因此，容量变更依然是现在大量城市更新得以实现的"支柱性"力量，更是开发商介入的城市更新项目开展利益博弈的焦点。

离开容积率支持就无法实现的城市更新从长远来看是不健康、不可持续或难以为继的。倘若不能通过提升品质来确保更新收益，只是一味借助盖更高的楼房和提供更多的楼地板面积来吸引更新开发，则很可能导致城市建设在强度和密度上的失控。为此，部分城市在更新制度的创新设置上采取了一些积极的应对方法：设定容积率调整的上限；提出获得容积率提升或奖励的前提是项目为城市做出公共贡献，如增加公共空间、建设公共设施、提供公共住房等。

9.2 城市更新制度创新中的产权制度

从广州、深圳、上海三地的城市更新制度建设实践来看,产权制度创新的关键做法聚焦在更新项目的历史遗留问题处理、多主体实施、土地协议出让、带动和激励原产权方的自主更新、产权地块边界调整与产权年限等方面。

9.2.1 房与地的历史产权整理

对城市更新范围内土地、建筑物与构筑物等历史产权现状的摸底及相关遗留问题的处理,是城市更新项目开展的前提。《深圳市城市更新办法实施细则》规定在城市更新单元规划编制之前,主管部门要明确城市更新单元范围内土地的性质、权属、功能、面积,并核查和汇总地上建筑物的性质、面积等信息。并且,"城市更新项目范围内的违法用地、违法建筑应当依照有关法律、法规及广东省、本市有关规定接受处理后,方可作为权属确定的更新对象""城市更新项目范围内未办理房地产权登记、又不属违法用地或者违法建筑的建筑物、构筑物或者附着物,应当根据本市有关房地产权登记历史遗留问题处理的相关规定完善手续后,方可作为权属确定的更新对象"。深圳以城市更新触动土地管理制度改革,有效激发了广大社区参与城市更新的积极性,理顺了产权关系,一定程度上破解了困扰深圳多年的历史用地确权难题[79]。

《广州市城市更新办法》规定符合条件的土地要申请纳入省"三旧"改造地块数据库后,方可列入城市更新范围,包括:城市市区"退二进三"产业用地;国家产业政策规定的禁止类、淘汰类产业以及产业低端、使用效率低下的原厂房用地;规划确定改造的旧村庄和列入"万村土地整治"示范工程的村庄;由政府依法组织实施的对棚户区和危破旧房等地段进行旧城区更新改造的区域等,且具有相关产权问题的土地需要完善历史用地手续,按照规定进行历史用地处置。

广东省在推进"三旧"改造过程中通过土地政策改革,采用了多种途径处理房和地的产权历史遗留问题,即转合法、转性质、转地类[①]:①"转合法"指将一部分以往的违章占地转为合法。广东省农村建设用地很多,来源渠道不一,批准权限不同,手续档案不清,甄别难度大又烦琐。为支持"三旧"改造,国土资源

---

① 具体参见:陶然,王瑞民.城中村改造与中国土地制度改革:珠三角的突破与局限[J].国际经济评论,2014(3):28.

部专门下达用地指标用于处理过去遗留的违章占地,当地政府根据违章情节轻重规定了处罚办法;②"转性质"是指将列入城市规划区的集体建设用地转国有,这些土地主要是补缴部分地价,办理转性手续;③"转地类"是指将一部分原有的工矿企业或公益用地转为商业、商住等经营性用地,这些地块若按照原来办法进行土地使用类型转换,则必须将原有土地交还政府,由政府重新通过"招拍挂"程序开发。

城市更新已经成为解决深圳快速城市化过程中历史遗留问题的一个重要手段,深圳尽管在2004年实现了名义上的土地国有化,但原农村集体经济组织仍然实际占用300多km^2建设土地,建设了数亿平方米的违法建筑,延续着简单粗放的出租经济模式,陷入"政府拿不走、社区用不好、市场难作为"的困局[45]。近年来,深圳突破性地探索农地入市,"通过土地整备、整村统筹等一系列关于土地收益共享的机制设计,通过政府、企业与社区合作盘活土地资源,在实现产业转型升级的同时推动社区彻底融入城市,完成原村民'人的城市化'"以及房地产权的历史整理[45]。

9.2.2 更新项目的多主体实施

大多数城市都鼓励城市更新项目的多主体参与,深圳更是程序性地明确了城市更新项目的"多主体申报"可能,并最终确定如开发商、原业主等项目实施主体和主要责任方。《广州市城市更新办法》指出"城市更新可以由市政府工作部门或区政府及其部门作为主体,也可以由单个土地权属人作为主体,或多个土地权属人联合作为主体,综合运用政府征收、与权属人协商收购、权属人自行改造等多种改造模式","城市更新通过市场运作的,应当选取与更新规模、项目定位相适应,有资金实力、开发经验和社会责任感的诚实守信的企业"。依据2015年公布的《广州市旧村庄更新实施办法》《广州市旧厂房更新实施办法》和《广州市旧城镇更新实施办法》,旧村庄全面改造主要包括征收储备、自主改造、合作改造三种模式;旧厂房改造方式分为政府收储、自行改造以及政府收储和自行改造结合三种;城镇更新改造可以采取全面改造和微改造两种形式,"对于规模较大的旧城镇全面改造项目,可由政府先建设安置房后启动改造拆迁,并探索零星自愿申请改造、成片协商收储改造与国有土地上房屋征收相结合的更新方式"。

类似地,《深圳市城市更新办法实施细则》规定更新单元计划的申报主体按照以下方式确定:权利主体自行申报;权利主体委托单一市场主体申报;市、区政府相关部门申报。在申报更新单元计划时,城市更新单元内权利主体的城市更新意愿应当符合下列条件：城市更新单元拆除范围内用地为单一地块，权利主体单一的，该主体同意进行城市更新；建筑物为多个权利主体共有的，占份额2/3以上的按份共有人或者全体共同共有人同意进行城市更新等。

虽然对于拆除重建类项目，深圳规定"同一宗地内建筑物由业主区分所有，经专有部分占建筑物总面积2/3以上的业主且占总人数2/3以上的业主同意拆除重建的，全体业主是一个权利主体"。但为了进一步减少争议、避免协商中的意外事件以及维护社会公正，2017年1月深圳出炉的《关于加强和改进城市更新实施工作的暂行措施》明确规定：零散旧住宅区部分由区政府组织开展前期工作，由区城市更新职能部门申报，权利主体的城市更新意愿应当达到100%，且零散旧住宅区的住宅类合法房屋产权置换原则上按照套内面积1：1进行[80]——这无疑加大了旧住宅区拆迁更新项目的实施难度，抑制了各方利益博弈的空间，在减少项目风险和争议的同时降低了相关项目的市场热度。

9.2.3 更新地段的土地协议出让

城市更新的有效推动与土地政策的支撑密不可分。广州、深圳的城市更新在土地制度上的变革力度相对较大，影响最为深远的是在满足相应条件和程序的前提下，待更新土地可以协议出让，从而突破了市场运作中更新主体只能通过招拍挂的"价高者得"这一形式获取土地开发权的制约。

《深圳市城市更新办法》规定"拆除重建类城市更新项目范围内的土地使用权人与地上建筑物、构筑物或者附着物所有权人不同或者存在多个权利主体的，可以在多个权利主体通过协议方式明确权利义务后由单一主体实施城市更新"。《深圳市城市更新办法实施细则》指出拆除重建类城市更新项目的实施方式主要包括：权利主体自行实施、市场主体单独实施、合作实施和政府组织实施。其中，市场主体单独实施指"项目拆除重建区域内的权利主体将房地产权益转移到非原权利主体的单一市场主体后由其实施"；合作实施是指"城中村改造项目中，原农村集体经济组织继受单位可以与单一市场主体通过签订改造合作协议合作实施"；而政府组织实施是指"政府通过公开方式确定项目实施主体，或者由政府城市更新实施机构直接实施"，上述三种途径都为城市更新中的土地协议出让提供了多种渠道和推进可能。按照《深圳市城市更新办法实施细则》，属于以旧住宅区改造为主的改造项目的，区政府应当在城市更新单元规划经批准后，组织制定搬迁补偿安置指导方案和市场主体公开选择方案，经占建筑物总面积90%以上且占总数量90%以上的业主同意后，公开选择市场主体；市场主体与所有业签订搬迁补偿安置协议后，形成单一主体。

9.2.4 原产权方的自主更新

无论广州、深圳或上海，原产权人发起的自主更新行为均是城市更新实践重要的组成部分和项目类型。这种自主更新涉及的产权问题相对简单，其难度在于当更新地段涉及多个原产权所有人的情况下，如何达成产权所有人对于更新方向和建设要求等的一致同意。

《上海市城市更新规划实施办法（试行）》（2015）明确指出："已纳入土地征收范围的旧城改造、工业转型、城中村改造地区，应当按照其他相关规定执行。"可见，与广州在城市更新政策上推行的重点地段土地政府"应储尽储"不同，也与深圳规定的"市、区政府可以通过房屋征收、土地和房地产收购等方式对城市更新单元内的用地进行整合，采用招标、拍卖、挂牌等公开方式出让土地使用权"不同，《上海市城市更新实施办法》的适用范围通常不涉及政府征收土地加以储备，然后上市开发的情况。因此，除部分政府主导的非征收型更新项目之外，现物业权利人发起的自主更新成为《上海市城市更新实施办法》适用的主要类型。

《上海市城市更新规划土地实施细则（试行）》（2015）规定："更新项目主体可以由现有物业权利人或现有物业权利人组成联合体担任，现有物业权利人可以委托或引入其他符合规定的单位作为建设投资主体或物业经营者，共同参与城市更新项目的实施。"在上海，开发投资者通常通过受现有物业权利人的委托等形式加入到更新项目实施中。对于更新建设后的物业产权情况，上海《更新规划土地实施细则》亦做出了一定规定，如"规划用途为商务办公用地，由现有物业权利人联合开发的，现有物业权利人应当持有50%以上物业产权；由现有物业权利人独立开发的，现有物业权利人应当持有60%以上的物业产权"，以减少原产权所有人通过城市更新项目进行物业建设和买卖以获取利益的纯牟利行为。

在上海的城市更新执行过程中，通过区域评估确定城市更新单元和实施计划等工作由政府负责和主导。在更新项目意向性方案和更新单元建设方案的编制过程中，政府相关部门、规划技术人员、物业权利人及其他利益相关人等之间通过沟通协商，确定项目的建设规模、改造方式、公共要素、建设义务等，然后将之通过签订项目协议的方式加以契约化。

9.2.5　产权地块边界调整与产权年限

地块产权边界是否可以调整，产权年限的设定和变更等规定会影响到城市更新项目实施的市场吸引力、更新模式等。《上海市城市更新实施办法》规定"在同一街坊内，对符合相关要求的地块可进行拆分合并等地块边界调整"。《上海城市更新规划技术要求（试行）》（2015）进一步明确，同一街坊内的地块在相关利益人协商一致的前提下可以进行地块边界调整，包括：① 更新地块与周边的边角地、夹心地、插花地等无法单独使用的土地合并；② 相邻地块合并为一幅地块；③ 一幅地块拆分为多幅地块；④ 在保证公共要素的用地面积或建筑面积不减少的前提下，对规划各级公益性设施、公共绿地和广场用地的位置进行调整。

在产权年限上，《上海市城市更新实施办法》规定："以拆除重建方式实施的，可以重新设定出让年期；以改建扩建方式实施的，其中不涉及用途改变的，其出让年期与原出让合同保持一致，涉及用途改变的，增加用途部分的出让年期不得超过相应用途国家规定的最高出让年期。现有物业权利人或者物业权利人组成的联合体，应当按照新土地使用条件下土地使用权市场价格与原土地使用条件下剩余年期土地使用权市场价格的差额，补缴土地出让价款。"《深圳市城市更新办法》也给出了相应要求，如"功能改变后的土地使用期限按照原用途的使用期限扣除已实际使用时间的剩余期限确定"。《广州市城市更新办法》指出："城市更新项目以拆除重建方式实施的，其土地使用权出让年期不超过相应用途经营性用地的最高出让年期。以改建扩建方式实施且用途不改变的，其出让年期与原土地出让合同保持一致；涉及用途改变的，其出让年期不超过相应用途经营性用地的最高出让年期。"

其他相关的城市专项政策，如《关于加强上海市工业用地出让管理的若干规定（试行）》（2014）等，对于土地的产权年限，产权边界的拆分、合并及其他调整等更是提出了明确要求。因50年的工业用地出让年限，让许多土地利用效益低下甚至未真正进行工业开发的用地固化在一部分企业业主手中，无法得到有效的"市场释放"及后续的再次开发利用；一些企业业主充当"房东"以出租出让"地"或"房"来获利，导致土地流转的无序以及公共收益的侵占，由此形成的事实上的产权关系变化造成了管理上的种种障碍[7]。由于工业产权地块的面积通常较大，允许分割地块进行产权变更可以保证厂区更新和再利用的流动性、灵活性与可操作性，但产权分割可能带来的过于细碎的切分风险又会造成地块产权的碎化和无序，造成管理隐患。因此，对于工业用地的产权年限、产权分割和边界调整，在不同城市的不同建设时期，通常会出现不一样的政策倾向和管控要求（表9.1）。

表 9.1 国内各城市工业用地盘活的不同政策比较（2015 年以前）

城市/省	用地出让年限	用地/房屋分割	用地/房屋租赁	开工建设保证	配套设施建设	用地收回	用地/房屋流转	其他
北京	缩短出让年限，一般不高于20年	—	直接租赁，期限10年	—	—	低效利用用地	有条件转让	代建厂房
上海	20年/弹性出让10~50年	不得整体、分割转让	鼓励租赁	履约保证金	7%可以用于配套设施建设	逾期不开工可收回土地	变向流转，受让人资格需审查	鼓励商务楼宇购买及定制；项目用地带方案出让
深圳	弹性年期制度	—	—	—	—	—	可约定自用或出售比例，转让增值收益交管理局	招商引资项目联合审查制度
杭州	最高年限30年，转让前需通过6年试用期	厂房可分幢、分层转让	—	—	配套用地不得超过7%	—	—	鼓励发展产业用地。工业用地容积率不得低于1.2，标准厂房用地容积率不得低于1.8
广州	—	—	—	—	7%（单个项目）、14%（建筑）、15%（用地）	—	—	严禁建造成套住宅
湖南	五档出让年限（10~50年）	—	租赁供应为常态，出让供应为特例	—	—	—	—	推广标准厂房模式
青岛、临沂、中山	弹性年期最高不超过20年，续期不得超过20年(临沂)	分割后可以申请转变用途（青岛）	—	—	—	—	—	工业厂房开发实施准入审批（中山）

资料来源：唐燕. 新常态与存量发展导向下的老旧工业区用地盘活策略研究. 经济体制改革，2015(4)：102-108.

9.3
城市更新制度创新中的用途制度

城市更新制度关于土地用途变更方面的规定,主要涉及是否调整法定规划、变更后的土地增值收益如何公平分配和合理使用等方面。那些通过修改控制性详细规划实现土地用途变化的做法,符合目前常规的规划管控要求;其他一些全新的程序要求和增值收益处理规定,则是对现有规划管理的突破和变革。

9.3.1 用途变更与法定规划的用地性质管控

在广州和上海,城市更新地块的用途变更通常需要按照常规程序,调整控规中的用地性质方能进行地段的再开发和再利用。《广州市城市更新办法》要求:"城市更新片区策划方案经市城市更新领导机构审定后,涉及调整控制性详细规划的,由市城市更新部门或区政府依据城市更新片区策划方案编制控制性详细规划调整论证报告,提出规划方案意见,申请调整控制性详细规划,报市规划委员会办公室提交市规划委员会审议并经市政府批准。"

《上海市城市更新实施办法》要求"城市更新项目的土地使用条件应当根据经批准的控制性详细规划确定",《上海市城市更新规划实施办法(试行)》则指出城市更新"涉及控制性详细规划调整的,由区县规划和土地管理部门根据区域评估报告明确的规划调整要求,编制控制性详细规划设计任务书,同步上报规划和国土资源主管部门。区域评估报告由区县人民政府批复并送市更新工作领导小组办公室备案通过的,由市规划和国土资源主管部门同步完成规划设计任务书审核或备案,启动控规调整工作"。通过修改和调整控规实现土地用途变更的做法,由于时间周期长、过程复杂,会在一定程度上增加项目的成本投入,降低市场参与的热情和积极性。

深圳在更新项目的实际操作中,地段的城市更新单元规划基本可以等同视之为地段的法定图则,因此减少了通过法定程序调整老规划和认定新规划的烦琐流程与成本投入,加大了项目实施力与市场吸引力。依据《深圳市城市更新办法实施细则》规定,"城市更新单元规划的批准视为已完成法定图则相应内容的编制和修改,经批准的城市更新单元规划是相关行政许可的依据"。但是,这样做也导致部分更新项目对法定图则合理规定的突破与建设失序,因此深圳在城市更新政策的不断调整过程中,越发强化法定图则的管控作用,要求更新项目必须遵守法定图则的核心要求，法定图则的强制性内容不能变等，从而实现全市统筹，防止过度放宽导致的更新失控与公共设施配套不足。为此，细则强调应"研究已批法定图则规定的各类用地性质和开发总量，深化、落实法定图则规定的各类城市基础设施和公共服务设施用地规划指标和空间布局"。

9.3.2 用途变更中的地价处理

"存量补地价"是针对因土地用途改变等产生的增值收益而做出的一种利益分配制度，适用于未通过上市交易等途径实现收益缴费的更新情况。依据《深圳市城市更新办法》，"功能改变类城市更新项目改变部分或者全部建筑物使用功能，但不改变土地使用权的权利主体和使用期限，保留建筑物的原主体结构"。在处理功能转变带来的城市更新收益时，办法提出"市规划国土管理部门批准功能改变的，应当与土地使用权人签订土地使用权出让合同补充协议或者补签土地使用权出让合同；土地使用权人应当按照相关规定缴纳地价"。

《上海市城市更新实施办法》也规定："现有物业权利人或者联合体为主进行更新增加建筑量和改变使用性质的，可以采取存量补地价的方式。"办法要求："城市更新按照存量补地价方式补缴土地出让金的，市、区县政府取得的土地出让收入，在计提国家和本市有关专项资金后，剩余部分由各区县统筹安排，用于城市更新和基础设施建设等。对纳入城市更新的地块，免征城市基础设施配套费等各种行政事业收费，电力、通信、市政公用事业等企业适当降低经营性收费。"《广州市旧厂房更新实施办法》规定："旧厂房改变功能应符合控制性详细规划。旧厂房改变功能项目一般不增加建筑面积，因完善自身建筑使用功能确需加建附属设施的，应当按照相关规定取得规划许可文件并按照有关规定补缴土地出让金。"

关于如何补交地价，三地的城市更新相关政策中都有相对明确的计算标准、方法和要求等。2009版《深圳市城市更新办法》在第三十六条至第三十九条中对地价补交作出了相对详细的规定，但为了适应市场变化需求，减少办法变更频率，新版更新办法删除了这些条款，变更为"城市更新项目地价计收的具体规定，由市政府另行制定"。老版更新办法对地价补交的一些相关要求如下："第三十六条，拆除重建类城市更新项目中城中村部分，建筑容积率在2.5及以下部分，不再补缴地价；建筑容积率在2.5至4.5之间的部分，按照公告基准地价标准的20%补缴地价；建筑容积率超过4.5的部分，按照公告基准地价标准补缴地价"；"第三十八条，拆除重建类的工业区升级改造项目升级改造为工业用途或者市政府鼓励发展产业的，原有合法建筑面积以内部分不再补缴地价；增加的建筑面积按照公告基准地价标准的50%缴纳地价"。总体上，通过《深圳市宗地地价测算规则（试行）》（2013）等一系列独立地价政策的出台，深圳明确了地价补交要求及土地增值收益的分配方式，即除部分依规定归属政府外，业主和开发商等分享大部分的土地增值收益以调动城市更新的市场动力。

9.3.3 弹性用地与用地兼容性规定

设定用地兼容性及确定一些弹性用地，是减少城市更新过程中因用途改变而频繁调整法定规划的有效途径，上海和深圳均对此进行了制度探索创新。《上海市城市更新实施办法》规定："在符合区域发展导向和相关规划土地要求的前提下，允许用地性质的兼容与转换，鼓励公共性设施合理复合集约设置。"《上海城市更新规划技术要求（试行）》（2015）针对用地兼容性和转换，提出"公益性设施可按《上海控制性详细规划技术准则》规定的混合用地引导表，与各类用地兼容或混合设置，鼓励公益性设施合理混合设置；住宅用地可以全部或部分转换为公益性设施或公共租赁房（宿舍、人才公寓等）用地；在满足地区规划导向的前提下，办公用地与商业用地可以相互转换；非住宅用地不得调整为住宅用地"。《上海市城市更新规划土地实施细则（试行）》（征求意见稿）中规定："根据风貌保护要求确认的保护、保留历史建筑，因功能优化再次利用的，其用地性质可依据实际情况通过相应论证程序进行转换。"在深圳，城市更新办法提出"根据保障性住房建设及产业用房建设的有关要求，可以在拆除重建类项目中配建一定比例的政策性用房"；"功能改变类更新项目可以根据消除安全隐患、改善基础设施和公共服务设施的需要加建附属设施，并应当满足城市规划、环境保护、建筑设计、建筑节能及消防安全等规范的要求"等。

9.4
城市更新制度创新中的容量制度

增加容积率已成为推进城市更新实施的常见手段，但缺少容量上限管控和容积率增加的条件设定等，容易导致高强度建设带来的城市空间承载力破坏以及老旧公用设施不堪重负。在深圳，市场驱动的城市更新以拆除重建方式为主，不断提高的项目拆赔比最终都要转化为容积率和建设增量，导致深圳城市空间不断增高加密和人口的进一步集聚[45]。因此，城市更新制度建设需要通过科学设定容积率上限、容积率奖励与转移机制，来实现更大区域的建设统筹及公共利益维护，并通过合理的分配机制实现收益共享。

9.4.1 容积率奖励与转移

根据城市更新项目对城市建设做出的"额外"公共贡献，来确定容积率提升数量的奖励措施在发达国家的规划管理中十分常见，我国目前还处在探索期。各城市出台的控制性详细规划相关管理文件和技术规范中，常常涉及容积率奖励方面的规定和创新，这些通行规则同样适用于城市更新项目。

《上海市城市更新实施办法》提出："按照城市更新区域评估的要求，为地区提供公共性设施或公共开放空间的，在原有地块建筑总量的基础上，可获得奖励，适当增加经营性建筑面积，鼓励节约集约用地。增加风貌保护对象的，可予建筑面积奖励。"《上海城市更新规划技术要求（试行）》进一步明确，增加各地块建筑面积必须以增加公益性设施或公共开放空间为前提：① 规划保留用地内根据评估要求新增公益性设施的，或经认定具有保留价值的新增历史建筑且用于公益性设施的，可在原有建筑总量不变的基础上，额外增加相应的公益性设施建筑面积；② 在建设方案可行的前提下，规划保留用地内的商业商办建筑可适度增加面积（具体增加面积按照提供公共空间和公益性设施的情况确定）；③ 历史文化风貌区内应当严格控制经营性建筑面积的增加；④ 因确有实施困难，在满足消防、安全等要求的前提下，经相关主管部门同意，与利害相关人协商一致，建筑密度、绿地率、建筑退界和间距等可以按不低于现状水平进行控制。

2018年公布的《深圳市城市更新单元规划容积率审查规定》（征求意见稿）提出了专门的容积率奖励规定：① 开发建设用地中，依据《关于加强和改进城市更新实施工作的暂行措施》《深圳市城市更新项目保障性住房配建规定》和《深圳市城市更新项目创新型产业用房配建规定》等规定配建的人才住房、保障性住房、人才公寓及创新型产业用房等政策性用房，除明确规定计入基础建筑面积的，其余建筑面积作为奖励容积（增配的不作为奖励容积）；② 开发建设用地中，按已生效规划及《深圳市城市规划标准与准则》《关于加强和改进城市更新实施工作的暂行措施》等要求落实的附建式公共设施、交通设施及市政设施，其建筑面积作为奖励容积；③ 依据已批法定规划中相关城市设计要求，城市更新单元内，为连通城市公交场站、轨道站点或重要公共空间，经核准设置24小时无条件对公众开放的地面通道、地下通道、空中连廊，并由实施主体承担建设责任及费用的，按其对应投影面积的1倍作为奖励容积；④ 城市更新单元拆除用地范围内，保留已纳入市政府公布的《深圳市历史建筑名录》或市主管部门认定有保留价值的历史建筑但不按照第五条相关要求移交用地的，按保留建筑的建筑面积及保留构筑物的投影面积之和1.5倍面积作为奖励容积；⑤ 市政府规定的其他奖励情形。总体上，上述奖励容积之和不应超出基础容积的30%；因配建人才住房、保障性住房所核算的奖励容积超出基础容积20%的部分可不受该限制。

深圳更新范围内的项目容积率包括基准容积率、转移容积率、奖励容积率三个部分，《深圳市城市更新单元规划容积率审查规定》提出了深圳城市更新单元的"转移容积"规定，即城市更新单元内按规定可转移至开发建设用地范围内的容积要求。例如：城市更新单元拆除用地范围内经核算的实际土地移交用地面积超出基准土地移交用地面积的，超出的用地面积与基础容积率的乘积作为转移容积；根据《关于城市更新促进公共利益用地供给的暂行规定》可转移至城市更新单元开发建设用地范围内的建筑面积作为城市更新单元拆除用地范围外的转移容积进行核算。

9.4.2 容积率限制与收益分配

为防止更新过程中城市建设容量的过度增长，各地对容积率增加或者奖励的上限通常都会给出明确约束。近年来，深圳城市更新的容积率越来越高，原特区内更新项目中毛容积率高达10的情况并不少见，甚至原特区外较容易更新的地区在更新后也建成了超高层住宅群、200~300m超高层办公群[77]。深圳通过分区的方法来管控城市更新的容积率上限，2017年《深圳市城市规划标准与准则》的密度分区进行了修订，但对原特区外密度一区、二区的范围进行了增加，并将各级中心区的核心地区分别纳入密度一区、二区和三区，这实质上提高了原特区外地区的开发强度上限和更新操作空间[82]。《上海市城市更新规划土地实施细则（试行）》（征求意见稿）对"更新单元总量平衡和地块容积率奖励"进行了规定，要求"实施计划阶段，增加各地块建筑面积必须以增加公共设施或者公共开放空间为前提，各种情形对应的建筑面积调整一般不超过本规定设定的上限。各更新单元内部，可在现有物业权利人协商一致后，进行各地块建筑面积的转移补偿"。

更新地块开发中增加的建设容量和相关增值收益，不应被开发者或者原业主独自享有，因此相关城市更新政策也会针对此类情况做出规定。例如，《广州市旧村庄更新实施办法》要求："旧村庄更新改造项目，经审定的项目实施方案确定的建筑面积（用地）与规划的建筑面积（用地）相较有节余的，按照4∶3∶3的比例由市政府、区政府、村集体进行分配；市、区政府用于增加公建配套或统筹建设城市更新改造安置房，村集体用于改造项目的统筹安排。"但总体上，现行财税体制仍不能支持城市更新形成一套保证空间增值收益有效还原公共财政的途径和机制；目前城市更新的利益共享只是限于更新项目范围内，纳入更新范围就意味着能够享受财富增值的政策红利，而不能在更大范围内实现空间收益的公平分配[45]。

9.5 我国城市更新制度创新的未来走向

在上面详细讨论的三方面关键制度规定外，未来我国各地的城市更新制度建设可以在流程再造、主体明确、利益界定、目标引导和多元机制引入等方面重点着力。

9.5.1 流程再造

城市更新作为特殊的城市建设类型，其制度建设首先需要对项目更新全过程进行新的设计和规划，以实现高效明晰的更新"流程再造"，并在流程再造基础上搭建出城市更新事务的大致框架和环节，完善更新的细节要求与相关规定。清晰的工作流程和相关要求设定，是帮助城市更新主体快速找到更新项目的工作起始点，然后按照步骤逐渐推进项目进程，最终实现项目落地与后期维护的前提和基础。

2016年，由世界银行出版的《更新城市用地：借助民间力量的指导手册》（*Regenerating Urban Land: A Practitioner's Guide to Leveraging Private Investment*）将城市更新分为"调查—规划—筹资—实施"四个阶段（图9.2）：① 调查阶段。调查阶段是城市更新工作开展的第一个阶段，通过调查了解城市的历史和独特的"DNA"，为城市更新的战略决策提供分析基础。② 规划阶段。通过规划确立长期规划愿景与规划原则，通过有效的规划框架促进政府、私营部门和社区居民之间的合作，并与监管流程相结合。规划阶段应详细说明城市更新项目的所有重要内容，包括土地、社区和环境问题。③ 融资阶段。大规模的城市更新项目比较复杂，很少有城市拥有足够的资源来为城市更新实施提供资金，城市更新需要与私营部门分担成本，同时分担风险和技术。④ 实施阶段。实施阶段需要将长期的更新愿景转化为公共和私营部门之间的财务、合同和体制关系。这一阶段包括构建健全的制度和可行、可持续的组织机构，通过多政府部门合作来实现[81]。当前城市更新的管理方式越来越精细化（表9.2），如在调查阶段更加关注城市的经济、社会和文化，以及城市更新的可实施性；在规划阶段强调规划与法规的结合，与私营部门如何合作；在融资阶段实现丰富的政府融资渠道和金融监管工具；在实施阶段关注公私关系、实施风险、实施过程等。

图 9.2 城市更新管理流程图
资料来源：Amirtahmasebi R, Orloff M, Wahba S, et al. Regenerating Urban Land: A Practitioner's Guide to Leveraging Private Investment [M]. World Bank Publications, 2016.

表 9.2 城市更新管理"工具箱"

	阶 段		内 容
1	调查阶段 Scoping	微观层面	目标愿景，地形，经济增长动力，现状地图，市场分析，现状调查；发展障得，潜在的项目成本和资金来源，社交地图和社区发展动力，社会经济因素
		宏观层面	经济成分，经济数据，社会经济和人口数据，物质空间分析，资产/网络/社会媒体地图，基础设施，发展动态，住房，财政分析，政治分析，市场评估和私营机构，历史文化，实践案例，政府机构

续表

	阶 段		内 容
2	规划阶段 Planning	规划体系和工具	规划框架（规划大纲、规划计划、规划法规） 总体规划（可行性研究，战略框架，城市空间） 开发设计
		规划实施计划	设置规划场景 制定实施过程和制度设置 与私营部门合作的计划
3	融资阶段 Financing	政府融资工具	资本投资计划 政府间转移支付
		金融监管工具	公共用地（出售或长期租赁、土地交换、作为实物支付、作为产权资本） 私有土地（金融工具：非资本/资本市场；监管工具：政策/财政）
4	实施阶段 Implementation	政府部门管理	建立一个强大的愿景 建立民主、透明、开放、公平的过程 设置分配稀缺的资源的优先级 资本利用
		公私关系	公共土地的使用/收益分享/竞争过程/基础设施建设/保障公共利益/过程和结果监管
		分期实施	分阶段实施城市更新项目
		降低风险	风险评估框架

资料来源：Amirtahmasebi R, Orloff M, Wahba S, et al. Regenerating Urban Land: A Practitioner's Guide to Leveraging Private Investment [M]. World Bank Publications, 2016.

上海提出"全生命周期"的特色工作流程，城市更新重点包括前期的策划协商过程和后期的实施过程。在"区域评估—实施计划（控规调整）—全生命周期管理"的更新试点项目实施程序中，政府的严格管控有效规范化了城市更新项目的开展，但也因为控规调整环节复杂、城市更新协商过程长且烦琐，政府、组织实施机构、更新主体、相关利益人等之间的有效沟通平台缺乏等，导致更新项目的交易成本过高，社会参与热情受到制约。

图9.3展示了深圳现行城市更新中占据主流的更新项目的更新流程[①]：① 在项目前期阶段，业主发起城市更新并选择开发商进行更新项目申报，核心是就拆赔

---

① 具体参见：苏海威，胡章，李荣. 拆除重建类城市更新的改造模式和困境对比[J]. 规划师，2018（6）：123-128.

事项达成一致；② 在项目立项阶段，项目被纳入城市更新计划后，业主与开发商需要组织编制城市更新专项规划并通过政府审批，核心是明确规划技术指标和涉及公共利益的用地；③ 在项目实施阶段，按照更新规范确定实施主体后，由其出资主导拆迁、征地、补偿及建设等事宜，并按规定补缴地价；④ 在项目收益分配阶段，补缴地价、根据前期协议分配安置房之后，开发商获得商品房和按规定配建的保障性住房的出售收益。这个过程中，业主有发起更新和选择合作开发商的权力，有效保障了业主参与更新的兴趣和权益；城市更新规划编制权和增值收益的超额部分基本属于开发者一方，极大地激发了市场参与的积极性[82]，但这种"轻政府"的流程设计也对城市建设有序约束和更新规划的整体调控提出了挑战。一些更新项目中，甚至出现了多家房地产企业在同一旧区各自设置开发办公室并与业主分头谈判的激烈竞争局面，不断推高拆赔标准和更新成本，引发了市场混乱、业主波动以及"钉子户"的出现。

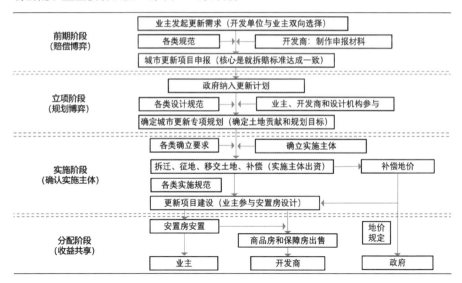

图9.3 深圳市场主体独立实施更新项目的基本流程
资料来源：苏海威，胡章，李荣.拆除重建类城市更新的改造模式和困境对比[J].规划师，2018（6）：123-128.

概括来讲，我国当前城市更新的制度设计在流程上通常包括更新立项与计划阶段、现状评估与整理阶段（可能是立项阶段的组成部分）、更新单元/片区规划制定阶段、项目审批和建设管理阶段、项目实施与利益分配阶段五大环节。不同城市更新流程设计的利弊各不相同，具体效果又会因为更新项目发起的主体不同、类型不一而表现出不同的实际工作进展。

9.5.2 主体明确

城市更新活动涉及的利益相关者和项目介入者的角色非常多元,通过制度设计明确更新项目的运作主体极为重要,这是确定更新项目主导力量和运作机制的关键所在。城市更新的运作主体可以是单一的,也可以是混合的(如政府与企业、业主与企业等)。过去,在早期快速城镇化背景下,城市更新受到土地财政的强力推动,政府与开发商往往通过形成"开发联盟",以拆除重建的"运动式"更新来快速推进城市的改造和空间面貌的提升[83]。

若简单将城市更新依照主导力量的不同分为"政府主导""社会主导"和"市场主导"三种类型,不同类型的更新方式和利益分配模式差异明显。"政府主导"的城市更新在我国已经具有相当长时期的实践,政府借助其公权力,在全面控制更新的成本、进度、规划方案等情形下,实现对更新地块的人员安置、再规划与再开发等系列工作。"社会主导"的城市更新,重在强调通过"业主方"的自主改造来实现地段建设的提质增效,因而对资金来源、利益相关者的共识、长时期的更新维护、成本控制等问题的突围,是社会主导型更新能够得以有效运作的前提。社会主导的城市更新项目在我国尚不是主流,但随着社区营造、微改造等新活动的倡导、带动和示范,这类城市更新实践将变得越来越重要和普遍。以开发商为代表的"市场主导"的城市更新,一直是城市再开发的常见模式,其优势在于市场资本的强力注入,但也带来开发商一味追求利益最大化的弊端。

城市更新的整体制度设计也往往会在政府、社会(业主)、市场(开发商)之间做出责权利的划分。广州的城市更新在经历了曾经市场运作的弊端之后,政府扮演着越来越重要的角色,《广州市城市更新办法》明确规定:"城市更新应当注重土地收储和整备,按照片区策划方案确定的发展定位、更新策略和产业导向的要求,加强政府土地储备,推进成片连片更新。"深圳城市更新更多地将政府角色设定为"守夜人",政府与企业、业主形成裁判员和运动员的关系,政府承担规则制定者和执行监督者的责任,在持续推进更新的过程中研究深化更新政策和制度,完善城市更新的规则体系;业主与开发企业则在政府制定的更新规则下负责更新项目的各类具体事项、推进城市更新项目的建设落地并获得相应利益[82]。

9.5.3 利益界定

城市更新制度建设中关于产权、用途和容量的制度安排,涉及更新项目中的相关利益界定,是从细处明确责权边界和收益分配的规则设定;而城市更新的项目流程设置，特别是协商环节等，亦界定了社会各方在更新过程中进行利益博弈的可能性和空间大小，以及博弈阶段和参与博弈的主体构成等。

政府强主导的城市更新体系中，各方进行利益博弈的环节和空间相对较小，而在以深圳为代表的"市场运作"的城市更新体系下，各方博弈成为更新项目达成利益界定的重要途径。深圳城市更新采用了综合整治、功能改变、拆除重建的多模式并举方式，过程重视对原权利人权益的保障和维护。大部分更新项目的实施要求通过协商实现原产权人一致同意（通常为2/3以上人数），这有利于将矛盾化解在项目建设之初，避免后期拆迁过程中暴力和维权等冲突事件的发生，实现各方利益和责任的分担。但由于拆迁协商中没有明确的拆赔标准，业主和开发商等之间可以就拆迁赔偿进行充分博弈。过去，原权利人常常因为权利和信息不对等在协商中处于弱势地位，如今物业升值的市场诱惑以及更新制度对原产权人利益的充分维护，导致部分产权人的博赔心理空前膨胀，通过违法抢建争取更多赔偿、对拆迁补偿漫天要价和层层加码等现象层出不穷，致使城市更新陷入"拆不动、赔不起、玩不转"的困境，引发社会对更新利益分配正义性与公平性的质疑。此外，政府将城市更新单元规划的编制权交给业主及开发商——经政府审批后的更新专项规划可"替代"原有法定图则，这也体现出要求业主、开发商和政府三方博弈的制度设计特点[82]。

9.5.4 目标引导

设定明确的更新目标和价值导向，是城市更新制度引导更新建设有的放矢的指路明灯，也是帮助政府和社会各方在更新过程中对更新决策做出判定的价值基石。《广州市城市更新办法》明确提出了增进公共利益与完善公共设施、促进产业结构调整和升级转型、延续历史文化传承等城市更新目标及其价值导向：城市更新应当增进社会公共利益，完善更新区域内公共设施，充分整合分散的土地资源，推动成片连片更新，注重区域统筹；城市更新应当有利于产业集聚，促进产业结构调整和转型升级，引导落后产业整合和升级改造；城市更新应当坚持历史文化保护，延续历史文化传承，保护城市脉络肌理，塑造特色城市风貌，提升历史文化名城魅力。

《深圳市城市更新办法》提出城市更新的动因与目标是要"进一步完善城市功能，优化产业结构，改善人居环境，推进土地、能源、资源的节约集约利用，促进经济和社会可持续发展"。深圳城市更新的目标特点和价值导向是"公益优先"，强调在更新单元内必须优先安排公共配套设施，通过容积率转移、奖励等措施实现利益共享[84]。促进产业发展亦是深圳城市更新的核心目标，城市针对旧工业区出台了允许加建扩建、功能改变和土地延期等系列激励政策，试点开展以综合整治为主的复合式城市更新。但深圳传统的城市更新单元规划多以"地块"为单位，空间分布较为零散，难以对新产业的引进提供有效的空间支持和产业发展方向引导，因此有必要以产业为导向在城市片区层面对城市更新单元规划进行统筹，以增强城市政府对新型产业的导控能力，例如把产业发展方向与开发容量紧密挂钩，对鼓励的产业功能提供更多的开发容量倾斜等[78]。

《上海市城市更新实施办法》指出城市更新是对本市建成区城市空间形态和功能进行可持续改善的建设活动，"应当坚持以人为本，激发都市活力，注重区域统筹，调动社会主体的积极性，推动地区功能发展和公共服务完善，实现协调、可持续的有机更新"。办法对城市更新的功能目的做了详细阐述，即"完善城市功能，强化城市活力，促进创新发展；完善公共服务配套设施，提升社区服务水平；加强历史风貌保护，彰显人文底蕴，提升城市魅力；改善生态环境，加强绿色建筑和生态街区建设；完善慢行系统，方便市民生活和低碳出行；增加公共开放空间，促进市民交往；改善城市基础设施和城市安全，保障市民安居乐业"等。总的来讲，以区域评估、全生命周期和公共要素清单为特点的上海城市更新，补足地区公共设施和环境要素是更新的重中之重。

9.5.5 多元机制

城市更新制度为创建多元化的更新运作机制提供了良好契机，应在制度创建过程中有意识地开发和培育，如城市更新导向下的土地管理机制变革、更新模式创新、公众参与、社区规划师制度建立等。

例如，深圳通过政策联动，以城市更新促进土地管理制度改革（图9.4），在土地出让方式、地价差异化标准、地价与容积率联动等方面进行了政策创新[84]，权利人可自行改造以及自行改造的项目不需要以"招拍挂"方式出让土地使用权明确之后，极大促进了原权利人进行改造的积极性[85]。粤府〔2009〕78号文件指出广东省"三旧"改造对国土资源政策有六大突破：一是简化了补办征地手续；二是允许按现状完善历史用地手续；三是允许采用协议出让供地；四是土地纯收益允许反拨支持用地者开发改造；五是集体建设用地改为国有建设用地，可简化手续；六是边角地、插花地、夹心地处理有优惠。此外，在土地制度没有突破性变革的上海等地，城市更新亦实现了规划和土地政策的有效对接和并进（图9.5）。

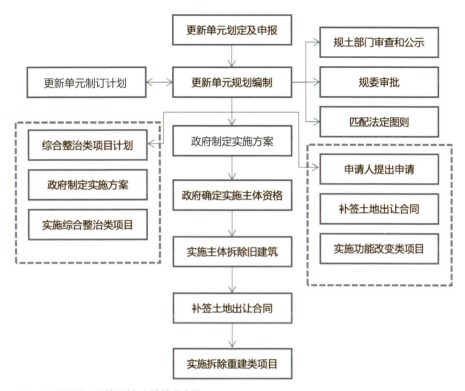

图 9.4 深圳城市更新规划和土地管理流程

资料来源：林华. 城市更新规划管理与政策机制研究——以上海和深圳为例[C]//2017中国城市规划年会论文集，2017.

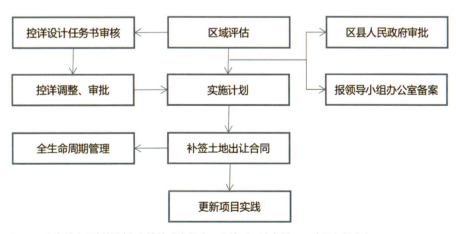

图 9.5 上海城市更新规划和土地管理流程（工业转型、城中村、旧改另行规定）

资料来源：林华. 城市更新规划管理与政策机制研究——以上海和深圳为例[C]//2017中国城市规划年会论文集，2017.

再之，从社区规划师的制度建设来看，上海杨浦区等地的实践做出了很好的尝试，其经验应该进一步转化为城市更新制度体系的重要组成部分。"社区的更新需要通过'社区规划师'作为媒介来联系自上而下的发展要求和自下而上的发展需求，通过社区规划师制度推进社区规划实施：对政府主导的区域整体更新、公共空间更新，社区规划师由政府选聘或第三方机构担任；对物业权利人主导实施的更新项目，政府退至协调监督角色，社区规划师由物业权利人选聘或第三方机构担任"[47]。

9.6 城市更新制度创新的工作内容与步骤建议

综上所述，从广州、深圳、上海的相关经验出发，我国其他城市的城市更新制度建设过程可以遵循以下步骤（表9.3）：

表 9.3 城市更新制度创新的实施步骤

编号	实施步骤	主要内容	具体要点
1	标图建库	基础数据入库	摸清更新用地的总体规模、空间特征、用地权属、建设现状等基础情况，纳入数据库
2	总体引导	总体目标与要求	通过宏观层面的更新专项规划、近中期更新计划等，确定城市更新的整体目标、原则和统筹建设要求
3	空间管控	规划设计/政策工具	通过更新地段的具体管控型规划设计和配套政策工具，对更新项目建设进行空间管控和指引，主要包括开发强度、政策性住房提供、公共要素清单、开发激励等
4	制度创新	政策/机制/机构	设立制度，合理突破现有的一些体制、机制障碍，为城市更新提供政策支持和实现路径
5	项目试点	多主体、多类型、多模式的试点实践	有针对性地选取代表性地区进行项目试点，开展城市更新实践，检验、反馈和优化城市更新制度设计，积累城市更新经验
6	深化推广	成功经验全面推广	将试点以及其他相关探索积累的经验，在更大范围进行全面推广

资料来源：作者整理。

（1）标图建库，对全域或者城市建成区的存量土地资源和应该开展城市更新的地段进行区位、范围、规模、权属等方面的全面信息摸底，建立相应的数据库用于更新管理。

（2）总体引导，通过宏观层面的更新专项规划、近中期更新计划等，确定城市更新的总体思路、整体目标、主要原则、类别区分和统筹建设要求等。积极对接市、区层面的城市总体规划与分区规划，制定与法定规划相衔接的城市更新专项规划。

（3）空间管控，通过更新地段的具体管控型规划设计和配套政策工具，对更新项目建设进行空间管控和指引，空间管控的重点：一是密度、强度、高度等关键性指标的要求确定；二是保障性住房、公益用地等配建规定；三是交通、市政设施、公共服务设施等的配套完善清单；四是容积率奖励和转移等潜在开发激励措施。

（4）制度创新，基于上述工作形成的城市更新规划引导思路，结合城市相关政策法规的建设现状，分步骤、分阶段、从易到难地推进城市更新的制度建设，突破现行体制、机制对城市更新进程造成的阻力，逐步颁布和形成城市更新的法规文件。

（5）项目试点，在政策思路明晰的前提下，有针对性地选取代表性地区进行项目试点，开展项目实施与更新机制建设实践，不断总结试点过程中出现的问题和经验，检验和优化城市更新制度设计，推进调整完善。

（6）深化推广，总结试点以及其他相关探索中积累的成功经验，在更大范围进行全方位的运作推广，完善城市更新的制度架构和政策体系。

根据上述城市更新制度建设步骤和图9.6所示的内容框架，不同城市可以深化、细化城市更新在规划政策引导方面的技术规定，通过项目实施探索政府主导、公私合作、市场主动、自主更新等不同类型的更新模式与途径。土地制度、规划管理、金融财税制度、监督维护等配套制度的创立创新，是城市更新实施的有力保障，需要找到切实可行的改革突破点为更新实践护航。在更新政策或整体制度大面积推行之前，选取代表性地区进行试点实践可以有效规避改革风险，探索建立政府、产权主体、市场等的联合工作平台，就产权调整、利益划分、开发形式等关键问题进行大胆尝试和创新，进而扬长避短，不断反馈、修正和完善城市更新制度体系。

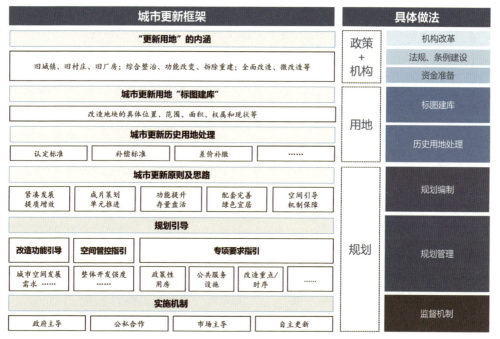

图 9.6 城市更新制度建设框架
资料来源：作者自绘。

246

附 录

附录1

广州市城市更新办法

(穗府〔2015〕134号)

第一章 总则

第一条 为促进城市土地有计划开发利用,完善城市功能,改善人居环境,传承历史文化,优化产业结构,统筹城乡发展,提高土地利用效率,保障社会公共利益,根据有关法律、法规以及国土资源部和省政府的有关规定,结合本市实际,制定本办法。

第二条 本办法所称城市更新是指由政府部门、土地权属人或者其他符合规定的主体,按照"三旧"改造政策、棚户区改造政策、危破旧房改造政策等,在城市更新规划范围内,对低效存量建设用地进行盘活利用以及对危破旧房进行整治、改善、重建、活化、提升的活动。

本市行政区域范围内的城市更新活动适用本办法。

第三条 城市更新遵循"政府主导、市场运作,统筹规划、节约集约,利益共享、公平公开"的原则。

第四条 城市更新应当坚持以人为本,公益优先,尊重民意,切实改善民生。城市更新应当提升城市基础设施,完善公共服务配套,推进基本公共服务均等化,营造干净、整洁、平安、有序的城市环境。

第五条 城市更新应当有利于产业集聚,促进产业结构调整和转型升级。城市更新应当引导产业高端化、低碳化、集群化、国际化发展,支持金融、科技、总部经济、电子商务、文化体育等现代服务业,推动制造业高端化发展,培育壮大战略性新兴产业,优化总部经济发展环境,以总部经济引领产业转型升级。

城市更新应当推进产业项目集聚,引导落后产业整合和升级改造,推动优势产业、优势企业、优势资源和要素集中,并充分发挥其辐射、带动功能,发展以优势产业(产品)链为主导、关联性强、集约度高的产业集群。

第六条 城市更新应当坚持历史文化保护,延续历史文化传承,维护城市脉络肌理,塑造特色城市风貌,提升历史文化名城魅力。

城市更新应当根据不同地域文化特色,挖掘和展示名城、名镇、名村和历史街区、旧村落、历史建筑等文化要素和文化内涵,传承城市历史,发挥历史建筑的展示和利用功能,实现历史文化产业保护与城市更新和谐共融、协调发展。

第七条 城市更新规划应当符合国民经济和社会发展规划、城市总体规划、土地利用总体规划。城市更新实施应当结合更新地块实际,科学规划,针对区域不同特点,制定改造策略和控制标准,做到因地制宜、疏密有致,优化城市发展空间和战略布局。

第八条 城市更新应当增进社会公共利益,完善更新区域内公共设施,充分整合分散的土地资源，推动成片连片更新，注重区域统筹，确保城市更新中公建配套和市政基础设施同步规划、优先建设、同步使用，实现协调、可持续的有机更新，提升城市机能。

城市更新应当注重土地收储和整备，按照片区策划方案确定的发展定位、更新策略和产业导向的要求，加强政府土地储备，推进成片连片更新。

第九条 城市更新应当统筹兼顾各方利益，建立健全土地增值收益共享机制，尊重和保障土地权利人的权益，合理调节村集体、村民、原权属人、市场参与主体的利益和政府公共利益，确保国有、集体资产保值、增值，引导、激励相关利益主体积极参与改造，实现利益共享共赢。

第十条 城市更新改造应当立足实际，因地制宜，积极稳妥，量力而行。城市更新应当结合城市发展战略，依托项目自身禀赋和地块周边特色，以开发重建、整治修缮、历史文化保护等分类方式，统筹兼顾，突出重点，先易后难，有序推进。

第十一条 市政府成立城市更新领导机构。城市更新领导机构负责审议城市更新重大政策措施，审定城市更新规划、计划和城市更新资金使用安排，审定城市更新片区策划方案及更新项目实施方案。

市城市更新部门是城市更新工作的主管部门，负责全市低效存量建设用地的盘活利用和城市危破旧房的更新盘活，统筹协调全市城市更新工作。负责拟订城市更新政策，拟定城市更新规划，组织编制城市更新项目计划和资金安排使用计划；指导和组织编制城市更新片区策划方案，审核城市更新项目实施方案；多渠道筹集资金，运用征收和协商收购等多种方式，组织城市更新范围内的土地整合归宗，土地整备，推进成片连片更新改造；统筹城市更新政府安置房的管理和复建安置资金监管，加强城市更新项目实施监督和考评。

各相关主管部门应当在各自法定职责范围内办理城市更新项目的行政审批。

第十二条 各区政府是城市更新工作的第一责任主体，负责统筹推进本辖区内的城市更新工作，组织城市更新基础数据调查，组织本辖区城市更新改造计划和相关方案编制，依法组织开展拆迁安置、建设管理等工作，维护社会稳定。

区城市更新部门组织本辖区城市更新的具体实施工作。

街镇办事处、镇政府以及社区居委会、村委会等基层组织应当配合区政府做好城市更新相关工作，维护城市更新活动的正常秩序。

第二章 一般规定

第十三条 下列土地申请纳入省"三旧"改造地块数据库后，可列入城市更新范围：

（一）城市市区"退二进三"产业用地；

（二）城乡规划确定不再作为工业用途的厂房（厂区）用地；

（三）国家产业政策规定的禁止类、淘汰类产业以及产业低端、使用效率低下的原厂房用地；

（四）不符合安全生产和环境要求的厂房用地；

（五）在城市建设用地规模范围内，布局散乱、条件落后、规划确定改造的旧村庄和列入"万村土地整治"示范工程的村庄；

（六）由政府依法组织实施的对棚户区和危破旧房等地段进行旧城区更新改造的区域。

第十四条 城市更新方式包括全面改造和微改造方式。

全面改造是指以拆除重建为主的更新方式，主要适用于城市重点功能区以及对完善城市功能、提升产业结构、改善城市面貌有较大影响的城市更新项目。属历史文化名村、名城范围的，不适用全面改造。

微改造是指在维持现状建设格局基本不变的前提下，通过建筑局部拆建、建筑物功能置换、保留修缮，以及整治改善、保护、活化、完善基础设施等办法实施的更新方式，主要适用于建成区中对城市整体格局影响不大，但现状用地功能与周边发展存在矛盾、用地效率低、人居环境差的地块。

在城市更新中，对历史文化街区及各类历史文化遗产类建筑应当根据相关法律法规的规定及规划要求进行保护，鼓励合理的功能置换、提升利用与更新活化。

第十五条 城市更新可以由市政府工作部门或区政府及其部门作为主体，也可以由单个土地权属人作为主体，或多个土地权属人联合作为主体，综合运用政府征收、与权属人协商收购、权属人自行改造等多种改造模式。

危险房屋的治理，按照房屋安全管理相关规定办理。

城市更新通过市场运作的，应当选取与更新规模、项目定位相适应，有资金实力、开发经验和社会责任感的诚实守信的企业。

第十六条 市城市更新部门应当建立常态的基础数据调查制度，组织指导各区政府开展城市更新片区的土地、房屋、人口、规划、文化遗存等现状基础数据的调查工作，建立城市更新数据库。城市更新基础数据应当定期更新。市国土规划、住房城乡建设、房屋地籍等行政管理部门应当与市城市更新部门建立数据共享和交换机制。

第十七条 城市更新重大项目实行专家论证制度。市城市更新部门组织设立城市更新专家库，对符合条件的更新项目的科学性、可行性、合理性进行论证。

第十八条 旧城镇更新涉及重大民生事项的，可以设立公众咨询委员会。公众咨询委员会坚持"问需于民、问计于民、问政于民"，保障公众在旧城镇更新中的知情权、参与权。

旧村庄更新改造可以设立旧村改造村民理事会。旧村改造村民理事会遵循"一村一会"的原则，由改造的旧村发起，可以制定工作章程，于改造启动阶段成立，至改造完成时终止。村民理事会在村党支部和村民委员会领导下，协助村集体经济组织，协调村民意见征询、利益纠纷和矛盾冲突，保障村集体和村民在旧村庄更新中的合法权益，顺利推进旧村庄更新。

第十九条 城市更新应当与查处违法用地、违法建设相结合。

任何单位和个人不得借城市更新之机进行违法建设。

各区政府应当建立长效机制，对借城市更新之机，违规建设或抢建违法建筑的，应当严厉查处，杜绝新增违法用地、违法建设。

第三章 更新规划与方案编制

第二十条 市城市更新部门应当组织编制城市更新中长期规划，报市城市更新领导机构审定。

城市更新中长期规划应当符合国民经济和社会发展总体规划、城乡总体规划和土地利用总体规划。城市更新中长期规划应当明确中长期城市更新的指导思想、目标、策略和措施，提出城市更新规模和更新重点。

第二十一条　市城市更新部门应当会同各区政府依据城市更新中长期规划，结合城市发展战略，划定城市更新片区。

第二十二条　划定城市更新片区，应当符合下列规定：

（一）保证基础设施和公共服务设施相对完整；

（二）综合考虑道路、河流等自然要素及产权边界等因素；

（三）符合成片连片和有关技术规范的要求；

一个城市更新片区可以包括一个或者多个城市更新项目。

第二十三条　纳入城市更新片区实施计划的区域，应当编制片区策划方案。片区策划方案应当包括以下内容：

（一）城市更新片区发展定位、基础设施、公共服务设施和其他用地的功能、产业方向及其布局；

（二）城市更新片区内更新项目的具体范围、更新目标、更新模式和方式、拆迁补偿总量和规划控制指标；

（三）城市更新片区内城市设计指引；

（四）城市更新片区的实施经济分析及资金来源安排；

（五）需要分期实施的，列出分期实施的地块（项目）和时序，并提出资金安排建议；

（六）历史文物资源及保护方案；

（七）其他应当予以明确的内容。

第二十四条　城市更新片区策划方案的编制应当符合以下原则：

（一）注重保护城市特色资源，延续历史文化传承，塑造具有广州特色的城市风貌，加强对文物古迹、历史建筑的保育、活化。

（二）优先保障城市基础设施、公共服务设施或者其他城市公共利益项目。鼓励增加公共用地，节约集约利用土地。鼓励节能减排，促进低碳绿色更新。公共服务设施以及市政公用设施等用地面积结合片区策划面积规模，原则上不少于策划方案总面积的30%。

（三）应当充分开展土地、房屋、人口的现状数据调查，测算改造成本和权益面积，按照可实施和可持续发展的原则，科学合理设置规划建设总量。充分尊重相关权利人的合法权益，有效实现公众、权利人、参与城市更新的其他主体等各方利益的平衡。

第二十五条　城市更新片区策划方案应当按照有关技术规范制定，并应当程序进行公示、征求意见和组织专家论证。城市更新片区策划方案由市城市更新部门提交市城市更新领导机构审议。

第二十六条　城市更新片区策划方案经市城市更新领导机构审定后，涉及调整控制性详细规划的，由市城市更新部门或区政府依据城市更新片区策划方案编制控制性详细规划调整论证报告，提出规划方案意见，申请调整控制性详细规划，报市规划委员会办公室提交市规划委员会审议并经市政府批准。

第二十七条 市城市更新部门应当结合城市更新片区策划方案，组织编制城市更新年度计划，年度计划包括片区计划、项目实施计划和资金使用计划。

各区政府应当于每年6月底前向市城市更新部门申报纳入下年度城市更新年度计划的项目。

市政府各部门及直属企事业单位、土地权属人可于每年6月底前向市城市更新部门申报下年度城市更新年度计划项目。

第二十八条 市城市更新部门对申报项目进行统筹、协调，经征求国土规划、住房城乡建设、发展改革和财政等部门意见后，拟订年度城市更新项目计划，报市城市更新领导机构审定；所需资金纳入年度固定资产投资计划，并按发展改革部门投资立项所确定的资金来源予以安排，其中属于财政投资项目的，还应纳入同级财政年度预算。

城市更新年度计划可以结合推进更新项目实施情况报市城市更新领导机构进行定期调整。当年计划未能完成的，可在下一个年度继续实施。

第二十九条 纳入城市更新年度计划的项目，由区政府组织编制城市更新项目实施方案。

编制城市更新项目实施方案应当符合更新片区策划方案以及城市更新项目实施方案编制的技术规范。

第三十条 城市更新项目实施方案应经专家论证、征求意见、公众参与、部门协调、区政府决策等程序后，形成项目实施方案草案及其相关说明，由区政府上报市城市更新部门协调、审核。

市城市更新部门牵头会同市城市更新领导机构成员单位，召开城市更新项目协调会议对项目实施方案进行审议，提出审议意见。协调会议应当重点审议项目实施方案中的融资地价、改造方式、供地方式以及建设时序等重要内容。涉及城市更新项目重大复杂事项的，经协调会议研究后，报市城市更新领导机构研究。

城市更新项目实施方案经审议、协调、论证成熟的，由市城市更新部门向属地区政府书面反馈审核意见。区政府应当按照审核意见修改完善项目实施方案。

城市更新项目实施方案修改完善后，涉及表决、公示事项的，由区城市更新部门按照规定组织开展，表决、公示符合相关规定的，由区政府送市城市更新部门审核。

第三十一条 市城市更新部门负责向市城市更新领导机构提交审议城市更新项目实施方案。

城市更新项目实施方案经市城市更新领导机构审议通过后，由市城市更新部门办理项目实施方案批复。

城市更新项目实施方案批复应在市城市更新部门工作网站上公布。

第三十二条 微改造中的符合控制性详细规划的整治修缮项目，纳入年度城市更新项目计划后，由区政府负责审核，但涉及利用市城市更新资金的，应当征求城市更新部门的意见。

已纳入城市更新计划的危险房屋治理采取拆除重建方式的，有关部门审批时应当征求城市更新部门的意见。

第三十三条 城市更新项目实施方案批复后，由各区政务服务中心设立的统一窗口，按照"前台综合受理，后台分类审批，统一窗口出件"的原则，集中受理立项、规划、国土等行政审批申请并批复。

市城市更新部门应当建立审批服务制度，建立申请主体和审核部门的协调反馈机制，督办手续办理进展，协调项目推进中遇到的问题。

各主管部门应当严格按照市城市更新领导机构议定事项和城市更新项目实施方案的批复，办理后续行政审批手续，并按照本市建设工程项目优化审批流程的有关方案实行并联审批，限时办结，不得重复核。城市更新改造项目符合重点项目绿色通道审批规定的，可以纳入绿色通道办理审批手续。

第四章 用地处理

第三十四条 对于用地行为发生在2007年6月30日之前，需要完善历史用地手续的集体建设用地，可按照以下规定进行历史用地处置：

（一）农村集体经济组织或其继受单位自行理清处置土地范围内的经济关系；进行拆除重建的，应当自行拆除、清理地上建筑物、构筑物及附着物等。

（二）农村集体经济组织或其继受单位应当与政府签订完善处置土地征（转）手续的协议，政府不再另行支付补偿费用。

（三）完善征收手续的历史用地，土地现状用途和现行规划用途均为工业用地的，可由现土地使用权人按自行改造完善规划、用地手续。

（四）已按"三旧"改造政策完善集体建设用地手续的村集体建设用地，改造后安排为工业、商业等经营性用地的复建安置用地，应当抵扣留用地指标；指标不足的，可采取村集体申请预支留用地指标等方式解决，也可采取无偿移交一定比例用地的办法申请供地；改造范围内的农用地，符合边角地、夹心地、插花地的，不需要抵扣留用地指标。

市城市更新部门应当会同市国土规划部门完善机制，加快推进完善历史用地手续工作。

第三十五条 旧城镇更新项目由区政府按照签订的拆迁补偿协议组织落实补偿完毕后，向市国土资源主管部门提出供地申请，由市国土资源主管部门按国有建设用地公开出让程序，组织地块出让。

旧厂房更新项目，政府收储的，纳入土地供应计划，由政府按规定组织土地供应；允许自行改造的，由原产权人向国土资源主管部门办理补交土地出让金或完善土地出让手续并变更土地权属证书。

旧村改造项目用地，村集体可选择保留集体土地性质或按规定转为国有土地；复建安置地块只能确权给集体经济组织，转为国有土地的可采取划拨方式供地，融资地块转为国有土地，可采取公开出让给市场主体或协议出让给村集体经济组织、村全资公司或原农村集体经济组织与按规定公开选择的市场主体组成的合作企业等方式供应土地。

第三十六条 城市更新项目以拆除重建方式实施的，其土地使用权出让年期不超过相应用途经营性用地的最高出让年期。以改建扩建方式实施且用途不改变的，其出让年期与原土地出让合同保持一致；涉及用途改变的，其出让年期不超过相应用途经营性用地的最高出让年期。

第三十七条 城市更新项目用地范围内现状土地、房屋涉及多个权属人的，应当进行土地归宗后由同一个权利主体实施改造。除政府依法征收的以外，项目用地范围内的土地房屋权属人可以通过向国土规划主管部门申请土地使用权和房屋收购进行土地归宗，也可以由多个权属人签订协议并依照《中华人民共和国公司法》的规定以权属人所拥有的土地房屋权益作价入股的方式进行土地归宗。

第三十八条 更新项目改造地块与城市更新片区不一致时，应当将边角地、插花地、夹心地纳入改造范围。属于自行改造的项目，由土地权属人将边角地、插花地、夹心地进行土地归宗或与相关土地权属人联合改造。

第三十九条 城市更新项目用地范围内、外地块之间土地的置换，包括集体建设用地与集体建设用地之间、集体建设用地与国有建设用地之间、国有建设用地与国有建设用地之间的土地置换，应遵循"面积相近、价值相等、双方自愿、凭证置换"的原则。

第四十条 集体建设用地使用权依法流转的，由取得土地使用权的主体实施更新改造。集体建设用地使用权流转用于兴建公租房、廉租房等保障性住房的，不得进入交易市场。

第四十一条 历史上已由国土房管部门作出集体建设用地转为国有建设用地审批，或者同一楼栋（或同一规划红线范围内）部分房屋单元已办理国有土地房地产登记的房地产，根据有关土地、房地产登记办法以及现行政策法规，按照尊重历史、实事求是的原则办理国有土地房地产登记。

第五章 资金筹措与使用

第四十二条 城市更新可多渠道筹集更新资金来源，包括：

（一）市、区财政安排的城市更新改造资金及各级财政预算中可用于城市更新改造的经费；

（二）国家有关改造贷款政策性信贷资金；

（三）融资地块的出让金收入；

（四）参与改造的市场主体投入的更新改造资金；

（五）更新改造范围内土地、房屋权属人自筹的更新改造经费；

（六）其他符合规定的资金。

第四十三条 市、区政府应当保障开展组织实施城市更新的日常工作经费，加大财政对于更新改造资金支持力度。市、区政府应当安排城市更新资金，城市更新资金来源主要包括市、区土地出让收入和财政一般公共预算。

第四十四条 城市更新资金主要用于以下方面：

（一）城市更新中长期规划编制及动态修编；

（二）城市更新项目的前期基础数据调查及数据库建设；

（三）城市更新片区策划方案编制；

（四）更新项目的实施方案编制，城市更新项目建设投资；

（五）城市更新改造范围内土地征收、协商收购及整备；

（六）城市更新项目经济难以自身平衡的扶持专项补助以及启动；

（七）城市更新政策理论、技术规范等研究。

本条第一款规定的用途中，其资金来源是土地出让收入的，应当符合土地出让收入使用范围，其余则在财政安排的其他资金中安排。

第四十五条 历史文化街区和优秀历史文化建筑保护性整治更新改造项目，整体纳入更大范围片区改造区域，筹措改造资金；不能实现经济平衡的，由城市更新资金进行补贴。

城市更新资金优先安排微改造项目。重点用于消除居住安全隐患，完善各种生活设施，改善人居环境，改善更新改造范围内路、水、电、气、消防、排污、环卫、通讯等公共服务设施，提升区域人居环境质量。

鼓励社区微改造范围内的居民采取自主配合投入的方式，参与社会微改造。被依法鉴定为危破旧房、需要拆除重建的单栋建筑，依据城市危房管理的有关规定筹集资金。

第四十六条 按照"政府主导、市场运作、多方参与、互利共赢"的原则，创新融资渠道和方式，注重发挥市场机制的作用，充分调动企业和居民的积极性，动员社会力量广泛参与城市更新改造。

鼓励利用国家政策性资金，争取更多的国家政策性贷款用于更新改造项目。

引导市场金融机构根据改造项目的资金筹措、建设方式和还贷来源等具体情况，在以土地使用权和在建工程抵押担保发放贷款的基础上，探索贷款投放和担保新模式，创新信贷金融产品，优先保障符合条件更新改造项目的信贷资金需求。

按照政府和社会资本合作项目建设模式（PPP）管理规定，鼓励企业参与城市更新改造和安置房建设，积极引入民间资本，通过直接投资、间接投资、委托代建等多种方式参与更新改造，吸引有实力、信誉好的房地产开发企业和社会力量参与。

第四十七条 符合条件的城市更新安置复建房项目，依据棚户区改造政策，按照安置复建面积"建一免一"的原则，减免城市基础设施配套费，并可在本市权限范围内依法减免其他行政事业性收费和政府性基金。

第六章 监督管理

第四十八条 旧村庄自主改造及合作改造类项目的复建安置资金监管遵循分级负责、专款专用和集中支付的原则。复建安置资金所有权人将复建安置资金存入监管账户。城市更新部门、复建安置资金所有权人和监管账户开户银行应当签订三方协议，对资金的使用进行监管，确保专款专用。

第四十九条 城市更新主管部门应当加强城市更新基础数据库和动态监控信息系统建设，做好更新改造审核、项目实施、竣工验收等情况的标图入库，实行更新改造全程动态监管。

建立城市更新重点项目建设实施情况的定期考核通报制度，重点考核常态化工作机制建设、更新改造资金使用、年度改造目标完成量、改造项目批后监管措施等内容，将考核结果作为城市更新改造年度实施计划制订和资金分配的重要依据。

第五十条 建立城市更新项目退出机制。加强对城市更新项目的时限管理，城市更新项目实施主体未按时限完成拆迁安置或办理土地出让手续或完成移交土地的，项目实施方案需报市城市更新领导机构重新审定。

第五十一条 城市更新项目涉及房屋拆迁安置的，应当坚持先安置、后拆迁的原则。

城市更新片区应当同步推进市政、公建、公用、公交等配套设施建设，积极引进优质的教育、医疗、商业等社会资源。

市城市更新部门在城市更新项目中，组织筹建城市更新政府统筹安置房。

第五十二条 加快城市更新项目范围内水、电、气、排污、环卫、通讯等公共服务设施的建设，解决区域水浸隐患，实现"雨污分流"和"三线"下地。

城市更新项目改造范围内由改造主体负责的公建配套和市政基础设施未在规定的时限内启动建设，除安置房外，其他建设项目不得启动。

第五十三条 城市更新相关的部门、单位应当严格遵守《广州市建筑废弃物管理条例》，土地开发和城市更新项目拆除建筑废弃物必须循环利用，禁止直接填埋；不具备现场循环利用条件的，应运输至指定的地点进行循环利用。相关建设业主单位应当将循环利用的具体要求纳入地块总体开发方案和拆除类工程的招标文件。

第五十四条 行政机关及其工作人员在城市更新基础数据调查，城市更新规划、计划、方案编制与审批，城市更新项目指导、监督、管理等工作中存在违法违纪行为的，依法依规追究责任；涉嫌犯罪的，依法移送司法机关处理。

对组织基础数据调查的区政府和数据复核机关因滥用职权、徇私舞弊、玩忽职守等导致用于片区策划方案或项目实施方案编制的基础数据出现重大错误的，对相关责任人进行问责；存在违法违纪行为的，由监察部门依法依规追究责任；涉嫌犯罪的，移送司法机关依法处理。

第五十五条 有关单位和个人在开展城市更新意愿调查和征集、土地及建筑物核查、城市更新计划申报、城市更新规划编制与审批等城市更新工作中，有欺诈、胁迫、虚构事实、侵害个人隐私、泄漏商业秘密、伪造或者变造文件、散布虚假信息、受贿、行贿等行为的，相关部门应当及时查处，责令改正，并纳入诚信档案管理，涉嫌犯罪的，移送司法机关依法处理。

第七章 附则

第五十六条 市城市更新部门负责依据本办法，组织起草城市更新基础数据调查制度、基础数据调查技术规范、片区策划方案编制技术规范、城市更新项目专家论证制度、项目实施方案编制技术规范、城市更新项目行政审批程序指引、复建安置资金管理办法、旧村庄改造成本核算办法、城市更新融资办法等相关配套文件，报市政府批准后组织实施。由市国土规划部门会同市城市更新部门组织起草城市更新历史用地处置、土地供应、土地归宗、土地置换、房屋确权的具体操作办法，报市政府批准后组织实施。

第五十七条 本办法自2016年1月1日起施行，《关于加快推进"三旧"改造工作的意见》（穗府〔2009〕56号）、《关于加快推进"三旧"改造工作的补充意见》（穗府〔2012〕20号）同时废止。

本办法施行前项目实施方案已通过原市"三旧"改造领导小组审议且仍在有效期内的，可按项目实施方案批准时的政策执行。

广州市人民政府办公厅秘书处2015年12月4日印发

附录2

深圳市城市更新办法

（深府〔2016〕290号）

第一章 总则

第一条 为规范本市城市更新活动，进一步完善城市功能，优化产业结构，改善人居环境，推进土地、能源、资源的节约集约利用，促进经济和社会可持续发展，根据有关法律、法规的规定，结合本市实际，制定本办法。

第二条 本办法适用于本市行政区域范围内的城市更新活动。

本办法所称城市更新，是指由符合本办法规定的主体对特定城市建成区（包括旧工业区、旧商业区、旧住宅区、城中村及旧屋村等）内具有以下情形之一的区域，根据城市规划和本办法规定程序进行综合整治、功能改变或者拆除重建的活动：

（一）城市的基础设施、公共服务设施亟需完善；

（二）环境恶劣或者存在重大安全隐患；

（三）现有土地用途、建筑物使用功能或者资源、能源利用明显不符合社会经济发展要求，影响城市规划实施；

（四）依法或者经市政府批准应当进行城市更新的其他情形。

第三条 城市更新应当遵循政府引导、市场运作、规划统筹、节约集约、保障权益、公众参与的原则，保障和促进科学发展。

第四条 城市更新应当符合国民经济和社会发展总体规划，服从城市总体规划和土地利用总体规划。城市更新实行城市更新单元规划和年度计划管理制度。

城市更新单元规划是管理城市更新活动的基本依据。

城市更新年度计划应当纳入近期建设规划年度实施计划及土地利用年度计划。

第五条 城市更新可以依照有关法律法规及本办法的规定分别由市、区政府、土地使用权人或者其他符合规定的主体实施。

第六条 市、区政府应当保障开展组织实施城市更新的工作经费，对城市更新项目提供适当的资金扶持。

城市更新涉及的基础设施和公共服务设施建设，应当从土地出让金中安排相应的项目资金。城市更新涉及政府投资项目的，根据政府投资项目管理的相关规定实施。

第七条 市规划国土主管部门负责组织、协调全市城市更新工作，依法拟订城市更新相关的规划土地管理政策，统筹城市更新的规划、计划管理，制定城市更新相关技术规范，组织制定城市更新单元规划，负责城市更新过程中的土地使用权出让、收回和收购工作。

第八条 各区政府（含新区管理机构，下同）组织辖区内城市更新用地的整理，组织辖区内综合整治类更新项目和市政府确定由其实施的拆除重建类更新项目的实施，对功能改变类和其他拆除重建类更新项目的实施进行协调。

市发展改革部门负责拟定城市更新相关的产业指导政策，统筹安排涉及政府投资的城市更新年度资金。市财政部门负责按照计划安排核拨城市更新项目资金。

各相关主管部门依法在各自职能范围内为城市更新活动提供服务并实施管理。

第二章 城市更新规划与计划

第九条 全市城市更新专项规划根据城市总体规划制定，与近期建设规划相衔接，明确全市城市更新的重点区域及其更新方向、目标、时序、总体规模和更新策略。

第十条 法定图则应当对其规划范围内的城市更新作以下规定：

（一）城市更新单元的范围；

（二）城市更新单元范围内应当配置的基础设施和公共服务设施的类型和规模；

（三）城市更新单元的规划指引。

第十一条 对于城市建成区中具有本办法第二条所规定情形，需要进行城市更新的区域，应当在保证基础设施和公共服务设施相对完整的前提下，按照有关技术规范，综合考虑道路、河流等自然要素及产权边界等因素，划定相对成片的区域作为城市更新单元，制定城市更新单元规划。

一个城市更新单元可以包括一个或者多个城市更新项目。

第十二条 城市更新单元规划应当按照有关技术规范制定，依法进行公示、征求意见。

城市更新单元规划应当包括以下内容：

（一）城市更新单元内基础设施、公共服务设施和其他用地的功能、产业方向及其布局；

（二）城市更新单元内更新项目的具体范围、更新目标、更新方式和规划控制指标；

（三）城市更新单元内城市设计指引；

（四）其他应当由城市更新单元规划予以明确的内容。

城市更新单元规划涉及产业升级的，应当征求相关产业主管部门意见。

第十三条 城市更新单元规划应当根据法定图则所确定的各项控制要求制定，由市规划国土主管部门批准后实施。

未制定法定图则地区应当在现状调查研究的基础上，根据分区规划确定的各项要求拟订城市更新单元规划，报市政府批准后实施。城市更新单元规划的相关内容应当纳入法定图则的制定。

城市更新单元规划对法定图则的强制性内容作出调整的，由市规划国土主管部门报市政府批准后实施。相应的内容应当纳入法定图则并予以公布。

第十四条 城市更新年度计划对包括城市更新单元规划的制定计划、已具备实施条件的拆除重建类和综合整治类城市更新项目、相关资金来源等内容。其中，综合整治类城市更新项目可以单独制定年度计划。

第十五条 各区政府可以组织其相关职能部门对辖区内各类需要进行城市更新的项目进行筛选，提出辖区内的城市更新单元规划的制定计划和已具备实施条件的拆除重建类、综合整治类项目，向市规划国土主管部门申报纳入城市更新年度计划。

市政府各相关主管部门、有关企事业单位，也可以提出城市更新单元规划的制定计划和已具备实施条件的拆除重建类、综合整治类项目，在征求项目所在区政府意见后，向市规划国土主管部门申报纳入城市更新年度计划。

第十六条　未纳入城市更新单元的城市建成区具有本办法第二条所规定情形，具备制定城市更新单元规划相关条件的，各区政府和市政府各相关主管部门可以依据全市城市更新专项规划等相关规划，拟订城市更新单元范围并提出纳入城市更新年度计划的建议，提交市规划国土主管部门。

第十七条　市规划国土主管部门对各区政府、市政府各相关主管部门及有关企事业单位的申报进行统筹、协调后，拟订城市更新年度计划，按照规定程序公示后纳入近期建设规划年度实施计划及土地利用计划草案，报市政府审批。

需单独制定综合整治类更新项目年度计划的，市规划国土主管部门可以单独制定并报市政府审批。

城市更新年度计划可以按照上述报批程序进行调整。

第十八条　区政府申报的辖区内城市更新单元规划制定计划纳入城市更新年度计划的，由区政府组织原申报单位拟订城市更新单元规划草案，按照规定程序报批。

市政府各相关主管部门、有关企事业单位申报的城市更新单元规划制定计划纳入城市更新年度计划的，由市规划国土主管部门组织申报单位拟订城市更新单元规划草案，按照规定程序报批。

第三章　综合整治类城市更新

第十九条　综合整治类更新项目主要包括改善消防设施、改善基础设施和公共服务设施、改善沿街立面、环境整治和既有建筑节能改造等内容，但不改变建筑主体结构和使用功能。

综合整治类更新项目一般不加建附属设施，因消除安全隐患、改善基础设施和公共服务设施需要加建附属设施的，应当满足城市规划、环境保护、建筑设计、建筑节能及消防安全等规范的要求。

第二十条　综合整治类城市更新的相关技术规范由有关主管部门组织拟订，报市政府批准后执行。

第二十一条　综合整治类更新项目由所在区政府制定实施方案并组织实施。

根据法律、法规及有关规定或者相关标准与规范，实施综合整治需报有关部门批准或者备案的，应当进行报批或者备案。

第二十二条　综合整治类更新项目的费用由所在区政府、权利人或者其他相关人共同承担，费用承担比例由各方协商确定。涉及改善基础设施、公共服务设施和市容环境的费用，费用承担比例按照市、区两级财政负担事权划分的有关规定执行。

第四章　功能改变类城市更新

第二十三条　功能改变类更新项目改变部分或者全部建筑物使用功能，但不改变土地使用权的权利主体和使用期限,保留建筑物的原主体结构。

功能改变类更新项目可以根据消除安全隐患、改善基础设施和公共服务设施的需要加建附属设施,并应当满足城市规划、环境保护、建筑设计、建筑节能及消防安全等规范的要求。

第二十四条 功能改变类更新项目应当符合产业布局规划,优先满足增加公共空间和产业转型升级的需要。

第二十五条 实施功能改变类更新项目的土地使用权人应当按照有关法律法规规定的建筑物改变使用功能的程序,向市规划国土主管部门及相关主管部门申请办理规划许可变更和相关手续。

市规划国土主管部门在受理规划许可变更申请后,应当在深圳特区报、深圳商报就申请事宜进行公示,公示时间不少于7日,公示费用由申请人承担。

建筑物由业主区分所有,部分业主申请将住宅改为经营性用房的,申请人应当依法征得利害关系人的同意,并在申请办理规划许可变更手续时提交书面证明文件。

建筑物由业主区分所有,部分业主申请其他形式的功能改变的,参照前款规定处理。

第二十六条 市规划国土主管部门批准功能改变的,应当与土地使用权人签订土地使用权出让合同补充协议或者补签土地使用权出让合同;土地使用权人应当按照相关规定缴纳地价。

功能改变后的土地使用权使用期限按照原用途的使用期限扣除已实际使用时间的剩余期限确定。原土地使用期限不足原土地用途法定最高期限的,可以在申请人补缴地价后按照规定予以补足。

第五章 拆除重建类城市更新

第二十七条 拆除重建类更新项目应当严格按照城市更新单元规划、城市更新年度计划的规定实施。

第二十八条 根据城市更新单元规划的规定,城市更新单元内土地使用权期限届满之前,因单独建设基础设施、公共服务设施等公共利益需要或者为实施城市规划进行旧城区改建需要调整使用土地或者具备其他法定收回条件的,由市规划国土主管部门依法收回土地使用权并予以补偿。

第二十九条 除依法应当收回的外,市政府可以根据城市更新的需要组织进行土地使用权收购,城市更新单元内的土地使用权人也可以向市规划国土主管部门申请土地使用权收购。

土地使用权收购的程序、条件、价格按照土地储备和土地收购的有关规定执行。

第三十条 除鼓励权利人自行改造外,对由政府统一组织实施城市更新的,可以在拆迁阶段通过招标的方式引入企业单位承担拆迁工作,拆迁费用和合理利润可以作为收(征)地(拆迁)补偿成本从土地出让收入中支付;也可以在确定开发建设条件且已制定城市更新单元规划的前提下,由政府在土地使用权招标、拍卖、挂牌出让中确定由中标人或者竞得人一并实施城市更新,建筑物、构筑物及其他附着物的拆除清理由中标人或者竞得人负责。

第三十一条　拆除重建类城市更新项目范围内的土地使用权人与地上建筑物、构筑物或者附着物所有权人相同且为单一权利主体的，可以由权利人依据本办法实施拆除重建。

第三十二条　拆除重建类城市更新项目范围内的土地使用权人与地上建筑物、构筑物或者附着物所有权人不同或者存在多个权利主体的，可以在多个权利主体通过协议方式明确权利义务后由单一主体实施城市更新，也可以由多个权利主体签订协议并依照《中华人民共和国公司法》的规定以权利人拥有的房地产作价入股成立公司实施更新，并办理相关规划、用地、建设等手续。

第三十三条　同一宗地内建筑物由业主区分所有，经专有部分占建筑物总面积三分之二以上的业主且占总人数三分之二以上的业主同意拆除重建的，全体业主是一个权利主体。

城中村、旧屋村拆除重建的，应当经原农村集体经济组织继受单位股东大会按照有关规定表决同意。

本办法所称城中村是指我市城市化过程中依照有关规定由原农村集体经济组织的村民及继受单位保留使用的非农建设用地的地域范围内的建成区域。

第三十四条　权利人拆除重建类更新项目的实施主体在取得城市更新项目规划许可文件后，应当与市规划国土主管部门签订土地使用权出让合同补充协议或者补签土地使用权出让合同，土地使用权期限重新计算，并按照规定补缴地价。

第三十五条　实施拆除重建的权利人应当依法解决拆除重建项目范围内的经济关系，自行拆除、清理地上建筑物、构筑物及附着物等，并按照城市更新单元规划和土地使用权出让合同的要求移交基础设施、公共服务设施等用地，政府均不作补偿。

第六章　其他规定

第三十六条　被依法鉴定为危房、需要拆除重建的单栋建筑，依据城市危房管理的有关规定执行，不需要纳入城市更新年度计划，不专门制定城市更新单元规划。

第三十七条　城市更新项目范围内的违法用地、违法建筑应当依照有关法律、法规及广东省、本市有关规定接受处理后，方可作为权属确定的更新对象。

城市更新项目范围内未办理房地产权登记、又不属违法用地或者违法建筑的建筑物、构筑物或者附着物，应当根据本市有关房地产权登记历史遗留问题处理的相关规定完善手续后，方可作为权属确定的更新对象。

第三十八条　城市更新单元范围内的边角地、夹心地、插花地等零星未出让国有土地应当优先用于基础设施和公共服务设施的建设。

未被规划用于基础设施和公共服务设施建设的，可以根据城市更新单元规划一并纳入更新改造，由市规划国土主管部门办理相关手续，出让给其相邻地块的城市更新实施主体。出让的零星土地总面积不超过该项目总用地面积的10%且不得超过3000m^2。

第三十九条　城市更新项目应当遵守保护历史文化遗存的法律、法规，依法保护城市更新范围内的历史文化遗存。

实施城市更新不得破坏城市防洪系统、城市人民防空设施等各类城市安全保障系统，或者使其功能部分、全部丧失。

第四十条 根据保障性住房建设及产业用房建设的有关要求，可以在拆除重建类项目中配建一定比例的政策性用房，具体办法由相关主管部门另行制定，报市政府批准后实施。

第四十一条 城市更新涉及产业用地的，除应当遵守本办法的规定之外，还应当符合深圳市产业导向目录、城市更新或者相关产业升级政策。

第四十二条 市规划国土主管部门根据城市更新单元规划的规定，在土地使用权出让合同中与更新项目实施主体约定配套建设保障性住房、产业用房、基础设施和公共服务设施的内容。

第四十三条 规模较大的城市更新项目可以分期实施。

城市更新项目分期实施的时序、规模等规划控制指标由城市更新单元规划和规划许可文件规定。

分期实施的城市更新项目应当优先安排基础设施、公共服务设施和用于安置回迁业主的建筑。

第四十四条 城市更新项目地价计收的具体规定，由市政府另行制定。

第四十五条 实施城市更新过程中，应当通过发展绿色建筑，营造宜居环境，改善能源结构，推广中水和雨水利用，加强建筑废弃物再利用等多种途径，有效推进节能减排工作。

第七章 附则

第四十六条 相关管理部门及其工作人员在城市更新管理中有违法违纪行为的，依法追究行政责任；涉嫌犯罪的，依法移送司法机关处理。

对城市更新实施主体违反城市规划和土地管理等方面法律、法规的行为，应当依法追究法律责任。

第四十七条 为了推进强区放权，加快城市更新实施，市政府可以根据工作实际，调整职责分工，创新工作机制，并向社会公布。

第四十八条 本办法自2009年12月1日起施行。本办法施行前本市相关规定与本办法不一致的，以本办法为准。

附录3

上海市城市更新实施办法

（沪府〔2015〕20号）

第一条（目的）

为适应城市资源环境紧约束下内涵增长、创新发展的要求，进一步节约集约利用存量土地，实现提升城市功能、激发都市活力、改善人居环境、增强城市魅力的目的，根据有关法律、法规，结合本市实际，制定本办法。

第二条（定义和适用范围）

本办法所称城市更新，主要是指对本市建成区城市空间形态和功能进行可持续改善的建设活动，重点包括：

（一）完善城市功能，强化城市活力，促进创新发展；

（二）完善公共服务配套设施，提升社区服务水平；

（三）加强历史风貌保护，彰显人文底蕴，提升城市魅力；

（四）改善生态环境，加强绿色建筑和生态街区建设；

（五）完善慢行系统，方便市民生活和低碳出行；

（六）增加公共开放空间，促进市民交往；

（七）改善城市基础设施和城市安全，保障市民安居乐业；

（八）市政府认定的其它城市更新情形。

本办法适用于本市建成区中按照市政府规定程序认定的城市更新地区。已经市政府认定的旧区改造、工业用地转型、城中村改造的地区，按照相关规定执行。

第三条（工作原则）

城市更新工作，遵循"规划引领、有序推进，注重品质、公共优先，多方参与、共建共享"的原则。

第四条（城市更新要求）

城市更新应当坚持以人为本，激发都市活力，注重区域统筹，调动社会主体的积极性，推动地区功能发展和公共服务完善，实现协调、可持续的有机更新。

第五条（城市更新工作领导小组）

由市政府及市相关管理部门组成市城市更新工作领导小组，负责领导全市城市更新工作，对全市城市更新工作涉及的重大事项进行决策。市城市更新工作领导小组下设办公室，设在市规划国土资源主管部门，负责全市城市更新协调推进工作。

第六条（市级管理部门职责）

市规划国土资源主管部门负责协调全市城市更新的日常管理工作，依法制定城市更新规划土地实施细则，编制相关技术和管理规范，推进城市更新的实施。

市相关管理部门依法制定相关专业标准和配套政策，履行相应的指导、管理和监督职责。

第七条（区县人民政府职责）

区县政府是推进本行政区城市更新工作的主体。

区县政府应当指定相应部门作为专门的组织实施机构，具体负责组织、协调、督促和管理城市更新工作。

第八条（管理制度）

城市更新工作实行区域评估、实施计划和全生命周期管理相结合的管理制度。区域评估要确定地区更新需求，适用更新政策的范围和要求；实施计划是各项建设内容的具体安排；全生命周期管理是以土地合同的方式，通过约定权利义务，进行全过程管理。

第九条（区域评估的内容）

城市更新区域评估应当形成区域评估报告，主要包括以下内容：

（一）进行地区评估。按照控制性详细规划，统筹城市发展和公众意愿，明确地区功能优化、公共设施完善、城市品质提升、历史风貌保护、城市环境改善、基础设施完善的目标、要求、策略，细化公共要素配置要求和内容。

（二）划定城市更新单元。按照公共要素配置要求和相互关系，对建成区中由区县政府认定的现状情况较差、改善需求迫切、近期有条件实施建设的地区，划定城市更新单元并予落实。

第十条（区域评估的公众参与）

区域评估时应当组织公众参与，征求市、区县相关管理部门、利益相关人和社会公众的意见，充分了解本地区的城市发展和民生诉求，结合城市发展和公共利益，合理确定城市更新的需求。

第十一条（区域评估的确定）

组织实施机构组织区域评估并形成报告，经区县政府常务会议审议通过后，由区县政府批准，并报送市城市更新工作领导小组办公室备案。

涉及本市历史文化风貌区等重要地区、跨行政区的区域评估，需预先经过市规划国土资源主管部门综合平衡。

第十二条（实施计划的编制）

以城市更新区域评估为依据，以现有物业权利人的改造意愿为基础，落实区域评估的要求，发挥街道办事处和镇乡政府的作用，统筹各方意见，合理应用政策，形成依法合规的城市更新实施计划，确定城市更新单元内的具体项目，经批准后组织实施。

第十三条（实施计划的内容）

城市更新实施计划主要包括以下内容：

（一）明确城市更新单元内的具体项目，制定城市更新单元的建设方案。一个城市更新单元内可以有一个或多个城市更新项目。

（二）确定城市更新单元建设方案的实施要求，协商明晰单元的更新主体、权利义务、推进要求。

第十四条（实施计划的公众参与）

城市更新实施计划应当依法征求市、区县相关管理部门、利益相关人和社会公众的意见，鼓励市民和社会各界专业人士参与实施计划的编制工作。

第十五条（实施计划的确定）

城市更新实施计划形成后，经区县政府常务会议审议通过后，由区县政府批准，并报送市城市更新工作领导小组办公室备案。其中，建设方案涉及调整已批准规划内容的，在实施计划编制过程中，市规划国土资源主管部门与区县政府共同明确规划调整要求，市规划国土资源主管部门同时按照规定履行相应审批程序。

市、区县规划土地管理部门按照管理权限，依法审批城市更新建设项目。

第十六条（全生命周期管理）

城市更新项目实行土地全生命周期管理。由市、区县规划土地管理部门会同产业投资、社会服务、公共事业、建设管理等相关管理部门，综合产业功能、区域配套、公共服务等因素后，提出城市更新项目功能、改造方式、建设计划、运营管理、物业持有、持有年限和节能环保等要求，将其纳入土地出让合同进行管理。

第十七条（规划政策）

城市更新规划政策包括以下内容：

（一）在符合区域发展导向和相关规划土地要求的前提下，允许用地性质的兼容与转换，鼓励公共性设施合理复合集约设置。

（二）在同一街坊内，对符合相关要求的地块可进行拆分合并等地块边界调整。

（三）在地块所处高度分区的范围内，建筑高度可进行适当调整，超过高度规定，应当进行规划论证。风貌保护、净空控制等地区按照相关规定执行。

（四）按照城市更新区域评估的要求，为地区提供公共性设施或公共开放空间的，在原有地块建筑总量的基础上，可获得奖励，适当增加经营性建筑面积，鼓励节约集约用地。增加风貌保护对象的，可予建筑面积奖励。

（五）因确有实施困难，在满足消防、安全等要求的前提下，按照规定征询相关利益人意见后，经规划土地管理部门同意，部分地块的建筑密度、建筑退界和间距等可以按照不低于现状水平控制。

（六）城市更新中应当采用绿色、低碳、智能技术，实现节能环保高标准，加快低碳智慧城市建设。鼓励对建筑第五立面进行生态化、景观化以及其它有益于增加公共价值的改造利用。

第十八条（土地政策）

城市更新土地政策包括以下内容：

（一）现有物业权利人或者联合体为主进行更新增加建筑量和改变使用性质的，可以采取存量补地价的方式。城市更新项目周边不具备独立开发条件的零星土地，可以扩大用地方式结合城市更新项目整体开发。

（二）城市更新项目的土地使用条件应当根据经批准的控制性详细规划确定。以拆除重建方式实施的，可以重新设定出让年期；以改建扩建方式实施的，其中不涉及用途改变的，其出让年期与原出让合同保持一致，涉及用途改变的，增加用途部分的出让年期不得超过相应用途国家规定的最高出让年期。现有物业权利人或者物业权利人组成的联合体，应当按照新土地使用条件下土地使用权市场价格与原土地使用条件下剩余年期土地使用权市场价格的差额，补缴土地出让价款。

（三）城市更新按照存量补地价方式补缴土地出让金的，市、区县政府取得的土地出让收入，在计提国家和本市有关专项资金后，剩余部分由各区县统筹安排，用于城市更新和基础设施建设等。对纳入城市更新的地块，免征城市基础设施配套费等各种行政事业收费，电力、通信、市政公用事业等企业适当降低经营性收费。

（四）城市更新的风貌保护项目，参照旧区改造的相关规定，享受房屋征收、财税扶持等优惠政策。

第十九条（规划土地历史问题处理）

城市更新项目范围内的违法建筑、违法用地，应当结合城市更新项目依法予以处置。

第二十条（附则）

相关管理部门及其工作人员在城市更新管理中有违法违纪行为的，应当追究相关责任。

对城市更新物业权利人违反城市规划和土地管理等方面法律、法规的行为，应当依法追究责任。

本办法自2015年6月1日起施行，有效期至2020年5月31日。

参考文献

[1] 翟斌庆，伍美琴.城市更新理念与中国城市现实[J].城市规划学刊，2009（2）：75-82.

[2] 吴良镛.北京旧城与菊儿胡同[M].北京： 中国建筑工业出版社，1994.

[3] 张杰.探求城市历史文化保护区的小规模改造与整治[J].城市规划，1996（4）：14-17.

[4] 张杰.论以社区为基础的城市小规模改造[J].城市规划汇刊，1999（3）：64-66.

[5] 吴敬琏.经济改革新征程[J].中国经济和信息化，2014（12）：14-18.

[6] 厉以宁.当前经济形势的几个前沿问题[J].当代社科视野，2014（11）：33.

[7] 唐燕.新常态与存量发展导向下的老旧工业区用地盘活策略研究[J].经济体制改革，2015（4）：102-108.

[8] 田莉，姚之浩，郭旭，殷玮.基于产权重构的土地再开发——新型城镇化背景下的地方实践与启示[J].城市规划，2015（1）：22-29.

[9] 广州市城市规划勘测设计研究院.广州市"三旧"更新改造近期实施计划[Z].2012.

[10] 宋娟.关于深圳市城市更新问题的探讨[J].特区经济，2015（8）：24-27.

[11] 马丽.深圳城市化困境[J].法人，2010（5）：34-40.

[12] 庄少勤."新常态"下的上海土地节约集约利用[J].上海国土资源，2015（3）：1-8.

[13] 郑德高，卢弘旻.上海工业用地更新的制度变迁与经济学逻辑[J].上海城市规划，2015（3）：25-32.

[14] 周怀龙，建设用地瘦身 城市发展增效[N].中国国土资源报，2015-12-16（1）.

[15] 卢为民，唐扬辉.城市更新，能从香港学什么[N].中国国土资源报，2017-1-11（5）.

[16] 殷晴.香港《市区更新策略》检讨过程及对内地旧城更新的启发[C]//中国城市规划年会.城市时代，协同规划——2013中国城市规划年会论文集.青岛：青岛出版社，2013.

[17] 刘贵文，易志勇，刘冬梅，等.我国内地与香港、台湾地区城市更新机制比较研究[J].建筑经济，2017（4）：82-85.

[18] 钟澄.以政策更新破解城市更新中的难题——由香港土地"强制售卖"制度引发的思考[J].中国土地，2017（5）：27-30.

[19] 郎嵬，李郁，陈婷婷.从社会因素角度评估香港城市更新模式的可持续性[J].国际城市规划，2017（10）：1-9.

[20] 香港发展局.市区重建策略[Z].2011.

[21] 李婷，方飞.我国台湾省都市更新发展历程研究[J].吉林建筑大学学报，2015（6）：53-56.

[22] 唐艳.产权视角下台湾都市更新实施方法研究及对大陆的启示[D].哈尔滨：哈尔滨工业大学，2013.

[23] 王雨.基于土地制度差异的城市更新比较研究——以大陆与台湾地区的比较为例[D].南京：南京大学，2013.

[24] 张孝宇，张安录.台湾都市更新中的容积移转制度：经验与启示[J].城市规划，2018（2）：91-96.

[25] 金广君，戴铜.台湾地区容积转移制度解析[J].国际城市规划，2010（8）：104-109.

[26] 杨友仁.金融化、城市规划与双向运动：台北版都市更新的冲突探析[J].国际城市规

划，2013（8）：27-36.

[27] 敖菁萍. 公私协力型都市更新研究——以台湾都市更新为例[D]. 重庆：重庆大学，2017.

[28] 尹霓阳，王红扬. 多元协同下的城市更新模式研究——以台北URS为例[J]. 江苏城市规划，2016（9）：8-13.

[29] 孔明亮，马嘉，杜春兰. 日本都市再生制度研究[J]. 中国园林，2018（8）：101-106.

[30] 内阁官房之内阁公关办公室. Basic Policies for Urban Renaissance[EB/OL]. (2004-04-16) [2018-05-12]. http://japan.kantei.go.jp/policy/tosi/kettei/040416kihon_e.html.

[31] 于海漪，文华. 国家政策整合下日本的都市再生[J]. 城市环境设计，2016（8）：288-291.

[32] [日]城所哲夫. 日本城市开发和城市更新的新趋势[J]. 中国土地，2017（1）：49-51.

[33] 施媛. "连锁型"都市再生策略研究——以日本东京大手町开发案为例[J]. 国际城市规划，2018（8）：132-138.

[34] 胡俊雄. 都市更新条例释义[M]. 台北：营建杂志社，2000.

[35] 高舒琦. 日本土地区划整理对我国城市更新的启示[C]//中国城市规划学会. 规划60年：成就与挑战——2016中国城市规划年会论文集. 北京：中国建筑工业出版社，2016.

[36] 王才强，沙永杰，魏娟娟. 新加坡的城市规划与发展[J]. 上海城市规划，2012（3）：136-143.

[37] 唐子来. 新加坡的城市规划体系[J]. 城市规划，2001（1）：42-45.

[38] 黄春阳. 借鉴新加坡经验保证城市持续更新[N]. 珠海特区报，2014-04-27.

[39] 黄大志. 新加坡中心区的转化：从贫民窟到全球商业中枢（上）[J]. 北京规划建设，2007（11）：102-104.

[40] 刘宣. 旧城更新中的规划制度设计与个体产权定义——新加坡牛车水与广州金花街改造对比研究[J]. 城市规划，2009（8）：18-25.

[41] 王世福，卜拉森，吴凯晴. 广州城市更新的经验与前瞻[J]. 城乡规划，2017（12）：80-87.

[42] 姚之浩，田莉. 21世纪以来广州城市更新模式的变迁及管治转型研究[J]. 上海城市规划，2017（5）：29-34.

[43] 王世福，沈爽婷. 从"三旧改造"到城市更新——广州市成立城市更新局之思考[J]. 城市规划学刊，2015（3）：22-27.

[44] 耿延良. 深圳城市更新路在何方（一）[J]. 住宅与房地产，2015（3）：58-62.

[45] 邹兵. 存量发展模式的实践、成效与挑战——深圳城市更新实施的评估及延伸思考[J]. 城市规划，2017（1）：89-94.

[46] 苏甦. 上海城市更新的发展历程研究[C]//中国城市规划学会. 持续发展，理性规划——2017中国城市规划年会论文集. 北京：中国建筑工业出版社，2017.

[47] 匡晓明. 上海城市更新面临的难点与对策[J]. 科学发展，2017（3）：32-39.

[48] 葛岩，关烨，聂梦遥. 上海城市更新的政策演进特征与创新探讨[J]. 上海城市规划，2017（10）：23-28.

[49] 庄少勤. 上海城市更新的新探索[J]. 上海城市规划，2015（10）：10-12.

[50] 赖寿华，吴军. 速度与效益：新型城市化背景下广州"三旧"改造政策探讨[J]. 规划师，2013，29（5）：36-41.

[51] 杨廉，袁奇峰，邱加盛，等. 珠江三角洲"城中村"（旧村）改造难易度初探[J]. 现代城市研究，2012（11）：25-31.

[52] 深圳城市更新工作全面提速提效[N/OL]. 深圳特区报，2017-01-09（A13）[2018-03-22]. http://sztqb.sznews.com/html/2017/01/09/content_3704743.htm.

[53] 《上海市城市更新实施办法》相关情况新闻发布会[EB/OL].（2015-04-30）[2018-03-22]. http://www.scio.gov.cn/xwfbh/gssxwfbh/fbh/Document/1432931/1432931.htm.

[54] 陈映雪. 公益优先、共建共享——上海城市更新技术要求解读[EB/OL].（2018-04-10）[2018-04-02]. http://www.shgtj.gov.cn/bmzx/zcjd/201804/t20180410_828592.html.

[55] 范伟擎. 老城区改造快得想不到，原因就是改革放权[N]. 晶报，2017-02-15（A04）.

[56] 缪春胜，邹兵，张艳. 城市更新中的市场主导与政府调控——深圳市城市更新"十三五"规划编制的新思路[J]. 城市规划学刊，2018（4）：81-87.

[57] 吴智刚，符晓. 广州猎德城中村改造模式对我国城市更新的借鉴与启示[C]//中国城市规划学会. 生态文明视角下的城乡规划——2008中国城市规划年会论文集. 大连：大连出版社，2008.

[58] 牛通，谢涤湘，范建红. 城中村改造博弈中的历史文化保护研究——以猎德村为例[J]. 城市观察，2016（4）：132-140.

[59] 王帅. 城市更新中的增长联盟运作机制研究：基于广州的案例观察[J]. 城市，2017（12）：47-58.

[60] 冯晓静. 恩宁路敲定"拆迁图""补偿价"[N]. 羊城晚报，2008-05-14.

[61] 刘垚，田银生，周可斌. 从一元决策到多元参与——广州恩宁路旧城更新案例研究[J]. 城市规划，2015，39（8）：101-111.

[62] 朱志远，宋刚. "微改造"落地之时——恩宁路永庆片区改造设计回顾[J]. 建筑技艺，2017（11）：66-75.

[63] 广州市城市更新局. 市城市更新局近期主要工作[EB/OL].（2016-08-12）[2018-03-22]. http://www.gz.gov.cn/550590033/8.1/201608/61f4773cb8144a3ab95bbccda5fe8ac6.shtml.

[64] 深圳市人民政府. 深圳市人民政府办公厅印发关于加强和改进城市更新实施工作暂行措施的通知[EB/OL].（2017-01-17）[2019-05-21]. http://www.sz.gov.cn/zfgb/2017/gb988/201701/t20170117_5938393.htm.

[65] 陈成. 行走上海2016——社区空间微更新计划[J]. 公共艺术，2016（4）：5-9.

[66] 俞泓霞，古小英，李飞宇. 城市更新实施策略与机制研究——以"上海西岸"城市更新为例[J]. 住宅科技，2017，37（10）：18-23.

[67] 刘晓云. 全国首家城市更新协会成立，助力城市更新[N]. 中国房地产报，2014-06-02（A02）.

[68] 张程. 深圳成立城市更新专业委员会[N]. 深圳特区报，2017-08-01（A04）.

[69] 广东省人民政府国有资产监督管理委员会. 广州市城市更新协会成立[EB/OL].（2017-11-14）[2018-03-22]. http://zwgk.gd.gov.cn/758336165/201711/t20171117_731456.html.

[70] 广州市城市更新局. 广州市城市更新局2016年工作总结和2017年工作计划[EB/OL].（2017-01-05）[2018-03-22]. http://www.gzuro.gov.cn/csgxjxxgk/7.2/201701/953a1b13b76449dfadf0d9be29722e22.shtml.

[71] 广州市城市更新局. 广州市城市更新局2017年工作总结和2018年工作计划[EB/OL].（2018-03-16）[2018-03-22]. http://www.gzuro.gov.cn/csgxjxxgk/7.2/201803/690cde20218241c2acc7ad36a9b16405.shtml.

[72] 张玲, 刘晴. 616个项目列入深圳城市更新 涉及用地48.92平方公里[EB/OL].（2017-08-23）[2018-03-22]. http://www.sznews.com/news/content/2017/08/23/content_17090728.htm.

[73] 徐强."房博会"启幕, 城市更新成焦点[N/OL]. 深圳特区报, 2017-08-23（A05）[2018-03-22]. http://sztqb.sznews.com/PC/content/201708/23/c153029.html.

[74] 骆建云. 广州城市更新的实践探索[R]. 广东省"三旧"改造政策梳理及各地市实施办法解读会议, 深圳, 2018-07-20.

[75] 王思砚. 广州"三旧"改造政策反思与城市更新方向探索[J]. 国土资源情报, 2018（5）: 51-56.

[76] 深圳市规划和国土资源委员会.《市规划国土委关于深圳市城市更新工作有关情况的报告》（深规土〔2018〕292号）[Z]. 2018-04-24.

[77] 赵若焱. 对深圳城市更新"协商机制"的思考[J]. 城市发展研究, 2013（8）: 118-121.

[78] 樊华, 盛鸣, 肇新宇. 产业导向下存量空间的城市片区更新统筹: 以深圳梅林地区为例[J]. 规划师, 2015（11）: 111-115.

[79] 徐强. 城市更新推动土地集约利用: 深圳相关机制被纳入国家综合配套改革试验区——改革成果在全国推广[N]. 深圳特区报, 2016-05-31（A04）.

[80] 翁晓琳. 改走棚改路线, 深圳化解城市更新利益暗战[N]. 中国房地产报, 2017-05-01（2）.

[81] Amirtahmasebi R, Orloff M, Wahba S, et al. Regenerating Urban Land: A Practitioner's Guide to Leveraging Private Investment [M]. World Bank Publications, 2016.

[82] 苏海威, 胡章, 李荣. 拆除重建类城市更新的改造模式和困境对比[J]. 规划师, 2018（6）: 123-128.

[83] 张帆. 城市更新的"进行性"规划方法研究[J]. 城市规划学刊, 2012（5）: 90-104.

[84] 敖贵新, 黄玉. 城市更新: 城市建设的创新——创新风潮引领城市更新建设, 助力城市升级蝶变[N]. 深圳特区报, 2017-05-19（A07）.

[85] 冯杰, 李诗男, 虞海霞. 市规划国土委员会有关负责人介绍《深圳市城市更新办法》五大政策性突破: 城市更新项目用地出让不必招拍挂[N]. 深圳特区报, 2009-11-13（A06）.